SARMATIA
Borysthenes
Tanais
Tyras
Mare
Caspium
Colchis
Dacia
Hister
Pontus Euxinus
Cyrus
Moesia
Thracia
Pontus
Armenia
Bithynia
Macedonia
Byzantium
Nicomedia
Ancyra
onice
ecia
Mare
Pergamum
ASIA
Halys
REGNUM
Tigris
Lydia
Mesopotamia
ctium
Athenae
Ephesus
Samus
Miletus
Tarsus
PARTHORUM
Corinthus
Delus
Caria
Antiochia
Cilicia
Halicarnassus
Lycia
Euphrates
Sparta
Syria
Ctesiphon
Aegaeum
Rhodus
Cyprus
Phoenicia
Palmyra
Creta
Sidon
Babylon
Damascus
Tyrus
Babylonia
Galilaea
u m
Nazareth
Iudaea
Hierosolyma
Cyrene
Pharus
Bethlehem
Alexandria
ARABIA
yrenaica
Naucratis
Arabia
Memphis
Aegyptus
Nilus
Sinus
Arabicus

BELGICA
RAETIA
NORICUM
ALPES MONTES
PANNONIA
Tridentum
Comum
Aquileia
GALLIA TRANSPADANA
VENETIA
Via Postumia
ILLYRICUM
Mediolanum
Verona
Patavium
Vercellae
Padus
Cremona
Mantua
Atria
Placentia
LIGURIA
Parma
GALLIA
Pola
CISPADANA
Mutina
Bononia
Via Aemilia
Ravenna
Genua
Via Aurelia
Rubico
APPENNINI MONTES
Luca
Ariminum
DALMATIA
Florentia
UMBRIA
Spalatum
Salonae
Pisae
Arnus
Arretium
Ancona
ETRURIA
Tiberis
PICENUM
L. Trasimenus
Mare Adriaticum
Ilva
Perusia
Asculum
Clusium
Via Flamina
Volsinii
Reate
Hadria
CORSICA
Tarquinii
Veii
Caere
Corfinium
Alalia
Roma
Praeneste
SAMNIUM
APULIA
Ostia
LATIUM
Luceria
Antium
Cannae
Olbia
Tarracina
Via Traiana
Formiae
Vesuvius
Brundisium
Via Appia
CAMPANIA
Venusia
Capreae
Siris
Tarentum
SARDINIA
Paestum
LUCANIA
CALABRIA
Mare
Heraclea
Sulci
Thurii
Via Popilia
Tyrrhenum
Carales
Croton
INSULAE LIPARAEAE
BRUTTIUM
Mare Ionium
Locri
Mare Africum
Panormus
Drepanum
Rhegium
AEGATES
Via Valeria
Messana
Aetna
Lilybaeum
Tauromenium
SICILIA
Catana
Selinus
Agrigentum
Utica
Syracusae
Carthago
Clupea
Tunes
NUMIDIA
Zama
0
200
400 km
1 Capua
2 Cumae
3 Misenum
4 Puteoli
5 Neapolis
6 Pompeii
7 Nola
8 Beneventum
Veii
Tiberis
Fidenae
Allia
Roma
Ostia

Inhalt

Abkürzungen

L	Lesestück
PE	Pensa exercitanda
CG	Cursus grammaticus
↗	siehe, vgl.
Abl.	Ablativ
Abl. abs.	Ablativus absolutus
AcI	Akusativ mit Infinitiv
Adj.	Adjektiv
adv. Best.	adverbiale Bestimmung
Akk.	Akkusativ
Akt.	Aktiv
Dat.	Dativ
Dekl.	Deklination
f.	femininum
Fem.	Femininum
Gen.	Genitiv
Imp.	Imperativ
Impf.	Imperfekt
Ind.	Indikativ
Inf.	Infinitiv
KNG	Kasus-Numerus-Genus (-Kongruenz)
Konj.	Konjunktion
kons.	konsonantisch
m.	masculinum
Mask.	Maskulinum
med.	medial
n.	neutrum
Ntr.	Neutrum
Obj.	Objekt
P.	Person
Part.	Partizip
Part. coni.	Participium coniunctum
Pass.	Passiv
Pf.	Perfekt
PGA	Partizip der Gleichzeitigkeit Aktiv
Pl.	Plural/Pluralwort
Plpf.	Plusquamperfekt
Präd.	Prädikativum
Präs.	Präsens
Pron.	Pronomen
PVP	Partizip der Vorzeitigkeit Passiv
Sg.	Singular
Subj.	Subjekt
Subst.	Substantiv
Vok.	Vokativ

In den Pensa exercitanda

	Übung ins Heft übertragen bzw. im Heft lösen!
E	Einsetzübung
F	Formenlehre
K	Kombinieren!
S	Satzlehre
T	Texterschließung
W	Wortkunde/ Wortbildung/Wortschatz
Wh	Wiederholung
Z	Zusammenfassung

Im Vokabular

‚ … ‘	Lehnwort
› … ‹	urverwandtes Wort
E	Englisch
F	Französisch
D	Deutsch
L	Latein
?	Bedeutung kann erschlossen werden
≈	entspricht
(griech.)	Fremdwort aus dem Griechischen

Im übrigen werden gegebenenfalls gängige Abkürzungen verwendet!

Salvete,
discipulae discipulique
linguae Latinae!

Wir – Autoren und Verlag – wünschen Dir bei der Arbeit mit diesem Buch viel Freude und sind davon überzeugt, daß Du in ihm viel Interessantes entdecken wirst – auf einer Reise in eine ferne Welt, die z.T. ganz andersartig ist, z.T. aber auch ganz vertraut sein wird. Damit Dir die Arbeit mit OSTIA leichter fällt, findest Du hier einige Erklärungen zum Umgang mit den einzelnen Teilen des Buches:

➢ Alle **Capita** (Kapitel) von OSTIA enthalten **Texte**, die Dich, immer vom Leichteren zum Schwereren, nicht nur in die Sprache, sondern auch in die Lebenswelt der „alten Römer" einführen. Du wirst merken, wie Sprache – auch die Grammatik – und Lebenswelt zusammenhängen und wie die Sprache Dir als Begleiter auf der Reise in die Welt der Römer dienen kann.

➢ Die mit dem nebenstehenden Symbol einer *dorischen Säule* gekennzeichneten **Lesestücke** führen in den neuen Haupt-Grammatikstoff jedes Caput (Kapitels) ein. Die Lernvokabeln dieser Texte finden sich im **Lernvokabular** dieses Bandes.

➢ In den mit einer *jonischen Säule* gekennzeichneten **Lesestücke** wendest Du die neuen Kenntnisse an. Öfter kommen weitere weniger elementare Grammatikthemen hinzu. Die Lernvokabeln findest Du ebenfalls im **Lernvokabular** dieses Bandes.

➢ **Z**-Texte sind blau umrahmt und gehören **nicht** zum **Pflichtstoff**, sie enthalten *keine* Lernvokabeln; unbekannte Wörter werden direkt neben dem Text erklärt

➢ Das **Verzeichnis der Eigennamen** ist ein kleines Lexikon, in dem Du kurze Angaben zu den in diesem Buch vorkommenden Personen, Ländern und Städten findest.

➢ Wenn Du die Bedeutung einer Vokabel vergessen hast, kannst Du im **alphabetischen Wörterverzeichnis** dieses Buches nachschlagen; es enthält alle Wörter, die in ihm vorkommen.

➢ In den **Pensa exercitanda** (Übungen) wendest Du das Erlernte an, vertiefst Deine Kenntnisse (oft mit Spiel und Knobeln verbunden) und erfährst in manchen kleinen Texten noch weitere interessante Dinge. Die Pensa exercitanda sind jedem Caput zugeordnet und in sich nach der Abfolge der Lesestücke gegliedert.

➢ Die **Informationstexte** und **Abbildungen** kannst Du auch selbst lesen (und Deinen Lehrer fragen, wenn etwas unklar ist) und anschauen. Dort erfährst Du vieles, was Dir das Lesen und Verstehen der Texte diese Buches leichter macht.

➢ Der **Grammatikstoff** jedes Caput wird im **Cursus grammaticus** im Teilband 1.2 beschrieben und erklärt und, wo nötig oder sinnvoll, in Tabellenform dargestellt.

➢ Ebenfalls findest Du dort eine kurze **Erklärung grammatischer Begriffe** mit knappen deutschen Beispielen. Solltest Du einmal nicht mehr wissen, was ein Grammatikbegriff bedeutet, kannst Du Dich dort informieren.

➢ Im Teilband 1.2 findest Du auch ein **Lesevokabular**. Es enthält alle Wörter jeder Lektion in der Reihenfolge, wie sie in den Texten vorkommen. Dieses Lesevokabular kannst Du bei der Arbeit mit dem Text- und Übungsband neben die Texte legen. Die *Lernvokabeln* sind in diesem Lesevokabular nochmals extra gekennzeichnet.

Beachte in den Pensa exercitanda:

F*	Zeichen mit Sternchen: fakultative Übung
vīlica*	**Wort mit Sternchen: diese Wörter werden im Lesevokabular erläutert!**

Die Welt der Römer und der lateinischen Sprache

ŌSTIA – *Zugänge, Eingänge* – heißt das Buch, das vor Dir liegt. Es soll Dir den Zugang zu einer vergangenen, fernen Welt eröffnen, die noch auf vielerlei Weise in unsere heutige Welt hineinwirkt. Nicht zuletzt tut sie das durch ihre Sprache, das Lateinische, die Du mit diesem Buch zu erlernen beginnst.

ōstium*): Tür, Eingang, Zugang

Die lateinische Sprache – lingua Latīna – war die Verkehrssprache des Römischen Reiches (Impĕrium Rōmānum), das vor ungefähr 2000 Jahren fast die gesamte um das Mittelmeer liegende Welt umfaßte, bis es ungefähr 500 Jahre später zerfiel. Zur Zeit seiner größten Ausdehnung reichte es vom Atlantischen Ozean (Ōcĕanus Atlanticus) im Westen, Britannien (Britannia) und Germanien (Germānia) im Norden bis nach Judäa (Iūdaea) und Syrien (Sȳria) im Osten und Ägypten (Aegyptus), Libyen (Lĭbȳa) und Mauretanien (Mauretānia) im Süden. Die Hauptstadt dieses Reiches, Rōma, führt ihre sagenhafte Gründung durch die Zwillinge Rōmulus und Rĕmus auf das Jahr 753 v. Chr. zurück.

lingua Latīna

Imperium Rōmānum

Germānia

Rōma

Rōmulus, Rĕmus

Sprache wird von Menschen gesprochen. Deshalb sollst Du in diesem Buch Menschen kennenlernen, wie sie damals gelebt haben. Wenn sie auch so, wie sie in diesem Buch auftreten, erfunden sind, kommen ihre Namen doch in der römischen Literatur, auf Inschriften, Wandkritzeleien oder sonstwie vor. Es sind Namen von Personen, die ungefähr zu der Zeit an den Orten, wo sie im Buch erscheinen, gelebt haben. Vielleicht erinnerst Du Dich später einmal z. B. an den Namen C. Cuspius Pānsa, wenn Du nach Pompeji kommst und sein Haus besuchst.

Im Mittelpunkt unserer Texte steht eine römische Familie (fămĭlĭă Rōmāna), die familia Pompōnia. Zu ihr gehören:

Mārcus Pompōnius Mārcellus als Vater und Familienoberhaupt („pāter familiās", wörtlich: „Vater der Hausgemeinschaft");

Aurēlia als Mutter; sie ist die māter familiās. Ihr offizieller Name ist – wie bei den Römern üblich – nur die weibliche Form des Namens der Familie, aus der sie gebürtig ist; sie hat einen Bruder Aulus Aurēlius Flaccus, den Du auch kennenlernen wirst;

Domitilla (11 Jahre) und Tertia (8 Jahre) als Töchter (fīliae);

Pūblius (14 Jahre) und Lūcius (7 Jahre) als Söhne (fīliī).

Zu einer familia Rōmāna gehören aber auch die in Haus und Hof, auf Feld und Weiden Beschäftigten: Sklaven (servī) und Freigelassene (lībertī), d. h. ehemalige Sklaven. Bei der familia Pompōnia sind das u. a.: Selēnus, der Verwalter (vīlicus) des Landgutes (vīlla rūstica); er ist von Geburt Grieche und seit längerem lībertus; nach seinem Herrn kann er sich M. Pompōnius Selēnus nennen;

Dāvus, Sȳrus, Flāvus als Sklaven (servī) und als solche vorwiegend Landarbeiter;

familia Rōmāna

fīliae

fīliī

servī, lībertī

vīlicus

vīlla rūstica

*) Ein Strich über einem Vokal heißt, daß er lang zu sprechen ist (z. B. ā), sonst kurz. In manchen Fällen bezeichnet ein kleiner Bogen ausdrücklich die Kürze eines Vokals, z. B. ă.

servae — Lȳdia, Corinthia, Afra und Apollōnia als Sklavinnen (servae) und Arbeiterinnen in Haus und Hof.
Außerdem besitzt M. Pompōnius Mārcellus noch eine große Zahl weiterer Sklaven und Sklavinnen, die auf seinem Gut arbeiten.
Schließlich treten noch Lampriscus und Pŏlȳbius auf. Auch diese beiden sind Griechen und Sklaven.
Lampriscus ist der Lehrer (magister) für die jüngeren Kinder; an seinem Unterricht (lūdus) nehmen jedoch auch einige Nachbarskinder teil. — lūdus
Polybius hat zwei Aufgaben: Er ist der Privatlehrer für Pūblius auf der höheren Schulstufe, also grammaticus, und gleichzeitig paedagōgus der Söhne der Pompōniī; der paedagōgus hatte die Aufgabe, die Söhne seines Herrn überallhin zu begleiten. — grammaticus, paedagōgus
Daß sich die Pompōniī Hauslehrer leisteten, war nichts Außergewöhnliches. Diese Hauslehrer waren auch Sklaven (oder Freigelassene) – und natürlich teurer als ein einfacher Landarbeitersklave. Deswegen schlossen sich oft mehrere Eltern zusammen, um gemeinsam für einen Lehrersklaven aufzukommen (Kap. Die römische Erziehung).

Das ist die fămĭlĭă Pompōniă, und Du erkennst gleich den Unterschied zu einer heutigen Familie, die nur Eltern und Kinder umfaßt. – Aber auch in anderen Dingen war manches anders:
Der dominus (wörtl. der „Haus"herr) war im wahrsten Sinne der Herr der familia, ihr Oberhaupt mit Weisungsgewalt über alle ihre Mitglieder. Seine Frau, die domina, die Herrin, genoß ebenfalls großes Ansehen und gebot über den weiblichen Teil der Sklavenschaft, doch auch sie unterstand in strenger Ordnung dem Familienoberhaupt. Für ihre Kinder hatten die Römer merkwürdigerweise den Begriff „līberī" („Freie") geprägt, wohl im Gegensatz zu dem unfreien Teil der familia, den Sklaven. — dominus, domina, līberī

Diese Sklaven – servī –: Wie mögen sie gelebt haben?
Menschen, die wie eine Ware auf Märkten gehandelt werden konnten und gehandelt wurden? Im ersten Jahrhundert nach Christus waren wohl die meisten Herren zu ihren Sklaven menschlich oder „human". Aber das war eine freiwillige Sache – Rechte besaß ein Sklave nicht. Deshalb war es die große Hoffnung eines jeden von ihnen, eines Tages freigelassen zu werden. Dann war man ein lībertus (oder eine līberta), also ein Freigelassener (bzw. eine Freigelassene). — lībertus, līberta
Natürlich stand man als lībertus immer noch ganz unten in der Gesellschaft, doch mit dem zusammengesparten pecūlium (so hieß das Spargeld des Sklaven) konnte man sich immerhin eine eigene Existenz aufbauen, als Handwerker, Imbißverkäufer, Schulmeister u. a. m., und oft gab der ehemalige dominus, der Herr, sogar noch ein kleines Startkapital hinzu. Die Sklavenmassen auf den Feldern, in Bergwerken usw. hatten allerdings so gut wie nie die Chance, ihr Schicksal zu verbessern. — pecūlium
Die Stadt, in der (genauer: bei der) unsere familia gewohnt hat,

kannst Du heute noch besichtigen: Es ist Pompeji (Pompēiī) am Fuße des Berges Vesuv (mōns Vesŭvius).

Vesuvius

In dieser Stadt wohnten, wie überall, arme und reiche Leute. Die familia Pompōnia gehörte zu den Wohlhabenden, Mārcus Pompōnius Mārcellus zählte zum sog. *Ritterstand* (S. 99). Sein ausgedehntes Landgut, genannt „das Pompēiānum", ließ er von Selēnus bewirtschaften. Vorwiegend wurden Getreide (frūmentum), Wein (vīnum) und Oliven (olīvae) erzeugt. Pompōnius selbst hatte meist andere Geschäfte als Advokat und Mitglied des Gemeinderates von Pompeji.

Pompēiān**um**
frūment**um**
vīn**um**, olīvae

Unsere familia Pompōnia lebte zur Zeit des Kaisers Tĭbĕrius, der von 14 bis 37 n. Chr. herrschte. Du weißt sicher, daß die Stadt Pompeji noch in dem Jahrhundert, in dem „unsere" familia in ihr wohnte, von einem gewaltigen Ausbruch des Vesuvs verschüttet und vernichtet worden ist (79 n. Chr.).

Im Innern des großen Impĕrium Rōmānum herrschte zur Zeit des Tiberius weitgehend Frieden; die Weite des Reiches ermöglichte einen ausgedehnten Handel. Sicher waren die Römer damals nicht nur froh über diesen Zustand, sondern auch stolz darauf, einem Volk anzugehören, das der „Welt" diese politischen und wirtschaftlichen Verhältnisse gegeben hatte. Auch Mārcus Pompōnius Mārcellus war davon überzeugt, daß es die Götter gewesen waren, die den Römern den geschichtlichen Auftrag gegeben hatten, die Welt zu „befrieden": „pācāre" war das lateinische Schlagwort dafür.

pācā**re** befried**en**

Freilich – viele „befriedete" Völker übersetzten pācāre eher mit „unterwerfen"; schließlich diente das pācāre nicht zuletzt zur – Beschaffung von Arbeitskräften – von Sklaven. So kam es oft zu Unruhen an den Grenzen des Reiches, aber die erreichten die mittelgroße Landstadt Pompeji nicht: Hier konnte man weitgehend ungestört sein Leben verbringen – wenn nicht gerade der Vesuv ausbrach.

Von der familia Pompōnia also und von anderen Leuten, von der Umwelt, dem Glauben und den Erfahrungen der damaligen Menschen handeln die Lektionen dieses Buches – aber nicht nur: die Arbeit mit diesem Buch soll für Dich möglichst abwechslungsreich sein. Vieles wird Dir fremdartig vorkommen: Das soll es auch. Gerade dieses Fremdartige aber wird Dir die Welt und damit die Sprache, die Du von nun an kennenlernst, auch interessant machen.

Die lateinische Sprache

Der Entschluß, Latein zu lernen, ist nicht gleichzusetzen mit dem Entschluß, ein beliebiges anderes Schulfach zu betreiben. Du hast es hier mit einer besonderen Sprache zu tun, allein schon deshalb, weil sie von keinem lebenden Volk mehr gesprochen wird. Dein Lehrer, dieses Buch und später Grammatik und Lexikon ersetzen Dir den Gesprächspartner, den Du in Deiner Muttersprache oder in einer

modernen Fremdsprache immer nach dem richtigen Wort oder der richtigen Ausdrucksweise fragen kannst.
Es muß also eine besondere Sprache sein, wenn man sie noch heute an so vielen Schulen in Europa, in Amerika und anderswo in der Welt lehrt und lernt.
Wenn Du eine Karte betrachtest, auf der das Römische Reich (Impĕrium Rōmānum) abgebildet ist, mag Dir ein Grund klar werden: Alle darauf verzeichneten Völker haben lange unter römischer Herrschaft gelebt; bei ihnen haben sich Sprachen herausgebildet, die aus dem Lateinischen abgeleitet sind. Aber nicht nur diese „romanischen" Sprachen (Französisch, Italienisch, Spanisch, Portugiesisch, Rumänisch und einige andere) zeigen ihre Herkunft aus dem Lateinischen, auch andere, wie z. B. Englisch, haben – einen wichtigen Teil ihres Wortbestandes aus der lateinischen Sprache abgeleitet.
Auch unsere Muttersprache. Über die räumlichen und zeitlichen Grenzen des Römischen Reiches hinaus hat das Latein nämlich einen noch viel größeren Einfluß gehabt, und zwar anfänglich durch die Kirche und ihre Klosterschulen, deren Sprache das Latein war und z. T. heute noch ist; später durch die Gelehrten: Noch vor wenigen hundert Jahren sprachen diese in ganz Europa wie selbstverständlich Latein und konnten sich so über alle europäischen Grenzen hinweg verständigen.
Einige Beispiele von Wörtern sollen Dir das Gesagte verdeutlichen.

Lehnwörter

1. Wörter aus der Zeit, als Teile Germaniens zum Römischen Reich gehörten:
Kaufmann (caupō), *Markt* (mercātus), *Speicher* (spīcārium), *Kiste* (cista), *Korb* (corbis), *Münze* (monēta), *Pfund* (pondus), *Sack* (saccus), *Ziegel* (tĕgula), *Straße* (via strāta), *Wein* (vīnum); dazu noch viele andere Wörter aus den Bereichen Küche, Hausbau, Weinbau, Ackerbau, Gartenbau u. a. m.

2. Wörter aus dem Kirchenlatein:
Nonne (nonna), *Küster* (custōs), *keusch* (cōnscius), *nüchtern* (nocturnus), *spenden* (spondēre), *Orgel* (organum), *schreiben* (scrībere), *Schule* (schŏla), *Tinte* (aqua tīncta), *Meister* (magister), *Pult* (pulpitum), *dichten* (dictāre), *Vers* (versus), *Brief* (brĕvis), *Zettel* (schĕdŭla) und viele andere.

Fremdwörter

3. Wörter des Gelehrtenlateins:
Aula (aula), *Autor* (auctor), *demonstrieren* (dēmōnstrāre), *diktieren* (dictāre), *Examen* (exāmen), *Ferien* (feriae) ... und ungezählte andere. Bis in unsere Zeit bilden Gelehrte – besonders in den Naturwissenschaften – Wörter aus lateinischen Grundvokabeln.
Den meisten Wörtern unter 1 und 2 hast du ihre lateinische Herkunft gar nicht mehr angesehen, sie sind zu *Lehnwörtern* geworden. Das zeigt, daß mit jedem von ihnen ein Stück römischer Kultur in unseren Lebensraum übernommen worden ist. Sie hätten sich gar nicht einbürgern können, wenn nicht viele Jahrhunderte hindurch

Einfluß römischer Kultur und Sprache auf die europäische und auch die heimatliche Kultur

in unserem Schrifttum – in Dichtung, in „Gebrauchstexten“, in amtlichen Schreiben usw. – das Lateinische eine wichtige, sehr oft führende Rolle innegehabt hätte.
Kenntnis des Lateinischen öffnet also auch Wege zum Verständnis heimatlichen Kulturraumes.
Weil Du erst am Anfang des Lateinlernens stehst, ist der folgende Gedanke zunächst noch nicht so wichtig: In lateinischer Sprache sind in der Antike wie im Mittelalter wichtige literarische und wissenschaftliche, philosophische und theologische Werke verfaßt worden.
Der Zugang zur griechisch-römischen Antike, dieser so wichtigen, aber nicht ohne weiteres zugänglichen Stufe der europäischen Kulturentwicklung wird durch die Kenntnis wenigstens einer der antiken Sprachen wesentlich erleichtert und eigentlich erst richtig möglich.

Zugang zur römischen und griechischen Antike

Zur Aussprache des Lateinischen

Latein – das war ursprünglich der Dialekt eines kleinen italischen Stammes, der Latiner (Latīnī). Er war ungefähr dort angesiedelt, wo heute Rom liegt.
Die Aussprache in den Anfängen war anders als in der Kaiserzeit (um Christi Geburt), die Mönche des Mittelalters und spätere Gelehrte sprachen wieder anders. Heute gibt es zudem ganz verschiedene nationale Ausspracheeigentümlichkeiten in den einzelnen Ländern Europas.
Da sehr viele der bedeutendsten Texte der römischen Literatur aus der Zeit der ausgehenden römischen Republik und der Kaiserzeit stammen (grob: zwischen 100 v. Chr. und 100 n. Chr.) und die Texte dieses Buches größtenteils in der römischen Kaiserzeit spielen, ist es am sinnvollsten, der Aussprache dieser Zeit zu folgen. Über diese Aussprache wissen wir durch griechische Umschriften lateinischer Namen, durch die Aussprache lateinischer Lehnwörter in anderen Sprachen, durch typische Schreibfehler (!) in Inschriften, vor allem auch durch Beschreibungen antiker Sprachwissenschaftler ziemlich genau Bescheid.
Ihre Schrift haben die Römer von den Griechen übernommen, und zwar das westgriechische Alphabet, das die Griechen der Städte Süd- und Mittelitaliens benutzten. Die erste griechische Kolonie in Italien war Cūmae (griech. Kyme), gegründet um 750 v. Chr.
Mit folgenden Buchstaben kamen die Römer zunächst aus:

Das westgriechische Alphabet

A B C D E F H I K L M N O P Q R S T V X

A B C D E F G H
I K L M N O P Q R S T V X
Kritzelei (Graffito) an einer Hauswand in Pompeji

▲ *Inschrift auf einem Grabmal*

Später wurde durch Hinzufügen eines Häkchens zum C (das C bezeichnete [k] und [g]) das G dazugebildet, und für griechische Wörter oder Namen benutzte man zusätzlich Z und Y. K wurde bald als überflüssig empfunden und blieb nur in ganz wenigen Wörter erhalten, da C zur Bezeichnung des K-Lautes ausreichte. V wurde für u und v (gesprochen wie engl. w) geschrieben.
Das vollständige Alphabet der Römer sah also schließlich so aus:

A B C D E F G H I K L M
N O P Q R S T V X Y Z

Es gab nur Großbuchstaben – je nach Schreib- und Beschriftungsmaterial eckig oder kursiv geschrieben. Eine Worttrennung war unbekannt bzw. wurde nur unzureichend durchgeführt.
Heute werden im Lateinischen Satzanfänge und Eigennamen groß geschrieben, alle anderen Wörter klein; Satzzeichen werden weitgehend nach unseren Regeln gesetzt.

Ausspracheregeln

① Grundregel: Man spricht, wie man schreibt.
② c bezeichnet im Lateinischen *immer* den Laut [k], ebenso das in wenigen Wörtern auftauchende ch (also schola = [skola]).
③ s ist *immer* stimmlos zu sprechen (wie ß), also auch s-t / s-p.
④ -ti- wird *immer* wie -t-i- gesprochen (also *nicht* [tsi]).
⑤ Das Zeichen i / I wird im Anlaut vor Vokal wie j gesprochen. Manchmal steht im Silbenanlaut einfaches i für [ji].
⑥ Das V wird heute je nach Lautung durch v oder u wiedergegeben.
V wird dabei wie w gesprochen (in der Antike wie engl. [w]).
Nach ng, q und s sprechen wir u wie engl. [w] aus.
⑦ Die Diphthonge ae und oe werden in Deutschland meist wie ä und ö ausgesprochen, lauteten aber etwa wie [ai] und [oi].
⑧ Der Diphthong eu wird immer wie e-u gesprochen.
⑨ ph wurde wie [p^h] gesprochen: triumphus = [triump^{h}us], physica = [p^{h}ysica)

Cicerō = [kikero]
pulcher = [pulker]

s immer wie „ß"
Lātium = [latium]
iam = [jam]

vīvere = [wiwere]

ae = [ai] *oder* [ä]
oe = [oi] *oder* [ö]
neutrum = [ne-utrum]

Zur Betonung

In lateinischen Wörtern können nur die vor- und die drittletzte Silbe eines Wortes betont sein. Ist die vorletzte Silbe lang, wird sie betont; ist sie kurz, wird die drittletzte betont.
Silben sind lang, wenn sie einen langen Vokal oder Diphthong haben oder wenn ein kurzer Vokal vor einem Doppelkonsonanten steht (sog. Positionslänge; ein r an zweiter Stelle bewirkt dabei aber keine Positionslänge). Also:

Eurōpă = E-urópa
Āfrĭcă = Áfrika
Tărĕ**nt**ŭm = Taréntum   Aber: Clĕópă**tr**ă, ténĕ**br**ae

Zweisilbige Wörter:
x́ x

drei- und mehrsilbige Wörter:
x x̄́ x   x x x̄́ x
x́ x̆ x   x x́ x̆ x

Auf dem Pompeianum

1

Ein ganz gewöhnlicher Nachmittag … Die Kinder der familia Pompōnia spielen im Garten vor der villa, während alle anderen ihrer Arbeit nachgehen.

Domitilla cantat.
Lūcius rīdet et clāmat:
„Domitilla ululat."
Domitilla tacet.
Nōn iam cantat.

Tertia autem saevit atque clāmat:
„Nōn ululat, cantat."
Publius et Lūcius rīdent.

Iam Tertia et Lūcius iūrgant. Polybius venit. Dīcit: „Quis clāmat?" Pūblius et Lūcius tacent. Sed Domitilla et Tertia saeviunt atque dīcunt:

„Lūcius maledīcit. Semper iurgat."

Deinde Polybius: „Nōn decet iūrgāre neque maledīcere neque saevīre." Tandem Lūcius et Tertia nōn iam saeviunt, sed lūdunt: Lūdere semper iuvat.

▼ *Kinder beim Reifenspiel. Marmorrelief von einem Sarkophag. Um 250 n. Chr. Rom, Vatikanische Museen*

2 Ein Gewitter droht

Wolken sind heraufgezogen. Es wird zusehends dunkler. Eine eigentümliche Spannung liegt in der Luft. Es ist gerade Erntezeit: Das Getreide muß eingefahren werden. Jetzt ein Gewitter – das täte dem Korn gar nicht gut!

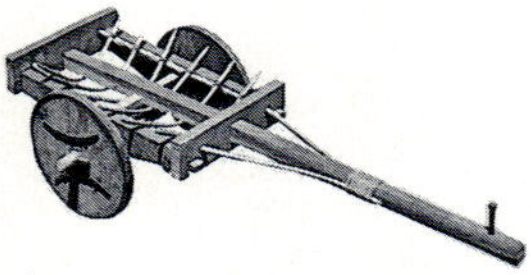

plaustrum: Zweirädriger Karren, meist noch mit Holzscheibenrädern, von Ochsen gezogen.

M. Pompōnius Mārcellus clāmat: „Ubi est Selēnus?“

Pompōnius dominus est et Selēnus vīlicus est. Selēnus nōn servus, sed lībertus est.

Iam venit. Tum dominus: „Caelum obscūrum est. Ubī sunt servī servaeque? Cūr nōn veniunt?“ Vīlicus: „Labōrant.“

Subitō fulget. Dominus inquiētus est. Interrogat: „Ubī sunt plaustra?“ Frūmentum enim mātūrum est.

Aurēlia quoque inquiēta est: „Ubī sunt Domitilla et Tertia?“ Aurēlia domina est. Polybius: „Puellae lūdunt – ecce, iam veniunt.“

Tum Selēnus: „Ecce, venit etiam plaustrum ... Immō vērō cūncta plaustra veniunt.“

Tandem servī servaeque adsunt. Plaustra onusta sunt. Servī et servae dēfessī sunt. Iterum fulget. Nunc cūnctī laetī sunt: Frūmentum salvum est.

▼ *Feldarbeit auf einem römischen Landgut. Im Hintergrund eine villa rustica. Zeichnung im Archéodrome bei Beaune / Frankreich*

PENSA EXERCITANDA

1 **T 1**

a) Lies das Lesestück 1 vor dem Übersetzen durch.
Welche Namen kommen vor? Informiere Dich in der Einführung (S. 7–8) darüber, wer diese Personen sind.
b) Nach dem Übersetzen: Spielt das Lesestück oder lest es mit verteilten Rollen noch einmal vor. Dann überlegt, ob die *Rollen*, die Mädchen und Jungen in diesem Text spielen, auch in unserer Zeit so gültig sind.

S 1

1a) Lūcius iūrgat.
b) Tertia et Lūcius iūrgant.
2a) Domitilla rīdet.
b) Domitilla et Pūblius rīdent.
3a) Polybius venit.
b) Lūcius et Tertia veniunt.
4a) Lūcius lūdit.
b) Domitilla et Tertia lūdunt.

① Welche Satzglieder erkennst Du jeweils in a) und b)?
② Beschreibe die Veränderungen in den Prädikaten der jeweiligen b-Sätze gegenüber den a-Sätzen.
③ Gib den Grund für die Veränderungen an.

S 2

1) Domitilla cantat.
2) Lūcius rīdet et clāmat:
3) „Ululat, nōn cantat!"

Übersetze. Wer ist Subjekt in Satz 3? Mit welchem Wort wird im Deutschen dieses Subjekt wiedergegeben?

E 1

Vervollständige (achte gegebenenfalls auf Sprechvokale!):
1) Tertia iūrga_.
2) Lūcius et Pūblius tace_.
3) Lūcius rīde_.
4) Tertia et Domitilla canta_.
5) Lūcius et Domitilla saevi_.
6) Lūcius maledīc_.
7) Domitilla et Tertia lūd_.
8) Domitilla veni_.
9) Maledīc_ nōn decet.
10) Rīdē_ iuvat.
11) Iūrga_ nōn decet.

T 2 2

a) Informiere Dich auch beim Lesestück 2 zunächst in der Einführung darüber, wer die im Text auftretenden Personen sind.
b) Sieh *vor dem Übersetzen* im Vokabular nach, was caelum / obscūrum / fulget / frūmentum / salvum heißt. Vergleiche damit die Überschrift. Hast Du jetzt schon eine gewisse Vorstellung von dem möglichen Inhalt des Textes?
Lies nun den Text durch.

“Tip” Es ist sehr hilfreich für das Übersetzen, wenn man sich schon vorher ungefähr über das im klaren ist, wovon der Text handelt. Das kann man an drei Dingen verhältnismäßig leicht erkennen:
a) an einer Überschrift;
b) an den handelnden Personen;
c) an Wörtern, die inhaltlich irgendwie zusammengehören: Stelle sie Dir zum Schluß noch einmal zusammen.

S 3

① Domina**?** / Plaustra**?** 〉 veniunt.
② Serva**?** / Plaustra**?** 〉 venit.

Welches Subjekt ist jeweils das richtige? Warum?

E 2

Serv**us** labōra_.	Serv**ī** labōra_.
Serv**a** tace_.	Serv**ae** tace_.
Plaustr**um** veni_.	Plaustr**a** veni_.

E 3

1a) Tertia lūdit.
b) Tertia puella est.
2a) Selēnus saevit.
b) Selēnus vīlicus est.
3a) Aurēlia nōn rīdet.
b) Aurēlia laeta nōn est.
4a) Puellae veniunt.
b) Puellae laetae sunt.

5a) Servī maledīcunt.
b) Servī dēfessī sunt.
6a) Fulget.
b) Caelum obscūrum est.

Vergleiche die Prädikatsteile in den Sätzen a) und b). Welche Wortarten erkennst Du jeweils im Prädikatsteil bei b)?

S 4

Vervollständige, und übersetze. Nach welchen Gesichtspunkten nimmst Du die Ergänzungen vor?

1) Vīlicus inquiēt_ ___.
2) Puellae laet_ ___.
3) Frūmentum mātūr_ ___.
4) Serv_ laetī ___.
5) Servae inquiēt_ ___.
6) Plaustr_ onust_ ___.
7) Cūnctī salv_ ___.
8) Cūnct_ dēfessae ___.
9) Servī servaeque laet_ nōn ___.

T 3

Begründe, warum Du im Deutschen bei der Übersetzung von L 2 den bestimmten, den unbestimmten oder gar keinen Artikel gesetzt hast.

K 1

Setze die Satzhälften jeweils zu einem sinnvollen Satz zusammen, und übersetze.

a) Selēnus	1) nōn decet.
b) Cūnctī	2) mātūrum est.
c) Aurēlia	3) vīlicus est.
e) Frūmentum	4) labōrant.
e) Maledīcere	5) domina est.

K 2

① Subjektwörter:
domina – dominus – plaustrum
Prädikatwort:
venit.
Kombiniere das Prädikat mit den drei Subjektwörtern.
Ersetze venit durch:
rīdet – labōrat – clāmat
Was stellst Du fest?

② a) Ergänze die Sätze durch sinnvolle Prädikate:
1) Servus ___.
2) Servī ___.
3) Serva ___.
4) Servae ___.
5) Plaustrum ___.
6) Plaustra ___.

b) Setze ein sinnvolles Subjekt hinzu:
1) ___ rīdent.
2) ___ iūrgat.
3) ___ lūdunt.
4) ___ veniunt.

T 4

Dem dominus und der domina unterstehen verschiedene Bereiche der familia. Worin zeigt sich das an unserem Text?

W

Auf dem Bild Seite 14 siehst Du manches, was Du schon auf Latein sagen kannst. Versuche, möglichst viele Einzelheiten durch Einzelwörter oder kleine Sätze zu beschreiben.

Spiel

Jeder denkt sich ein Verb. Ein Spieler spielt jeweils sein Verb vor. Bei manchen Verben wird noch eine zweite Person zum Spielen gebraucht. Welches Verb kann jeder spielen, auch wenn er kein Talent hat?

Latein und Europa

Mutter Latein und ihre Töchter
Wie heißt das lateinische Wort?

franz.	*ital.*	*span.*	*port.*	*rumän.*	*engl.*
chanter	cantare	cantar	cantar		
venir	venire	venir	vir	veni	(to
rire	ridere	reír	rir		deride)

▶▲ Spielende Jungen und Mädchen (Sarkophagrelief)
▶ Junge beim Spiel mit einem Ponygespann (Sarkophagrelief; Paris, Louvre)

Römische Namensgebung

Der römische Bürger hatte in der Regel drei Namen, einen Vornamen, einen Familien- (oder: „Gentil"namen, gens: Sippe) und einen Beinamen.

Auf **Vornamen** legten die Römer offenbar geringen Wert, ein Vorrat von knapp 20 Namen genügte den Männern; auf Inschriften wurden sie abgekürzt, z. B. C = Gaius, L = Lūcius, M = Mārcus, Tib = Tiberius. Hatte eine Familie viele Söhne, dann wurden diese vom fünften an numeriert. Die Vornamen Quīntus, Sextus usw. bis Decimus kommen nicht selten vor, sie sind bei den knapp 20 Namen mitgezählt. (Andere wieder meinen, daß solche Vornamen auf den jeweiligen Geburtsmonat hinweisen. Quīntus oder Quīntilius wäre dann der im Juli Geborene, denn im vorcaesarischen Kalender begann das Jahr mit dem März.)

Zur Zeit der Republik hatten Frauen oft nur einen Namen, den Familiennamen, aber in Familien mit mehreren Töchtern mußte jede, um sie unterscheiden zu können, auch einen Vornamen haben; wie bei den Söhnen war dies oft ein Zahlname (Prima, Secunda, Tertia), oder aber man nannte sie „die Ältere" bzw. „die Jüngere". Weitere Frauenvornamen sind: Vibia, Paulla, Fausta, Salvia, Rūfa, Rŭtila. – Während der Kaiserzeit hatten Frauen üblicherweise mindestens zwei Namen, der erste war der Familienname und der zweite wurde entweder aus dem dritten Namen des Vaters (s. u.) abgeleitet, oder der Name der Mutter übernommen. Bei der Eheschließung behielten Frauen ihren Namen, fügten aber den Namen des Ehemannes im Genitiv hinzu.

Vor- und **Gentilname** reichten in der Regel selten aus, eine Person unterscheidbar zu machen. Viele Sippen, z. B. die gēns Iūlia oder die gēns Claudia, waren so verzweigt, daß zwangsläufig mehrere Personen den gleichen Vornamen hatten. Aus diesem Grund wurde ein charakteristischer **Beiname** sehr oft als wichtigster Name, auch zur Anrede, gebraucht. Dieser konnte einem Mann im Laufe seines Lebens aufgrund seines Berufs (z. B. Agricŏla = Bauer, Fabricius = Schmied), nach seinem Aussehen (Flāvus = Blonder, Strābō = Schieler, Crassus = Dicker) oder nach seinem Charakter (z. B. Brutus = Tölpel) gegeben werden. Viele Beinamen sind fast beleidigend; wer möchte schon gern Galba = Schmerbauch heißen? Doch nach ein bis zwei Generationen – die Beinamen wurden mit der Zeit vererbt – entsprach die Bedeutung des Namens weder dem Aussehen noch dem Charakter des Namensträgers, so daß sie wie bei den meisten unserer Namen auch ganz in den Hintergrund trat.

Sklaven hatten nur einen Rufnamen; wurden sie freigelassen, so nahmen sie noch den Vornamen und Gentilnamen ihres ehemaligen Herrn an, mit dem sie ja weiterhin in einem Abhängigkeitsverhältnis standen.

Zusätzlich gab es noch **Ehrennamen**, die ein Mann durch besondere Verdienste erhalten konnte (z. B. Pūblius Cornēlius Scīpiō **Āfricānus**). Diese wurden nicht vererbt.

▼ Ochsengespann auf dem Weg zum Fleischmarkt. Rom, Palazzo Mattei

3 Wo ist Syrus?

Selēnus clāmat.
Lȳdia interrogat: „Quid est? Quis clāmat?“
Corinthia respondet: „Selēnus clāmat.“
Tum Lȳdia: „Quem“, inquit, „vīlicus quaerit? Quid vult?“

Corinthia: „Syrum vocat, sed Syrus nōn venit.“ – „Ecquid eum nōn audit?“ Lȳdia respondet.

Selēnus Lȳdiam et Corinthiam videt; eās interrogat: „Ubī Syrus est?“ Respōnsum autem nōn accipit.

Cūnctī labōrant: Frūmentum apportant, saccōs complent, plaustra onerant. Vīlicus id vidit et contentus est. Syrus autem deest neque eōs adiuvat.

4 Panne

Tum Āfra et Apollōnia accurrunt. Iam procul clāmant: „Syrus venīre nōn potest. Plaustrum enim haeret. Itaque Syrus nōndum adest. Rotam petit.“

Vīlicus Syrum stultum nōminat. Servae rotam apportāre nōn possunt. Itaque Dāvus Flāvusque eam apportāre dēbent. Statim eōs dīmittit.

► Plaustrum, von Rindern gezogen, beladen mit einem Schlauch, Relief auf einem Sarkophagdeckel. Rom, Vatikanische Museen

5 Wer den Schaden hat …

Und das war passiert …

Syrus plaustrum regit et iūmenta incitat. Mūgiunt, nam plaustrum onustum est. Subitō plaustrum haeret. Syrus damnum spectat: Rota frācta est.

Prope servōs et servās videt. Labōrant. Syrus eōs vocat. Statim accurrunt neque eum iuvant, sed rīdent. Itaque Syrus clāmat: „Furciferī! Improbum est rīdēre!“

Quis rotam et instrumenta apportāre potest? Vīlla prope est. Iam Āfra et Apollōnia āvolant.

Diū Syrus eās exspectat … Tandem Dāvus et Flāvus veniunt et rotam apportant. Īnstrūmenta autem dēsunt. Itaque Syrus īrātus est et Dāvum increpat: „Ubī sunt īnstrūmenta?“ Nunc Dāvus quoque īrātus est et Syrum asinum vocat. Syrus autem eum verberat. Cēterī rīdent …

►► Sklaven bei der Weinkelter (Mosaik in Italica, Spanien)

Sklaven

In der Antike gibt es generell zwei Gesellschaftsgruppen: Freie und Unfreie. Der Freie gehört sich selbst und nimmt am gesellschaftlichen Leben teil, der Sklave gehört einem anderen Menschen, einem Freien, er kann in nichts über sich selbst bestimmen, z. B. auch nicht aus eigenem Entschluß heiraten. Sklaven sind Menschen ohne Rechte, juristisch gelten sie als „Sache". Sie werden wie Waren gehandelt und haben für ihre Besitzer zu arbeiten. Die antike Gesellschaft ist ohne Sklaven nicht denkbar. Ob als Rudersklave auf einer Galeere, als Sklave im staatlichen Bergwerk, als Ackersklave, Handwerkersklave, Koch, Lehrer, Arzt, Sekretär, Bibliothekar, sogar – als servus pūblicus – als Polizist: überall sind Sklaven beschäftigt. Reiche Leute haben teils Hunderte von Sklaven, und natürlich sind sie je nach „Qualität" und Ausbildung unterschiedlich teuer.

Sklave sein bedeutet für einen Erwachsenen, vom Willen eines anderen abhängig sein, nur tun dürfen, was der Herr (dominus) anordnet, kein eigenes Vermögen zu besitzen, keine eigene Wohnung und keine eigene Familie zu haben. Selbst der Name wird dem Sklaven von seinem Besitzer gegeben, und er unterscheidet sich auffällig von dem eines Freien: Ein typischer „Name" der Frühzeit war z. B. *Iūnipor = Iūniī puer*, d. h. *Sklave („Junge") des Iūnius*. Sklaven hatten nur einen Namen, die Römer im allgemeinen drei.

Sklaven, die im Haushalt ihres Herrn leben, müssen alles tun, was dieser von ihnen verlangt, das bedeutet, daß sie keine eigenen Pläne und Ziele entwickeln und verwirklichen können. Vom öffentlichen Leben sind sie so gut wie ausgegrenzt: Sie können nicht wählen und selbstverständlich keine öffentlichen Ämter übernehmen. Der einzige Bereich, der ihnen offensteht, sind religiöse Kultgemeinschaften und -vereine.

Sklaven und Freie werden in der Antike als verschiedene Menschen betrachtet, so verschieden, daß für sie unterschiedliche Gesetze gelten; abgesehen davon, daß ein Sklave jederzeit verkauft werden kann, hat sein Herr auch das Recht, ihn zu schlagen und zu strafen, allerdings darf er ihn nicht ohne weiteres töten. Findet der Besitzer jedoch, daß ein Sklave ein todeswürdiges Verbrechen begangen hat, kann er ihn töten lassen. Anders als Freie können Sklaven von der staatlichen Gerichtsbarkeit gefoltert werden, z. B. damit sie ein Verbrechen ihres Herrn gestehen, der als freier Bürger nicht gefoltert werden darf.

Daß die Sklaven rechtlich unfrei sind, bedeutet nicht, daß sie sich nicht frei hätten bewegen können. Viele werden auch Vertraute ihres Herrn oder nehmen durchaus wichtige Positionen ein. Genauso kommt es aber vor, daß Sklaven fortzulaufen oder gar ihren Herrn umzubringen versuchen. Die Angst davor war bei den Besitzern der Sklaven stets vorhanden. So sind ihr Schicksal und ihr Leben weitgehend vom Charakter ihres Herrn und von ihrem Arbeitsbereich abhängig.

Verschieden sind dementsprechend auch die moralischen Kriterien bei der Beurteilung eines Sklaven: So ist ein „guter Bürger" etwas anderes als ein „guter Sklave". Letzterer ist dann gut, wenn er gehorsam, fleißig, genügsam und seinem Herrn treu ergeben ist.

Wie wurde ein Mensch zum Sklaven? Zunächst vor allem dadurch, daß er in Kriegsgefangenschaft geriet, dann wurde er als „Beute" verkauft; das Kind einer Sklavin ist von Geburt an unfrei, egal ob der Vater ein Sklave oder ein freier Bürger ist; vielen verarmten Freien bleibt in ihrer materiellen Not als letzter Ausweg, ihre Kinder oder sich selbst zu verkaufen, sozusagen „freiwillig" zum Sklaven zu machen; durch Piraterie und Menschenraub geraten viele in die Hände von Sklavenhändlern. Diese Menschen werden wie Waren auf Sklavenmärkten ge- und verkauft; einige Orte, z. B. die griechische Insel Delos, waren auf den Sklavenhandel spezialisiert. In Rom wurden Sklaven vor allem vor dem Tempel des Castor und Pollux auf dem Forum gehandelt.

Ganz allgemein wurde es als trauriges Los angesehen, Sklave zu sein; die Bedrohung, ein solches Schicksal zu erleiden, war allgegenwärtig. Die einzige Hoffnung, das einzige Ziel jedes Sklaven bestand darin, eines Tages freigelassen zu werden, und so diesem unwürdigen Dasein zu entfliehen. Die große Zahl der *Freigelassenen* (lībertī) in der römischen Gesellschaft zeigt, daß diese Möglichkeit für sehr viele tatsächlich bestand.

PENSA EXERCITANDA

3 **T 1**

a) Lies den Text 3 durch. Beachte die beiden unterschiedlichen Bezeichnungen für eine und dieselbe Person: Selēnus/vīlicus.

“Tip” Es ist wichtig, eventuell im Text auftretende unterschiedliche Bezeichnungen für ein und dieselbe Person gleich richtig zuzuordnen. Das gelingt nur, wenn Du Dich vorher über diese Person möglichst genau informiert hast.

b) Übersetzt; dann lest und spielt wieder mit verteilten Rollen den Text bis ... nōn accipit. Beachtet dabei genau, wie der vīlicus reagieren wird, wenn im Text nur gesagt wird: respōnsum autem nōn accipit.

c) Der letzte Abschnitt unterscheidet sich vom ersten. Auch er ließe sich spielen, aber man müßte vieles dazu erfinden. Kannst Du die Frage beantworten, woran das liegt?

S 1

1a) Domitilla venit.
b) Domitilla Tertiam quaerit.
2a) Lūcius rīdet.
b) Selēnus servōs videt.
3a) Tertia saevit.
b) Syrus puellās nōn audit.
4a) Puellae lūdunt.
b) Servī plaustra onerant.

Übersetze. Welches Satzglied tritt in den b-Sätzen neu hinzu?
Was unterscheidet die Verben in den b-Sätzen von denen in den a-Sätzen?

S 2

1) Servus apportat → ? rota / ? puella / ? saccum

Nur eine Lösung ist grammatisch richtig.

2) Servus apportat → ? frūmentum / ? asinum / ? plaustrum

Nur eine Lösung ist sinnvoll.

3) Servus rīdet.
Warum gibt es hier keine Ergänzung?

4) Asinus apportat ___?
Suche selbst eine sinnvolle Ergänzung.

K 1

Suche die passenden Antworten, und ergänze das Prädikat.

a) Quem Selēnus vocat?
b) Quid servī complent?
c) Quis plaustra onerat?
d) Quid servī apportant?
e) Quem Syrus interrogat?

1) Servī saccōs___.
2) Servī frūmentum ___.
3) Syrus dominum___.
4) Servī plaustra___.
5) Selēnus Syrum___.

Spiel

Jemand aus der Klasse soll mimisch folgende Verben darstellen:

- dēfessus, -a esse (erschöpft sein)
- apportāre (herbeibringen)
- vocāre.

Zwei Verben lassen sich ohne Gegenstände oder Mitspieler nicht darstellen. Welche Aufgabe haben diese „Requisiten“ für das Verständnis des Verbinhaltes? Leite aus dieser Beobachtung ab, welche Rolle ein Akkusativobjekt hat.

T 2 4

a) Welche Information im Text 4 gibt Aufschluß über das, was passiert ist? Welche lateinischen Wörter sind für diese Information besonders wichtig? Sind es Wörter, die – Du kannst das Deutsche zu Hilfe nehmen – besonders häufig sind, oder die nur in speziellen Texten vorkommen?

“Tip” Über die in einem Text vorkommenden besonderen Ereignisse informieren meist nicht die sehr häufig vorkommenden Wörter (wie clamare, venīre, vidēre usw.), sondern spezielle Bezeichnungen, hier „rota“.

E 1*

Setze ein, und übersetze:

1. Domitilla Apollōnia_ stult_ nōminat.
2. Lūcius Domitilla_ et Apollōnia_ stult_ nōminat.
3. Tertia Domitilla_ et Pūbliu_ stult_ nōminat.

E 2

Vīlica* ___ vocat. Veniunt. ___ numerat. Āfra deest. Vīlica īrāta est et ___ mittit. ___ quaerunt. Tandem ___ inveniunt. Āfra ___ iuvat. Itaque vīlica ___ nōn reprehendit.

Āfram – dominam – eam – eās – Lȳdiam et Apollōniam – servam – servās

S 3*

1) Syrus cantāre nōn potest.
2) Cantāre cēterōs delectat.
Übersetze, und bestimme die Satzglieder.

T 3

Von woher mögen die Sklaven Syrus, Lydia, Afra, Corinthia stammen?
Woher könnte Flavus („blond") kommen?

5 **T 4**

In Lesestück 5 wiederholen sich einige Wörter, beobachte zunächst diese Wiederholungen. Du kannst herausfinden, daß mit dem Begriff „rota" zwei andere Wörter zusammenstehen. Sie sagen etwas über den Textkern aus:
rota frācta/rotam apportāre.
Es ist möglich, sich mit Hilfe dieses Textkerns vorzustellen, wovon im Text die Rede sein kann.

"Tip" Zur vorläufigen Texterfassung, also der ungefähren Erfassung des Textsinnes, gehört auch, textspezifische Wörter (siehe Tip oben) mit den Wörtern zu verknüpfen, die bei ihnen stehen. Dann erhält man durch diese **Schlüsselwörter** einen *Einblick* in das **Textthema**, also in den Inhalt des Textes. Deine Alltagserfahrung sagt Dir dann, was etwa vorkommen mag, wenn rota frācta und rotam apportāre Schlüsselwörter sind.

K 2

a) Syrus sacc**um** complet.
Dāvus plaustr**um** onerat.
Plaustr**um** onustum est.
b) Serv**a** rotam apportat.
Servī plaustr**a** onerant.
Plaustr**a** onusta sunt.
Bestimme die Kasus der hervorgehobenen Formen. Was stellst Du für das Genus Neutrum fest?

E 3

Ergänze die fehlenden Endungen:
1) Lȳdia Selēn_ interrogat: „Ubī est Āfra?"
2) Selēn_ serv_ et serv_ vocat.
3) Dāvus Simylusque frument_ apportant.
4) Cēterī sacc_ comple_ et plaustr_ onerant.
5) Syrus Corinthi_ vocat.
6) Īnstrūment_ apportāre dēbet.

E 4

Setze das Personalpronomen als Stellvertreter in der richtigen Form ein, und übersetze. Wie mußt Du in Satz 6 das Personalpronomen wiedergeben, um den Bezug deutlich zu machen?
1) Ecce Syrus venit, sed Selēnus ___ nōn videt.
2) Ubī servae sunt? Vīlicus ___ exspectat.
3) Cūnctī labōrant. Selēnus ___ videt et contentus est.
4) Iūmenta mūgiunt*, nam Syrus ___ incitat.
5) Servī saccōs portant. Dāvus ___ nōn adiuvat.
6) Lȳdia rotam petit. Syrus ___ apportat.
7) Āfra nōn labōrat. Aurēlia ___ videt et reprehendit.

W

Setze die folgenden Substantive jeweils als Objekte ein. Wie verändert sich je nach Objekt die Bedeutung des Verbs im Deutschen?
īnstrūmentum – dominus – vīlla

	Objekt:	Verb bedeutet:
	______	______
Syrus petit	______	______
	______	______

Ü *

Acca tenet mappam*, madidam* mappam tenet Acca.
Übersetze diesen Satz von hinten!

Latein und Europa

Mutter Latein und ihre Töchter
Wie heißt das lateinische Wort?

franz.	*ital.*	*span.*	*port.*	*rumän.*	*engl.*
voir	vedere	ver	ver	vedea	
nommer	nominare	nombrar	nomear		to nominate

6 Früh am Morgen

Vīlicus māne servōs excitat et eīs negōtia dat: Syrus iūmentīs aquam praebēre, stabulum purgāre et saeptum reparāre dēbet. Dāvus eī adest.

Negōtia servīs nōn semper iūcunda sunt. Tamen vīlicō pārent – aliter poenae eīs imminent.

Cui domina negōtia dat? Lȳdiae et Āfrae servīs imperat. Calidam eī parant, capillōs ōrnant et vestīmenta induunt. Aurēliae libenter serviunt.

7 Der Schulmeister

Homer: Griechischer Dichter; schuf um 750 v. Chr. die **Ilias** und die **Odyssee**, Großgedichte aus jeweils mehreren Tausend Versen. Schon die Griechen nutzten diese Erzählungen als „Schulbücher", und die Römer taten es ihnen nach. Domitilla mit ihren zwölf Jahren wird sicher noch nicht sehr flüssig lesen können.

Līberī Lampriscum exspectant. Lampriscus magister est, cottīdiē eōs docet. Domitilla et Tertia et Lūcius lūdō intersunt. Lūcius abecedārius est.

Intersunt lūdō et Sextus et Quīntus et Titus. Vīcīnī sunt atque abecedāriī sicut Lūcius.

Lūcius litterās scrībit, deinde magistrō eās mōnstrat. Hodiē magister puerum nōn reprehendit, sed laudat, quīn etiam eī praemium dat.

Tertia verba scrībit. Scrībere eī iūcundum nōn est. Domitilla Homērum legit: Odyssēam maximē dīligit.

Lampriscus Domitillae hodiē librum dōnat. Liber pulcher est, fabulās continet, itaque eī gaudiō est. „Nunc", clāmat, „mihī liber est".

Lampriscus miser est, nam līber nōn est. Saepe exclāmat: „Graecia pulchra est. Tamen Graecī miserī sunt: Rōmānīs enim pārēre dēbent – servī sunt. Itaque eīs vīta misera est."

▼ Privatunterricht im Hause eines reichen Römers. Aus Neumagen an der Mosel. Relief, um 200 n. Chr. Trier, Landesmuseum

Griechischstunde

8

Quīntō Sextōque lūdus gaudiō nōn est, nam magistrum timent. Hodiē Lampriscus līberōs elementa Graeca docet. Discipulī enim et linguam Graecam et linguam Latīnam discunt.

Magistrum salūtant. Is prīmum prōnūntiat: „Alpha, bēta, gamma, delta, epsilon …“ Tum Sextus elementa repetit. Lampriscus contentus est et eī crūstula dat.

Deinde Titus elementa retrō dēclāmat: „Ōmega, psī, chī, phī …“ Iterum Lampriscus contentus est et eī quoque praemium dat.

Nunc prōnūntiat: „Alpha, ōmega, bēta, psī, gamma, chī …“ Subitō Quīntum vocat.

Is autem somniat neque attentus est. Itaque Lampriscus Titō et Sextō sīgnum dat: Statim eī auxiliō veniunt et Quīntum comprehendunt. Lampriscus eum verberat. Puer clāmat.

Postrēmō magister līberīs dictum dictat: „Nōn scholae, sed vītae discipulī discunt.“ Sīc lūdum fīnit.

Quīntus autem clāmat: „Nōn ita! Nōn vītae, sed scholae vel magistrō līberī discunt!“

elementa Graeca:
Das griechische Alphabet:

Α Β Γ Δ Ε Ζ
Η Θ Ι Κ Λ Μ
Ν Ξ Ο Π Ρ Σ
Τ Υ Φ Χ Ψ Ω

▼ *Statue des Grammaticus Marcus Mettius Epaphroditus. 2. Jh. n. Chr. Rom, Palazzo Altieri*

Der römische Schulunterricht

Eine gesetzliche Schulpflicht wie bei uns gab es bei den Römern nicht, öffentliche Schulen nur ganz vereinzelt. Die meisten Eltern legten jedoch Wert darauf, daß ihre Kinder Lesen und Schreiben und etwas Rechnen lernten. Da das Schulgeld, das zu zahlen war, recht niedrig war, konnten viele Leute wenigstens die Elementarschule („lūdus“ oder „lūdus litterārius“) finanzieren.

Den Elementarunterricht besuchten Jungen und Mädchen im Alter von etwa 7 bis 12 Jahren gemeinsam. Der Lehrer („magister“ oder „lūdī magister“) hielt seinen Unterricht gewöhnlich in einem Laden (pergula) am Forum ab. Wenn die Eltern jedoch reich genug waren, leisteten sie sich (manchmal gemeinsam mit anderen Eltern) einen Privatlehrer. Dieser war dann oft genug ein Sklave. Ein solcher Lehrer-Sklave war natürlich um ein Vielfaches teurer als ein gewöhnlicher Ackersklave. Aber Geld spielte bei den reichen Römern keine Rolle: Es wird berichtet, daß ein Reicher seinem Sohn 24 Sklaven schenkte, die die Namen der griechischen Buchstaben trugen, damit der Sohn diese leichter erlernte, indem er die Sklaven beim Namen rief.

Der einfache Schulmeister mußte, um einigermaßen leben zu können, möglichst viele Schüler haben, etwa 20 bis 30. Oft genug blieb aber das (monatlich zu zahlende) Honorar aus. So ist aus Pompeji die Aufschrift eines Elementarlehrers in seiner pergula erhalten:

„Wer mir das Unterrichtshonorar zahlt, soll bekommen, was er sich von den Göttern wünscht."

Entsprechend der niedrigen Bezahlung war der Beruf des Schulmeisters ziemlich schlecht angesehen: Umringt von seinen Schülern, die auf kleinen Schemeln saßen, die Schreibtafeln auf den Knien, versuchte er so, ihnen die Buchstaben im wahrsten Sinne des Wortes „einzubimsen", erst die lateinischen, dann die griechischen.

Die Lehrmethoden waren nämlich recht einfach: Für gute Leistungen gab es manchmal eine Belohnung (praemium), z. B. crūstula (Zuckerplätzchen), für schlechte Leistungen gab es stets Schläge. Nicht ohne Grund also wurde der Ausdruck „manum ferulae subdūcere" – „die Hand unter der Peitsche wegziehen" zum umgangssprachlichen Ausdruck für „zur Schule gehen".

Viel mehr als Lesen und Schreiben in Latein und Griechisch lernten die Schüler in den fünf Jahren nicht, eine lange Zeit zum Einüben dieser Fertigkeiten, selbst wenn man die sehr langen Sommerferien von Juni bis September und viele Feiertage abzieht. Darüber hinaus lernten die Schüler noch ein wenig rechnen; jedoch erfordern römische Ziffern andere Rechenmethoden als arabische, das schriftliche Rechnen z. B. war ungemein kompliziert.

Die Lernmethoden hatten die Römer von den Griechen übernommen. Zunächst wurden die einzelnen Buchstaben geübt, dann einfache Silben, dann kompliziertere Silben, schließlich Wörter (darunter auch künstliche „Zungenbrecher") und Verse, alles in langwieriger, mühsamer Monotonie.

So litten die römischen Schüler in der Regel sehr unter ihrem Magister: Nicht nur war der Unterricht äußerst langweilig und ermüdend, auch wurde jeder, der dann nicht aufpaßte, vom Lehrer, oft unter Mithilfe von Mitschülern, mit einem Stock geschlagen. Antike Autoren berichten übereinstimmend, daß die Schule für sie ein schreckliches Erlebnis war und sie ihre Kindheit deswegen z. T. als sehr traurig in Erinnerung behalten hätten. Auch bei den Griechen übrigens hat das seinen sprachlichen Niederschlag gefunden: Das altgriechische Wort für „erziehen" bekam bald die Bedeutung „verprügeln", und das ist die Bedeutung, die das Wort heute in der neugriechischen Sprache noch hat.

Nach der Ausbildung beim ludi magister erfolgte in der nächsthöheren Ausbildungsstufe Unterricht bei einem anderen Lehrer, dem grammaticus. Bei ihm lernte man Grammatik und las die griechischen und römischen Klassiker, in lateinischer Sprache vor allem Vergil.

Die höchste Bildungsstufe, die *Rhetorik* (Redekunst) , war nur den jungen Männern vorbehalten, meist Aristokraten, die in der Politik Karriere machen wollten und sollten.

Für Mädchen war, je nach Stand, die Ausbildung nach der 1. oder 2. Stufe beendet, es sei denn, die Eltern engagierten noch einen Hauslehrer für den musischen Unterricht. In Rom gab es hochgebildete Frauen, die Philosophie, Literatur und Musik studiert hatten und sich auch selbst auf diesen Gebieten betätigten.

◀ Zusammengebundene Wachstafeln, in die man mit einem Griffel die Buchstaben einritzte. Nachbildung im Museum der Römischen Kultur, Rom/EUR

PENSA EXERCITANDA

6 **T 1**

Übersetze den Text 6.
Vergleiche die Rollenverteilung zwischen dominus und domina mit heutigen Verhältnissen.

S 1

a) Pūblius Lūcium videt.
b) Pūblius īnstrūmentum dat.
Welche (hier fehlende) Information erwartet man wegen der Bedeutung des Verbs in Satz b)? Ergänze den Satz.

S 2

a) Dāvus adest.
b) Dāvus Syrō adest.
Übersetze. Wodurch wird die Verbbedeutung jeweils festgelegt?

E 1

Setze ein, und übersetze:
1) Servī vīlic_ aut domin_, servae domin_ pārent. 2) Negōtia serv_ nōn semper iūcunda sunt. 3) Hodiē autem libenter imperi_ pārent. 4) Etiam Tertia et Domitilla Aurēli_ adsunt. 5) Servae e_ balneum* parant.

7 **S 3**

Welche Verben in L 6 und 7 verlangen einen Dativ als Ergänzung?

W 1

1) Sextus et Titus lūdō intersunt.
2) Lūcius hodiē lūdō deest.
3) Stabulō inest atque Syrō adest.
Welchen Kasus findest Du bei diesen Komposita von esse?

K 1

Ordne den Satzanfängen aus dem Ergänzungsspeicher die passenden Ergänzungen zu. Zwei Ergänzungen passen nicht und bleiben übrig.
1) Lūcius mōnstrat...?
2) Syrus incitat...?
3) Lampriscus docet...?
4) Pompōnius imperat...?
5) Āfra pāret...?
6) Lampriscus dōnat...?

librum Domitillae – damnō* – litterās magistrō – rotae – iūmenta – Selēnō – puerōs litterās – Aurēliae

K 2

Schon den römischen Richtern half im Gerichtsprozeß folgende Frage bei der Ermittlung des Täters:
Cuī* bonō* (est)?

T 2 8

Diskutiert nach der Übersetzung der Texte 7 und 8, wie die Rolle des Lehrers gegenüber heutigen Verhältnissen zu deuten ist.
Daraus läßt sich ein wichtiger Hinweis zum Textverständnis ableiten:

"Tip" Wörter, die in Beziehung zu den gesellschaftlichen Gegebenheiten einer Zeit stehen, lassen sich nicht einfach gegeneinander austauschen, so daß z. B. magister = *Lehrer* wäre. Das gilt für alle Wörter, die sich auf Berufe, Arbeitsvorgänge, religiöse Feiern, Politik und ähnliches beziehen.

E 2

Verlorene Endungen

Folgende Sätze fanden sich in einem antiken Schülerheft. Leider sind manche Stellen auf dem alten Papyrus unleserlich geworden.
Versuche, diese Lücken zu ergänzen.
Hilfe: a – a – ae – am – ās – īs – īs – ōs
Sätze aus dem Schülerheft:
1) Magister puer◆ crūstul◆* dat; sīc litter◆ discunt.
2) Saepe līberī dextr◆ ferul◆* subdūcunt*.
3) Magister liber◆ verb◆ dictat*.
4) Cūr magistrī līber◆ verberant?

W 2

Ordne die folgenden Wörter zu Wortpaaren mit gegensätzlichem Inhalt:

adesse – deesse – dīcere – dīligere – discere – discipulus – docēre – imperāre – labōrāre – laetus – laudāre – ludere – magister – miser – pārēre – postrēmō – prīmum – reprehendere – tacēre – timēre

T 4

① Schon in früher Jugend lernten die Söhne vornehmer Römer Griechisch, doch war der Unterricht mühsam.
Sieh Dir das griechische Alphabet an, und stelle im Vergleich mit dem Text 8 fest, wie Lampriscus den Kindern die griechischen Buchstaben „einzutrichtern" versucht.

②

Α alpha	Β beta	Γ gamma	Δ delta	Ε epsilón
Ζ zeta	Η eta	Θ theta	Ι iota	Κ kappa
Λ lambda	Μ my	Ν ny	Ξ xi	Ο omikrón
Π pi	Ρ rho	Σ sigma	Τ tau	Υ ypsilon
Φ phi	Χ chi	Ψ psi	Ω oméga	

W 3

Das Trierer Relief kann man mit einigen Sätzen aus den Texten 7 und 8 unterlegen.
Mit den folgenden Worten kannst Du weitere Einzelheiten des Bildes lateinisch beschreiben:
attentus (aufmerksam) – dēclāmāre (vortragen) – esse – interesse – legere – lūdus (Unterricht) – magister – puer – salūtāre – sevērus – venīre – vidēre
Was drückt der Kasus hier inhaltlich wohl aus?

S 4

Über dem Portal einer Kirche stand folgende Inschrift:
BONIS SEMPER PATET*
Ein Witzbold änderte die Inschrift:
DONIS SEMPER PATET
Welche inhaltliche Funktionen haben die Formen bonīs / dōnīs?

Vestigia et initia

Im Bereich der Schule findest Du viele lateinische Wörter als Lehnwörter in abgeänderter Form wieder (vgl. S. 10); welche *„Lehnwörter"* kommen von folgenden lateinischen Wörtern her:
(aqua) tīncta (gefärbtes Wasser) – crēta – magister (engl. master, mister) – pausa – pulpitum – pūnctum – rādere – schola – scholārius – scrībere – scrīptūra – brevis (scrīptūra) – stilus – tabula
Eine wahre Flut lateinischer Wörter kam um 1400 als *Fremdwörter* in den deutschen Schulbetrieb:
abitūrium – audītōrium – aula – classis – collēga – corrigere – dēclāmāre – dictāre – fēriae – pēnsum – studēre – studium – cēnsūra
Welche Wörter sind daraus geworden? Warum sieht man diesen Wörtern sofort ihre „fremde" Herkunft an?

W 4

Latein lebt!

1) Hast du das Manuskript parat? 2) Michaels Interesse an der Schule war miserabel; deswegen mußte er die Klasse repetieren. 3) Die Versicherungsprämie ist fällig. 4) Das Signal stand auf „Halt".

K 3

Setze in das Kreuzworträtsel die lateinische Bedeutung ein für:
dasein
dabeisein
teilnehmen
wegsein
fehlen
können
sein

Rache ist süß

9

Ecce! Titus venit, circumspicit. Amīcumne quaerit? Clāmat:

Titus: „Lūcī! Lūcī! Ubi es? Nōnne mē audīs? Lampriscus tē vult."

Lucius: „Hīc sum. Rānās capiō, multae stāgnō insunt. Egō quoque īnsum. Tū, venī! Ades mihī, quaesō!"

Titus (timidus est): „Egōne? Num mē illūdis? Egō rānās horreō!" (Appropinquat et amīcum videt) „Prōfectō aquae ines! Cavē! Aqua enim frīgida est. Nōn licet nōbīs frīgidae inesse: Lampriscus id vetat."

Lucius: „Lampriscus hīc, Lampriscus illīc! Odiō est mihī. Maledīcit tibī, nōs improbōs nōminat, mē etiam verberat. Contemnō eum… Graeculum."

Titus: „Iam sciō. Sed dīc mihī: Cūr rānās capis?"

Lucius: „Lampriscum illūdere volō. Nōn iam scīs? Is quoque rānās valdē horret. Nam lūbricae sunt. Itaque eās capiō et… adiuvā mē, Tite!"

Titus: „Quid audiō? Timetne magister quoque rānunculās?"

Lucius: „Certē timet. Est servulus Graecus. Proinde mihi auxiliō venī!"

Auf ihn!

10

Quintus (venit): „Tite, Lūcī, quid hīc facitis? Cūr lūdō nōn interestis? Cūr tam madidī estis? Cūr rānae cistae īnsunt? Quid vultis? Venīte, currite, Lampriscus vōs quaerit."

Titus: „Fortasse is nōs quaerit – nōs autem eum nōn quaerimus! Immō vērō hīc lūdimus, rānās capimus, illūdere enim eum volumus."

Quintus: „Quōmodo eum illūdere vultis? (Tacet, deinde rīdet) En! Iam intellegō! Lampriscus rānās timet! Itaque…"

Lucius: „Sīc est. Cistam capite, Lampriscum forās āvocāte, cubiculum intrāte et rānās ēmittite!"

Quintus: „Iam eum forās āvocō, amicī…!"

▲ *Frosch unter einem Akanthusblatt. Vom „Friedensalter" des Augustus, Rom*

▶ *Der Kentaur Cheiron unterrichtet den jungen Achilleus im Leierspiel. Wandgemälde aus Herculaneum, um 70 n. Chr.*

11 Sind wir die Herren oder nicht?

Der Streich hat gewirkt: Lampriscus hatte seinen Ekel vor den glibberigen Tierchen noch nicht überwunden, da stand er schon vor Pomponius, um sich zu beschweren. Der zitierte die Missetäter gleich zu sich.

POMPONIUS: „Quid audiō? Vōs Lampriscum illūditis? Id mihī minimē placet."

LUCIUS: „Audī, patercule! Prīmum: Lampriscus sevērus et inhūmānus est. Nōs enim verberat. Deinde: Servus Graecus Rōmānōs improbōs nōminat – nōnne id improbum est?"

POMPONIUS: „Improbum nōn est, Lūcī. Lampriscus magister et doctus est, vōs discipulī estis et indoctī. Indoctī et discere et studēre et doctīs pārēre dēbent.

LUCIUS: „Nōn tibī cōnsentiō. Magistrō Graeculō pārēre nōn possum. Num vir Rōmānus Graecō pārēre potest? Rōmānī dominī sunt, nōn Graecī!"

POMPONIUS: „Sumus quidem dominī, Lūcī. Sed Graecī doctī sunt atque antīquitus nōs Rōmānōs multa docent: philosophiam, medicīnam, architectūram, geōmetriam, arithmēticam, physicam, rhētoricam, poēticam et alia. Graecīs dictum est: »Stultus nec natāre nec scrībere potest.« Num stultī esse vultis? Itaque vōs magistrō pārēre dēbētis. Disciplīna atque doctrīna necessāriae etiam dominīs sunt ut Lūciolō aut Titulō aut Quīntulō."

Puerī rīdent. Pompōnius enim cum sevērus, tum hūmānus est. Itaque eum dīligunt et magistrum nōn iam illūdere prōpōnunt.

philosophia: in der Antike das Streben nach Erkenntnis über den Ursprung der Welt, des Denkens, des Seins des Menschen, die Zusammenhänge der Dinge in der Welt;
architectūra: Baukunst;
geōmetria: Zweig der Mathematik, der sich mit Gebilden der Ebene und des Raumes befaßt;
arithmētica: Rechenkunst;
physica: Wissenschaft von den Grundgesetzen der Natur;
rhētorica: Kunst der politischen Rede;
poētica: Dichtkunst, Lehre von der Dichtkunst
In all diesen Disziplinen sind die Griechen anfangs Lehrmeister der Römer gewesen. Viele Römer hielten daher die griechische Kultur für überlegen.

▶ *Die sog. „Gemma Augustea", ein Schmuckanhänger aus Onyx, 19×23 cm groß. Der Kaiser Augustus sitzt neben der personifizierten Roma; er wird von der Oikuméne, der personifizierten Weltmacht, gekrönt. Links oben steigt sein Nachfolger Tiberius von einem Wagen. Im unteren Teil siegreiche römische Legionäre und unterworfene „Barbaren". Geschaffen zwischen 15 und 37 n. Chr. – Wien, Kunsthistorisches Museum.*

Römer und Griechen

Seit dem 8. Jh. v. Chr. besiedelten Griechen Süditalien und Sizilien, indem sie dort zahlreiche Städte gründeten – Syrakus und Messina, Reggio und Tarent, Kyme / Cumae und Neapel u. a. m. So kamen auch die italischen Stämme schon früh mit griechischer Kultur in Berührung und ließen sich nachhaltig von ihr beeinflussen. Alphabet, Maße, Gewichte und Münzen, im Bereich der Religion viele Götter und kultische Gebräuche sowie der Tempelbau gehen auf griechische Einflüsse zurück. Teilweise waren dabei die *Etrusker* die Vermittler zwischen Griechen und Italikern, u. a. den Römern.

Eine erneute Übernahme griechischer Kultur erfolgte während der Eroberung Griechenlands und der „hellenistischen", d. h. der von griechischer Sprache und Kultur geprägten Staaten im 2. und 1. Jh. v. Chr. Die Römer, zwar schon Sieger über die Karthager, doch bisher immer noch ein Volk von Bauern, sahen in den hellenistischen Städten, daß das tägliche Leben sich auch angenehmer gestalten ließ. So hielt der private Luxus Einzug in Rom: Die vormals karg ausgestatteten Häuser erhielten Säulenhöfe (Peristyle), Mosaikfußböden, Wandverkleidungen; griechische Statuen schmückten jetzt die Räume. Die abendlichen Mahlzeiten nahmen neue Dimensionen an; nicht mehr wie vormals, sitzend, sondern nach griechischer Sitte, auf „Klinen" (griech. *klinai* = Liegen) liegend, nahm man am Gastmahl im triclīnium (griech.: Drei-Liegen-Zimmer) teil.

Auch auf anderen Gebieten profitierten die Römer von den Griechen: In Handel, Geldwesen, Verwaltung, Kunst, Literatur, Philosophie und Naturwissenschaften. Im letzten Jh. v. Chr. war es für einen jungen Mann aus gutem Hause fast unerläßlich, zum Studium nach Athen oder Rhodos zu gehen, um sich an den führenden Philosophenschulen vor allem in der Rhetorik zu vervollkommnen; Griechisch so gut wie die Muttersprache zu beherrschen, gehörte in Rom zum gesellschaftlichen Muß.

Die Übernahme griechischer Kultur erfolgte jedoch nicht widerspruchslos: So prophezeite Cato der Ältere, der bekannteste Gegner des griechischen Kultureinflusses (234–149, Staatsmann und Redner), den Untergang Roms; ihm war alles Griechische suspekt, ja er mißtraute sogar griechischen Ärzten und meinte, sie wollten die Römer nur vergiften.

In der Tat hätten die Griechen allen Grund gehabt, die Römer zu hassen, die ihre Heimat verwüstet, Tempel und öffentliche Gebäude der Kunstwerke beraubt und diese nach Rom verschifft hatten; die Bevölkerung war dezimiert und viele Griechen als Sklaven nach Rom gebracht worden. Allein Aemilius Paullus, der Sieger der Schlacht bei Pydna in Griechenland 168 v. Chr., soll 150 000 (!) Griechen nach Rom als Sklaven verkauft haben. Viele versahen hier dann auch gehobene Dienste als Ärzte, Architekten, Künstler oder Pädagogen.

In der Kaiserzeit lagen diese Ereignisse der Eroberung Griechenlands schon weit zurück, die Römer hatten mit Hilfe der freiwillig oder unfreiwillig in Rom lebenden Griechen den kulturellen Rückstand längst aufgeholt; die griechischen Städte, wie z. B. Ephesos oder Athen, entwickelten sich während der langen Friedenszeit, der pāx Rōmāna, prächtiger als jemals zuvor. Wegen des allgemeinen Wohlergehens gab es in diesen Städten auch kein Aufbegehren gegen die römische Herrschaft, sie wurde im Gegenteil als positiv empfunden. Und was die Versklavung von Griechen betraf: Diese war vorher ohnehin auch unter griechischen Städten üblich gewesen.

Es ist ein Römer gewesen, der Dichter **Horaz**, der im letzten Jh. v. Chr. lebte und einen Teil der Regierungszeit des Augustus miterlebte, der das Verhältnis von Griechen und Römern in einem Vers so formulierte:

Das eroberte Griechenland eroberte den wilden Sieger und brachte die Künste und Wissenschaften in das bäuerliche Latium.

PENSA EXERCITANDA

9

T 1
Lest den Text 9 zunächst durch. Sucht schon beim Durchlesen Bezeichnungen für Lampriscus, die ihn in den Augen der Jungen typisieren. Dann lest nach dem Übersetzen den Text mit verteilten Rollen. Wie müßte man die Worte des Lucius betonen?

Ü*
Leaena et vulpecula
Vulpēcula* leaenam* contemnit*: „Catulum* ūnum paris* tū", inquit, „egō multōs." Leaena eī respondit: „Ūnum, sed leōnem!"
leōnem: Akk. zu leō – was bedeutet das Wort?

F 1
a) tū – nōs – Polybius – vōs – puerī – egō
b) venit – salūtō – capiunt – audītis – timēmus – dīligis
Woran erkennst Du bei allen Verbformen unter b die grammatische Person? Ordne die Verbformen den Subjektwörtern in der Reihe a zu.

F 2*

fīniō	faciō	regō
fīnīmus	facimus	regimus
fīniunt	faciunt	regunt
fīnīre	facere	regere

Betrachte die drei Spalten, und sprich deutlich die Verbformen. Welche Gemeinsamkeiten hat die Spalte b) mit a) bzw. c)?

K 1
AVDITITE
AVDITEAMICI
DISCELVCI
RIDETEPVELLAE
VIDEPVBLI
COMPLESERVESACCVM
APPORTAINSTRVMENTAPVELLA
LABORATEQVINTEETTITE
CAPELVCIPRAEMIA
SCRIBITEPVERI
Die vorstehenden Zeilen könnten so römische Schüler geschrieben haben. Findest Du einen Sinn in den Zeilen? Um welche Art von Sätzen handelt es sich? Untersuche dazu die Formen der einzelnen Wörter.

10

F 3
clāma- / fīni- / time-
Ordne folgende Endungen zu:
-u-nt / -tis / -t

F 4
o – ein Wortausgang, verschiedene Aufgaben
timeō – verbō – labōrō – lūdō (2) – compleō – scrībō – iuvō – regō – parō – gaudiō – pāreō
Bilde zu allen Verbformen die 1. P. Pl. und den Infinitiv.

S 1
In den folgenden Sätzen sehen einige Wortformen gleich aus.
1) Lūdō intersum. Lūcius lūdīs nōn interest. Egō libenter lūdō.
2) „Cūr nōn lūdis, Lūcī?"
3) „Num mihi imperātis? Imperātīs* nōn pāreō!"

W
Übersetze, und zeige am Text die verschiedenen Stämme von „velle".
1) Iam hōra sexta est.
2) Vīlicus servīs negōtia dare vult. Itaque eōs vocat.
3) Servī autem defessī sunt. Requiescere* volunt.
4) Dāvus: „Quid vīs, Selēne?"
5) Selēnus: „Vōbīs negōtia dare volō."
6) Dāvus: „Labōrāre quidem volumus neque possumus, nam dēfessī sumus."
7) Selēnus: „Quid audiō? Negōtia fugere vultis, furciferī*! Suādeō vōbīs ...!"

E 1
Lucius' Spielgefährten
In der folgenden kleinen Spielszene, die nach Lösung der Aufgabe (Gruppenarbeit) auch mit verteilten Rollen gespielt werden sollte, fehlen die Prädikate. Diese sind im alphabetisch geordneten Prädikatspeicher zu finden.

Setze die vom Kontext und oft auch von der Grammatik (Personalpronomen, Vokativ) festgelegten Prädikate an die passende Stelle.

Lūcius, Quīntus, Titus et Sextus ___ ___.
LŪCIUS: Mē ___, amīcī! Egō nunc Lampriscus ___, vōs discipulī ___.
QUĪNTUS: Cūr tū magister ___ ___? Egō magister ___ ___.
LŪCIUS: Quid ___? Tūne magister ___? Num plāgās* ___? ___ quidem causam. Proinde, ___, asine!
TITUS: Cūr ___? Placidī* ___!
SEXTUS: Praeterea lūdus tuus mihī nōn ___. Heus, Quīnte, ___ hūc!
Amīcī Lūcium ___. *Lūcius nunc sōlus* ___.
LŪCIUS: Stultī ___ amīcī et ___.

> audīte – dēlīrant* – este – es – esse volō – esse – vīs – est – estis – habēs – iūrgātis – lūdere volunt – placet – sum – sunt – tacē – timēs – venī – vīs – relinquunt

11 **T 2**

a) Personen werden in Texten charakterisiert durch ihre eigenen Äußerungen und durch die Meinungen anderer über sie. Welches Bild habt Ihr nach der Lektüre der Texte des Caput IV von Lampriscus gewonnen?

b) Pomponius und die Jungen haben ein ganz unterschiedliches Bild von den Griechen. Beide stellen sie in ein Vergleichsverhältnis zu den Römern (in eine „Opposition"). Stellt die verschiedenen Standpunkte heraus. Welcher ist Euch der sympathischere?

E 2

Ergänze die fehlenden Ausgänge bei den Verbformen, und übersetze:

1. Egō semper labōr_, tū autem numquam labōr_.
2. Nōs Lampriscum tim_. Nōnne vōs quoque eum tim_?
3. Lampriscus magister vōs quoque laud_.
4. Cūr ludō interesse nōn vul_, amīcī?
5. Mōnstr_ mihī litteram „ōmega", Tite!
6. Scrīb_ litterās „alpha" et „beta", puerī!
7. Litteram „ōmega" nōndum scrīb_ poss_, magister.
8. Tūne rānās cap_ vī_, Quīnte?
9. „Stultus _, Lūcī!" – „Stultus nōn _, ō magister."
10. Quis elementa* repet_ pot_?

K 2

Beantworte die folgenden Fragen in lateinischer Sprache (im Kasten zusätzliche Wörter zur Formulierung der Antwort).

1) Cūr rīdētis, Lūcī et Tite?
2) Nōnne tū quoque magistrum timēs?
3) Quōmōdo tibi adesse possum?
4) Num vōs Lampriscum dīligitis?
5) Quis eum illūdere nōn vult?

> rānās, capere; cistam* capere; cubiculum* intrāre – bēstiās ēmittere*

K 3

Störenfriede!

rīdeō	fīnīte	dominus	fīnītis	audī
taceō	capite	vocāmus	facitis	vidē
audiō	clāmāte	servus	laetīs	vocā
amīcō	mitte	stultus	complētis	vīlla
faciō	este	bonus	datis	iuvā

S 2

Textverknüpfer

Texte kommen ohne Wörter, die dazu dienen, Textteile untereinander zu verknüpfen, nicht aus. Ordne die folgenden Textverknüpfer in einer Tabelle unter die Spalten

- *begründend*
- *hervorhebend*
- *zeitlich*
- *entgegensetzend*
- *reihend*
- *vergleichend*

atque – aut – autem – deinde – enim – et – et X et Y – etiam – itaque – nam – postrēmō – prīmum – proinde – -que – quoque – sed – sīcut – tamen – tum – ut – vel

Latein und Europa

Mutter Latein und ihre Töchter
Wie heißt das lateinische Wort?

franz.	*ital.*	*span.*	*port.*	*rumän.*	*engl.*
le maître	il maestro	el maestro	metre		master
la lettre	la lettera	la letra	letra	litera	letter
écrire	scrivere	escribir	escrever	scrie	
le signe	il segno	el signo	sinal	signal	sign
l'école	la scuola	la escuela	escola		school

12 Davus

Aurēlia vocat: „Dāve, amīcīs vīnum apportā!“ Dāvus: „Quid? Licetne amīcīs meīs vīnum apportāre?“ Aurēlia: „Dēlīrās! Nōn amīcīs tuīs, sed amīcīs dominī vīnum apportā! Heu, quam stultī servī mihī sunt!“

13 Ein Brief für den Nachbarn

M. Pompōnius Dāvō litterās dat: „Trāde“, inquit, „litterās statim Postumiō Modestō, amīcō meō.“

Dāvus litterās dominī accipit et discēdit.

colōnus, patrōnus: siehe Kapitel „Kolonen“

Davus ist so vergnügt, weil er bei dieser Gelegenheit bei seinem Freund Simylus hereinschauen kann, der als colōnus in der Nähe wohnt und dessen Haus fast am Weg zu dem Gut des Postumius liegt. Heute aber jammert ihm sein Freund nur etwas vor:

pisum: Erbse; **cēpa:** Zwiebel; **porrum:** Schnittlauch

„Rūsticus parvī agrī sum, ergō semper labōrō. Spectā hīc, vidē illīc, Dāve! Variās pisōrum, cēpārum, porrī plantās colō, sed eārum folia ārida sunt. Cui autem plantās exiguās parvāsque praebēre possum? Num Lȳdiae, callidae servae dominae tuae vel Corinthiae, eius amīcae?

Ēn! Venī! Vidē hīc stabulī tegulās frāctās. Mihī pecūnia nōn est – itaque iūmentīs deest stabulī tēctum solidum.

faba: Bohne; **bēta:** Rübe; **asparagus:** Spargel; **malva:** Malve; **apium:** Sellerie

Vidē illīc: Num quid fabārum bētārum vidēs? Num quid asparagī, malvae, apiī? Nihil appāret. Aqua rīvī iam diū deest; itaque plantae crēscere nōn possunt.“

Dāvō verba maesta eius nōn placent – citō āvolat et vīllam Postumiī petit ...

14 Streit ums Trinkgeld

▼ Bronzenes Henkelgefäß mit der Büste eines syrischen Sklaven (Paris, Louvre)

Nach längerem Marsch erreicht Davus endlich die Villa des Q. Postumius Modestus.

Dāvus: „Salvē! Nūntius sum M. Pompōniī Marcellī. Litterās habeō. Ubī dominus vester est?“

Tīmaeus, ōstiārius Postumiī Modestī: „Dominus noster abest; dā mihī litterās!“

Dāvus autem respondet: „Meum est eās dominō tuō trādere atque dominī tuī est mihī praemium dare.“

Tum Tīmaeus: „Surdusne es? Dominus nōn adest.“

Dāvus: „Nōnne domina vestra adest?“

Tīmaeus: „Domina nostra neque adest neque servīs tam avārīs praemia dat. Proinde aut tenē aut trāde litterās!“

Mosaik mit der Darstellung eines „ungefegten Fußbodens" – so, wie Gäste ihn wohl nach dem Gastmahl hinterließen. (Vatikanische Museen)

Falernerwein

15

Pompōniī convīvās exspectant. Hōra cēnae adest. Aurēlia Lampriscum videt et vocat: „Audī, Lamprisce! Convīvae nostrī iam veniunt, Postumius vīcīnus et amīcōrum dominī numerus parvus. Proinde intrā apothēcam! Ūnam amphŏram vīnī Falernī nōbīs apportā, citō!"

Lampriscus dominae pāret, sed clam murmurat: „Meum est līberōs docēre. Vīnum apportāre ministrī vīnī est."

Forte Dāvum invenit: „Heus, Dāve! Salvē! Num est magistrī linguae Graecae convīvīs vīnum apportāre?"

Dāvus: „Minimē est! Tuum nōn est amphŏrās vīnī plēnās apportāre! Egō vērō tē adiuvāre possum: Quis nostrum optimus est vīnī minister? Nēmō nisī egō!"

Lampriscus: „Quam gaudeō, cāre amīce, et tibī cōnsentiō! Māgnās tibī grātiās agō." Statim Lampriscus āvolat, Dāvus autem apothēcam intrat.

Aurēlia diū Lampriscum exspectat. Tandem vocat: „Lamprisce! Ubī vīnum est! Servus vērē piger es."

Tum Dāvus appāret. Titubat, amphŏram tenet et cantat: „Ō meum vīnum Falernum ... Salvē, domina! ... hīc ... hīc ... vīnum tibi est."

Domina autem: „Quid? Tū vīnum apportās? Ubi est Lampriscus? Vōs egō ...!"

Sed multum vīnī iam deest, Aurēlia īrāta est. „Ō tē bibulum!" Dāvum increpat.

hōra cēnae: → Kap. „Essen und Trinken"

apothēca: Weinlager bzw. die Weinkammer einer vīlla (s. Abb.)

amphŏra: zweihenkliger Krug (s. Abb.)

minister vīnī: der für das Servieren des Weines zuständige Sklave, „Mundschenk"

vīnum Falernum: exklusiver Wein aus der Region um Neapel

Briefe und Nachrichten

Um sicherzustellen, daß ein „Brief" in die richtigen Hände gelangte bzw. nicht zwischendurch von anderen Personen gelesen wurde, faltete der Briefschreiber das Blatt Papier – die Römer schrieben schon auf Papyrus – so, daß der Inhalt nach innen kam, band eine Kordel darum und versiegelte die Schnur. Nun war der Inhalt vor neugierigen Blicken geschützt. Ein solcher Brief wurde einem Sklaven des Hauses übergeben, der ihn dem Empfänger zu bringen hatte, der meistens nicht weit entfernt wohnte. Viele Sklaven wurden eigens für den privaten Briefverkehr beschäftigt, sie hießen tabellāriī, die Sklaven für „Expreßbriefe" cursōres. Unter normalen Umständen wird diese private Postbeförderung ausgereicht haben, schwieriger war die Beförderung von Privatbriefen in entfernte Städte oder gar entlegene Reichsteile. Hier mußte der Betreffende seinen Brief jemandem anvertrauen, der zufällig dorthin reiste, denn eine organisierte Beförderung privater Post gab es nicht.

Dagegen bestand für alle staatlichen, insbesondere militärischen Belange in der Kaiserzeit ein gut durchorganisiertes Postsystem (cursus pūblicus), zu dem Poststationen (statiōnes) sowie berittene Kuriere (veredāriī) gehörten. In jeder Stadt konnte ein Kurier das Pferd wechseln; dafür gab es in den Poststationen Ställe, in denen die Pferde von Stallburschen (strātōres) versorgt und falls nötig auch vom Tierarzt behandelt wurden. Hier gab es ferner Handwerker (carpentāriī), die die Wagen warteten. Nachts oder nach einem anstrengenden Eilritt konnte der Kurier sich in einer zur Post gehörenden Herberge (mānsiō) ausruhen.

Das gesamte Postwesen unterstand in Italien einem Präfekten (praefectus), in den Provinzen anderen Beamten (praesidēs), die dafür zu sorgen hatten, daß Straßen, Brücken, Postpferde und -wagen, Kuriere und Stationen in Ordnung gehalten wurden.

Kannten die Römer Zeitungen? – Ja und nein: Es gab die Acta diurna populi, eine Art Amtsblatt der Behörde, in der kaiserliche Erlasse mitgeteilt wurden, aber auch Klatsch und Tratsch der Hauptstadt. Ein solches Blatt wurde öffentlich ausgehängt, wer Interesse hatte oder die Informationen weitergeben wollte, schrieb sich die Nachrichten ab und gab seine Abschrift weiter (siehe S. 80).

Z Augustus und die sprechenden Raben

Augustus mußte viele Jahre gegen seine Feinde kämpfen, bevor er nach der Schlacht bei Actium (31 v. Chr.) Alleinherrscher wurde.

In dieser Schlacht besiegte er – noch ‚Octavianus' genannt – seinen Hauptgegner Antonius. Nach dem Sieg kehrte er in eines der in der Nähe liegenden griechischen Städtchen zurück; dort begrüßten ihn viele und gratulierten ihm zu seinem Erfolg.

Octavianum amicosque Octaviani vir ignotus salutat et corvum magnum monstrat: „Videte corvum! Audite corvum! Emite corvum!" clamat.
Octavianus spectat et audit – et iam corvus clamat: „Ave Octaviane! Victor! Imperator!" Octavianus corvum emit.
Tum puella advolat, Octavianum amicosque Octaviani salutat et clamat: „Attenti este! Vir fraudulentus est! Habet alterum corvum! Audite et spectate alterum corvum!"
Octavianus imperat: „Apporta alterum corvum!"
Vir corvum apportat. Octavianus et amici spectant et audiunt; corvus alter clamat: „Ave Antoni! Victor! Imperator!"
Tum Octavianus ridet et dicit: „Vir et corvi – docti sunt!"

vir, *Gen.* **viri** Mann • **īgnōtus, -a, -um** unbekannt • **salūtāre** (be)grüßen • **corvus** Rabe • **mōnstrāre** zeigen • **emere** kaufen • **spectāre** betrachten, anschauen • **avē**... sei gegrüßt, Octavianus, Sieger, Herrscher!/sei gegrüßt, Antonius... • **advolāre** herbeieilen • **fraudulentus, -a, -um** betrügerisch • **alter, -a, -um** (ein anderer;) ein zweiter • **doctus, -a, -um** gelehrt, gewitzt

PENSA EXERCITANDA

12 **S 1**

1a) Dāvus amīcō vīnum apportat.
1b) Dāvus amīcī vīnum apportat.
Was ändert sich inhaltlich durch den Kasuswechsel?

S 2

1) Pomponius fragt: „Cūr nōn cūnctī servī adsunt?“ **Multī** dēfessī sunt.
2) **Multa** pulchra sunt.
3) Davus fragt Simylus: „Wie geht es Dir?“ Antwort: „Nōn **cūncta** iūcunda sunt.“
4) Lampriscus scit **multa** et **pulchra**.
Übersetze. Welches Satzglied bilden die hervorgehobenen Adjektivformen?
Wie mußt Du ein lateinisches Adjektiv, das im Neutrum Plural steht, wiedergeben, wenn es *nicht* Attribut ist?

S 3

Attribute – wichtige Textelememte

① Aurēlia: „Nōn amīcīs ..., sed amīcīs ... vīnum apportā! Ō quam ... servōs habeō!“
Warum wäre eine solche Äußerung unverständlich?
Was bewirken die in Text 12 angeführten, hier fortgelassenen Attribute?
② Dāvus petit vīllam Modestī.
Dāvus petit vīllam pulchram Modestī.
Was bewirkt hier die Ergänzung „pulchram“?

13 **T 1**

Übersetzt zunächst den ersten Satz von Text 13; lest dann weiter, und versucht zu beschreiben, welche Aussagen des Textes weiterführende Erklärungen zu diesem Satz darstellen.

“Tip” Neben **Schlüsselwörtern** (siehe Caput II) gibt es auch **Schlüsselsätze**, also Sätze mit allgemeinem Inhalt, die das Thema vieler Einzelaussagen anzeigen. Sie stehen in der Regel am Anfang oder am Ende der Einzelaussagen.

S 4

Līberī /?/ et linguam /?/ et linguam /?/ discunt.
Welche Wörter müssen jeweils ergänzt werden? Setze die passenden Ergänzungen ein:
Graecam – Rōmānam – Rōmānōrum

E

Setze die Satzglieder (bzw. Attribute) ein, und übersetze:
dominī tuī – litterās Graecās – plantārum meārum – Pomponiī – servōrum meōrum – casae meae
1) Trāde mihī litterās ___!
2) Numerus ___ ___ māgnus est.
3) Līberī Rōmānōrum ___ ___ discunt.
4) Magister līberōs ___ docet.
5) Simylus klagt: „Folia* ___ ___ parva sunt.
6) Tēctum ___ ___ solidum* nōn est.“

Z

Welche Art von Attribut?

1) Simylus rūsticus miseram vitam agit.
2) Simylus rūsticus parvī agrī est.
3) Simylō parvus ager est.
4) Vidē folia* plantārum meārum!

F

1a) Nēmō amīcōrum Lūciō adest.
b) Nēmō **vestrum** Lūciō adest.
2a) Vīlla **vestra** pulchra est.
b) Vīnum **vestrum** bonum est.
c) Servus **vester** bibulus est.
Welche Form *kann* Dich irreführen? Wodurch wird sie aber eindeutig verständlich?

S 5

„sein/ihr“ oder „dessen/deren“?

1) Simylus colōnus est. Itaque eius* vīta dūra est. Dāvus fortūnam malam amīcī dolet.
2) Simylus marītus* Faustae est. Fausta Āfram vīsitat et vītam miseram expōnit.
3) Āfra diligenter eius verba audit.
4) Colōnōrum vīta dūra est. Eōrum miseriam* Āfra nōn īgnōrat. Ipsa serva est.

Vestigia et initia – Lehnwörter

Aus Gartenbau und Küche – ordne zu:
a) castanea – coquīna – coquere – coquus – comminum – menta – olīva – petroselinum – piper – senāpi
Senf – Pfeffer – Kümmel – kochen – Kastanie – Küche – Kümmel – Minze – Olive – Petersilie
Weinbau – ordne zu:
b) acētum – calcātōrium – miscēre – mustum – pressōrium – vīnum
mischen – Kelter – Essig – Most – Presse – Wein

K 1

Im folgenden Buchstabenquadrat sind sieben verschiedene Formen des lat. Verbs „können" versteckt. Schreibe die Formen, die Du gefunden hast, heraus!

A	B	C	D	E	F	T	G	H
I	L	M	N	O	N	P	P	Q
M	R	P	S	V	T	V	O	X
C	V	O	S	B	A	Z	T	Y
D	T	S	E	T	O	P	E	E
P	O	S	S	V	M	V	S	F
P	G	E	H	O	I	L	T	M
Q	S	E	T	O	P	O	I	N
R	S	T	V	X	Y	Z	S	A

Die Buchstaben können von links nach rechts, von rechts nach links, von oben nach unten, von unten nach oben und diagonal, nicht aber über Eck gelesen werden!

Latein und Europa

In Text 13 begegnen Dir viele Begriffe aus dem Gartenbau, die in den europäischen Sprachen weiterleben.

Mutter Latein und ihre Töchter
Wie heißt das lateinische Wort?

franz.	*ital.*	*span.*	*port.*	*rumän.*	*ladin.*	*engl.*
plante	pianta	planta	planta	planta	planta	plant
pie	pisello					pea
feuille	foglia	folio	folha	foale	foglia	foliage
betterave	bietola	betabel	betterabe			beet
fève	fava	haba	fava		fav	
asperge	asparago	esparrago	espargo	sparanghel		asparagus
mauve	malva	malva	malva			mallow
rustique	rustico	rustico	rustico		rustical	rustical

14 **W 1**

Quid magistri est?

Trage in einem Kreis, der aus den Buchstaben magistrī besteht, alle lateinischen Begriffe, die zum Lehrer gehören, ein.

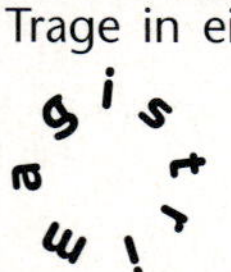

Mache dasselbe mit einem Kreis aus den Buchstaben servārum.

S 6

1) Servus bibit: „Vīnum dominī bonum nōn est."

2) Amīcus Pomponiī bibit: „Vīnum tuum aqua est!"

3) Pompōnius bibit: „Vīnum meum bonum est. Nōn licet tibī maledīcere vīnō meō."

4) Servus: „Meum est pārēre. Itaque dīcō: Vīnum dominī bonum est."

Wie wird in diesen Sätzen die Zugehörigkeit zu einer Sache ausgedrückt?

T 2 15

Vergleicht noch einmal die Personencharakterisierung in Caput III, 10 und 11:

Übersetzt dann die Texte 14 und 15, und stellt zusammen, welche *Rollen* die handelnden Personen haben und welche sie sich selbst zuordnen. Dazu gehört auch die *Rolle* der Aurelia. Ergänzt dazu, was Ihr bisher über die Rolle einer Domina erfahren habt. Dazu stellt das, was Ihr über die Rollen der Skavinnen und auch der Töchter der Aurelia wißt. Vergleicht das Ergebnis mit dem heutigen Rollenverständnis verheirateter Frauen oder von Frauen in Gegenden, in denen sie unterdrückt werden (eventuell fragt den Erdkunde- oder Sozialkundelehrer); schließlich vergleicht die Rolle heutiger Schülerinnen mit denen der Mädchen damals (s. auch Caput I).

K 2

Das Genitivattribut ordnet ein Substantiv oder Nomen einem Bereich zu. (↗ CG 5.1.2)

Schreibe aus den Lesestücken 12 – 15 alle Genitivattribute mit ihrem Bezugswort bzw. alle Prädikatsnomina im Genitiv heraus und ordne sie in einer Tabelle unter folgenden Gesichtspunkten ein:

Ort / Zeit – Besitz – Gesamtmenge – Urheber einer Tätigkeit – Zugehörigkeit – Aufgabe

W 2

Versuche herauszufinden, welche Wörter in den folgenden Sätzen lateinischen Ursprungs sind. Stelle auch fest, wieweit das Fremdwort dem lateinischen entspricht.

1) Peter hat einen Video-Recorder. 2) Der Jagdhund apportiert den erlegten Fasan. 3) Kaiser Tiberius regierte von 14. n. Chr. bis 37 n. Chr. Geburt. 4) Die Bürger hatten eine Beschwerde und wandten sich daher mit einer Petition an den Bundespräsidenten. 5) Die Instrumente des Arztes müssen sauber sein. 6) Der Propeller rotiert langsam. 7) Das Kartenspiel ist nicht mehr komplett. 8) Herr Müller wurde für das Amt des Bürgermeisters nominiert.

▲ *Silberservice auf einem Tisch. Wandgemälde im Grab des C. Vestorius Priscus, Pompeji, 1. Jh. n. Chr.*

Essen und Trinken

Ihre Hauptmahlzeit (cēna) nahmen die Römer nachmittags ab vier Uhr ein. Dies war das Abendessen, das sich im Falle einer Einladung von Gästen bis nach Mitternacht hinziehen konnte.

Morgens aß man so gut wie nichts – etwas Wasser, ein Stück Brot, Oliven, etwas Käse. Das Mittagessen (prandium) bestand aus kalten Resten vom Vortag. Zu allen Tageszeiten wurde Wein getrunken, warm oder kalt, mit viel Wasser verdünnt, manchmal mit Honig versetzt.

Das Eßzimmer (triclīnium) enthielt drei Liegen, auf denen jeweils bis zu drei Personen Platz hatten. Etwa seit der Kaiserzeit (vorher galt es als nicht sittsam) nahmen hier auch die Ehefrauen am Gastmahl teil. Die Liegen waren hufeisenförmig angeordnet, so daß die Sklaven bequem servieren konnten. Zwischen den drei Liegen stand ein runder Tisch, auf dem nacheinander die Speisen aufgetragen wurden. Weitere Tischchen zum Abstellen der Becher standen neben den Liegen. Da es einigermaßen schwierig war, im Liegen mit den Fingern zu essen, breitete jeder Gast eine Serviette vor sich aus. Sie diente auch dazu, das Übriggebliebene darin einzuwickeln und mit nach Hause zu nehmen. Eine weitere uns fremde Sitte war es, alle Essensreste, Knochen, Schalen, Gräten auf den Boden zu werfen, wo sie zwischendurch von einem Sklaven zusammengefegt wurden.

Im Sommer aß man am liebsten im Freien; in vielen Häusern Pompejis gab es hierfür eigens steinerne Liegen an einem besonders schönen Platz im Garten.

Die Mahlzeiten nahm man im Liegen, d. h. im triclīnium, nur ein, wenn der Rahmen etwas gehobener war; hatte die Mahlzeit alltäglichen „routinemäßigen" Charakter, aß man im Sitzen oder gar im Stehen.

▼ *Brote aus Pompeji, durch Verkohlung konserviert (Pompeji, Antiquarium)*

16 Flavus und der Esel

Selenus hat frühmorgens Flavus mit einem Esel nach Pompeji geschickt; er soll zunächst bei Umbricius Agathopus eine Lieferung garum (eine flüssige Würze auf Fischbasis, die der Römer fast jeder Speise zufügte) bestellen und dann vor allem im Hafen einen Ballen ägyptischer Baumwolle abholen, die Aurelia dringend erwartet und von der gerade eine Ladung angekommen ist.

hōra sexta: Uhrzeit → CG, S. 73

Flāvus hōrā sextā asinum saccō onerat et domum redit. Selēnus eum exspectat, itaque Flāvus asellum incitat.

Asinus autem multīs locīs consistit. Postrēmō locō nōn iam cēdit. Frūstrā Flāvus eum verbīs bonīs incitat, frūstrā verberat: Asinus eī nōn pāret.

Nunc māgnā dīligentiā asinō herbās carpit, sed eum nē herbīs iūcundīs quidem incitāre neque locō movēre potest.

17 Inzwischen auf dem Pompeianum

In Pompeiānō vīlicus Flāvum cum Dāvo exspectat. Māgnā cum impatientiā ad portam trepidat. Prīmā vesperī hōrā Flāvus enim nōndum adest.

forum: → Kapitel „Das Forum Romanum"

Selēnus: „Iam vesper adest. Ubi est Flāvus? Cūr nōn redit? Iam diū ā vīllā abest. Certē cum amīcīs in forō stat et fābulās dē dominō Pompōniō nārrat. Venī mēcum, Dāve! Ad tumulum īre et eum prōspectāre volō."

Vīlicus et Dāvus ē vīllā exeunt et tumulum prō vīllā situm ascendunt. Dē tumulō spectant.

Quid vident?

Asinus sine saccō stabulum petit; Flāvus sub tumulō stat et prō eō umerīs saccum fert…

18 Fabula de equo superbo et de asino misero

▼ *Graffito vom Palatin, Rom: Ein Esel dreht einen Mahlstein, indem er an einer Stange um den Mühlstein herumgeht*

Rusticus cum equo et asino ad forum it. Asinus annis iam confectus est, tamen cunctos saccos fert. Equus autem saccis vacat. Paulo post asinus ire non iam potest, in via consistit et equo „Ego", inquit, „annis confectus sum, cunctis cum saccis ad forum eo, tu autem sine saccis is nec ephippium quidem fers. Proinde ades mihi atque libera me a dimidio saccorum!" Equus autem superbis verbis respondet: „Perfer et obdura! Verbis tuis mihi molestus es. Abi in malam crucem!"

Paulo post asinus miser saccos ferre non iam potest: Concidit atque e vita excedit. Rusticus saccos de eius tergo tollit et in equi tergo ponit. Tum equus „O me stultum", exclamat, „pro dimidio saccorum nunc cunctos saccos fero."

Die Stadt Pompeji

Pompeji war eine mittelgroße Stadt in einer der fruchtbarsten Gegenden Italiens, in Campanien; sie hatte ungefähr 15 000–20 000 Einwohner. Hier lebten viele Landbesitzer, deren Äcker und Weingärten vor den Toren der Stadt lagen, zum Teil aber auch innerhalb des Stadtgebietes, ferner viele Händler und Handwerker. Vorzugsweise wurden Oliven und Wein angebaut. Die geographische Lage nahe dem Fluß Sarno, der unweit von Pompeji in den Golf von Neapel mündet, begünstigte den Handel: Vor allem Wein wurde ausgeführt. Der Hafen hatte im Wirtschaftsleben der Stadt eine wichtige Funktion und garantierte den Bürgern ein Leben in bescheidenem Wohlstand.

Die Stadt besaß all die öffentlichen Einrichtungen, die für den Römer jener Zeit Inbegriff städtischer Lebensart waren: ein Forum mit Tempeln und einer Basilika (Gerichtshalle), Theater, Amphitheater, Palästra (Sportplatz) für die Jugend, Thermen, ein öffentliches Wassernetz und gepflasterte Straßen; was die Hygiene und den Wohnkomfort betrifft, lebten diese Kleinstädter wahrscheinlich besser als die Bewohner Roms; andererseits waren hier die Aufführungen im Amphitheater viel bescheidener als in Rom, für die Attraktivität einer Stadt damals ein wichtigerer Gesichtspunkt als Komfort und billige Mieten.

Pompeji war von einer Stadtmauer mit 7 Toren umgeben, die aber in späterer Zeit, als sie überflüssig geworden war (pāx Rōmāna, pacare, S. 9), auf der Südseite mit eleganten Häusern bebaut wurde, von denen aus die Bewohner einen herrlichen Blick auf das Meer und auf den Vesuv genießen konnten.

Der Vesuvausbruch von 79 n. Chr.

Aus keiner antiken Epoche steht so viel Material über das Wohnen zur Verfügung wie aus dem 1. Jh. n. Chr. Einem Ereignis sind all die für die Forschung so wichtigen archäologischen Quellen zu verdanken, dem Vesuvausbruch von 79 n. Chr.

▼ *Blick über das Forum von Pompeji. Im Hintergrund der Vesuv.*

▲ Straßenszene in Pompeji. Zeichnung aus dem 19. Jh.
◀▲ Das Forum von Pompeji mit dem Jupiter-Tempel. Rekonstruktionszeichnung.
◀ Blick in eine Garküche (thermopolium) an der Via dell'Abbondanza
◀▼ Würfelspiel in der Kneipe. Wandmalerei aus Pompeji
▼ Bäcker mit Kundschaft. Aus Pompeji, 1. Jh. n. Chr. Archäologisches Nationalmuseum Neapel

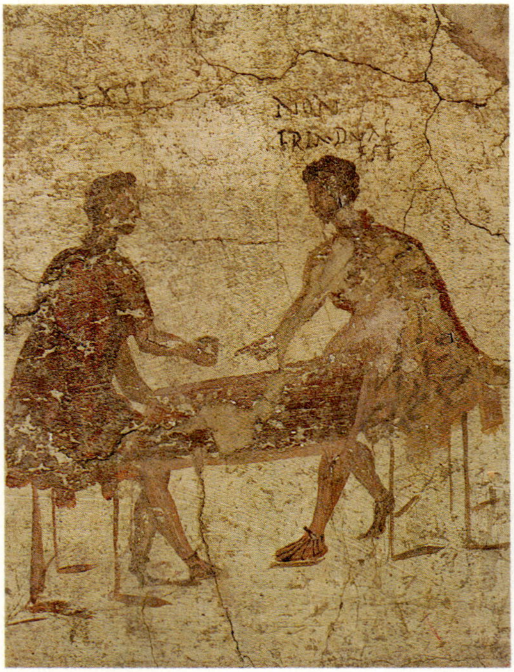

▲ *Abguß des Hundes Primus (Pompeji, Antiquarium)*
▼ *Abgüsse von Opfern des Vesuvausbruchs 79 n. Chr.*
◄▼ *Straßengabelung mit Brunnen*
▼ *Straßenszene; die sog. Via dell'Abbondanza*

Was für uns ein einmaliger Glücksfall ist, das war für die Pompejaner damals ein Inferno: Der Tag wurde zur Nacht, es „regnete" Asche und glühende Steine. Am 24. August 79 n. Chr., um 10 Uhr vormittags, sprang der Lavapfropfen, der die Spitze des Vesuvs verschlossen hatte, heraus, bereits gegen 13 Uhr war Pompeji unter einer 6 Meter hohen Schicht aus Asche und Lapilli begraben, und alles Leben der Stadt war erloschen. Einen Augenzeugenbericht dieser Katastrophe haben wir von dem römischen Schriftsteller Plinius d. J. Wie viele Menschen rechtzeitig fliehen konnten, weiß man nicht; viele Pompejaner wurden in ihren Häusern, auf den Straßen und an den Stadttoren begraben, erstickt von den Schwefeldämpfen, die den Aschenregen begleiteten.
Viele Einzelschicksale der Bewohner sind bekanntgeworden, seit durch ein spezielles Ausgußverfahren die von der Asche dicht umschlossenen Körperumrisse in Form exakter Gipsabdrücke gewonnen werden konnten: Ein Abguß z. B. zeigt eine Frau, die vor der Flucht schnell ihren wertvollen Schmuck retten wollte, jedoch nicht mehr bis zur Haustür gelangte, zusammenbrach und erstickte; ein anderer zeigt ein junges Mädchen, das sein Gesicht zum Schutz vor den giftigen Gasen ins Gewand der Mutter preßt. Ähnlich qualvoll starben viele Haustiere, so ein Hund, der in einem Atrium festgebunden und vergessen worden war; soweit die Kette reichte, war er auf die durch das compluvium (Kap. „Wie die Römer wohnten") einfallenden Schuttmassen hinaufgeklettert und hatte sich, als der Überlebenskampf aussichtslos geworden war, auf den Rücken gewälzt und war verendet.
Frauen mit kleinen Kindern, Greise, Sklaven, Reiche, Arme, sie alle starben unter den Schuttmassen aus dem Inneren des Vesuv, eines zuvor lieblichen Berges, dessen Kuppe bewaldet war und an dessen Hängen ein ausgezeichneter Wein wuchs (und heute wieder wächst). Seither ist der Vesuv noch mehr als 40mal ausgebrochen.

PENSA EXERCITANDA

Wh 1

Welche Form paßt in den Satz?

a) Syrus	dominī / dominō / dominum	maledīcit.
b) Flāvus asinum	Pompōniī / Pompōnium / Pompōniō	incitat.
c) Dāvus praemium	Aurēlia / Aurēliae / Aurēliam	laudat.
d) Tēctum	vīlla / vīllam / vīllae	solidum* nōn est.
e) Selēnus	servī / servōrum / servōs	audit.

16 **S 1**

Ergänze die Ausgänge. Welche inhaltliche Bedeutung haben jeweils die Ablative?

1) Flāvus asinum mult_ verb_ incitat.
2) Asinus loc_ nōn cēdit.
3) Servus māgn_ cum studi_ herbās carpit*.
4) Nē mult_ herb_ quidem asinum loc_ movet.
5) Hōr_ decim_ Flāvus cum asin_ tandem venit.

S 2

Eine Inschrift aus Herculaneum

(CIL X 1425)

M(ārcus) Nōnius, M(ārcī) f(īlius), prōcōnsul, basilicam, portās, mūrum pecūniā sua f(ēcit.)

prōcōnsul Prokonsul – **basilica** Gerichtshalle – **porta** Stadttor – **mūrus** Stadtmauer – **pecūnia** Geld – **suus** sein – **fēcit** hat erbauen lassen

17 **T 1**

Zum Textverständnis verhilft oft ein Vorwissen über die handelnden Personen des Textes. Hier ist die eine „Person" ein Esel, die andere der Dir bekannt Sklave Flavus. Welche *Leseerwartung* löst dieses Vorwissen aus?

Übersetze die Texte 16 und 17: Ist die Leseerwartung bestätigt worden? Überlegt, welche Bedeutung für eine römische Familie Nutztiere hatten – und welche Probleme sich daraus ergeben konnten. Vergleicht das mit einem heutigen Betrieb kaufmännischer oder landwirtschaftlicher Art.

S 3

Übersetze, und bestimme die inhaltliche Bedeutung der Ablative:

1) Cēnam parāte, Āfra et Lȳdia, māgnā cum dīligentiā!
2) Apportā, Dāve, amphoram* vīnī Falernī ex apothēcā*!
3) Etiam fīliae Aurēliam māgnō studiō adiuvant.
4) Dāvus et Syrus tumulum cum Selēnō ascendunt et convīvās* prō vīllā exspectant.
5) Hōrā decimā* dē tumulō* eōs cōnspiciunt et sub tumulō salūtant.
6) Tum et Pompōnius et Aurelia convīvās* in ātriō salūtant.
7) Convīvae diū cibīs vīnōque gaudent.

S 4

a) Pūblius venit.
b) Dāvus onerat.

Welcher der beiden Sätze ist unvollständig? Welche Fragen läßt der unvollständige Satz offen?

c) Dāvus asinum saccō onerat.

Auf welche Frage antwortet die Ergänzung „asinum"?

Auf welche Frage antwortet die Ergänzung „saccō"?

d) Pūblius cum amicō venit.

Worin unterscheidet sich inhaltlich und grammatisch die Ergänzung „cum amīcō" im Satz d von der Ergänzung „saccō" in Satz c?

S 5

Flāvus stat **?**
- a) sub tumulō.
- b) cum amīcō.

Bilde zwei sinnvolle Sätze. Welche der beiden Angaben ist für eine sinnvolle Information not wendig? Warum schließt der Verbinhalt „stāre“ eine dritte Möglichkeit aus?

18 **T 2**

Lest den ersten Satz von Text 18, und stellt die handelnden Wesen/Personen fest. Die Überschrift verhilft zu einem weiteren Einstieg in die Texthandlung. Lest dann den übrigen Text, und stellt fest, welche Aussagen zum Esel gehören. Wieder ist eine *Opposition* (siehe Caput III) festzustellen, wenn Ihr die entsprechenden Feldwörter für das Pferd beachtet. Aus dieser Opposition ergibt sich der Sinn der Fabel. Kennt Ihr Texte mit ähnlicher Aussageabsicht?

K 1

Lo-Te-In-So-Se

Mit dieser „Formel“ kannst Du Dir mit einem Schlag die wichtigsten fünf inhaltlichen Grundfunktionen des Ablativs einprägen.

Trage in eine Tabelle alle Ablative aus 16–18 ein, und ordne sie einem dieser Kürzel zu.

K 2

Dreimal eo

Amīcus ad forum īre vult. Cum eō* eō* eō libenter.

W 1

Die Bedeutung vieler Komposita kann aus der Kenntnis der Bedeutung von Präposition und Basisverb erschlossen werden.

Was bedeuten die folgenden Komposita?

- abīre, adīre, coīre (<*conīre)
- abesse, adesse, dēesse, inesse
- abscēdere (abs ~ ab), accēdere (<ad-cēdere), dēcēdere, excēdere
- auferre (<*abferre), afferre (<adferre), cōnferre, prōferre
- appōnere (<adpōnere), compōnere (<conpōnere), dēpōnere, expōnere
- obīre, offerre (<*obferre), oppōnere

Manche Vorsilben („Präfixe“) der Komposita können nicht selbständig auftreten. Dazu gehören:

re (vor Vokal: red) zurück – dis auseinander – sē beiseite.

Was bedeuten folgende Komposita?

redīre – discēdere – recēdere – sēcēdere – referre – dispōnere – repōnere – sēpōnere

Melodie: Ich armes welsches Teufli;
lt. Text: W. Siewert

Kanon

angere beängstigen, Angst machen • **maximē** sehr, außerordentlich • **hic** dieser

K 3

Die kürzeste Antwort

Bei einer Wette um den kürzesten Brief schreibt A an B:

Rūs* eō. (**rūs** aufs Land)

B gewinnt die Wette. Was hat er geschrieben?

S 5

Āfra cum amīcā vīllam Pompōniī petit. Iam vesper est. Āfra ad amīcam: „Dominus mē hōrā sextā exspectat. Nunc autem decima hōra est. Certē iam dē mē īrātus est."

Tum amīca: „En, vidē, Āfra! Lūcius equō appropinquat!

Āfra: „Heus*, Lūcī! Pōne mē in tergō equī!"

Lūcius ridet: „Equus annīs iam cōnfectus* est. Mē tēcum ferre nōn potest."

Āfra: „At me ferre potest sine tē!"

Übersetze und bestimme die verschiedenen Inhalte der Ablativformen.

F

I	S	H	G	F	E	D	C	B	A
D	I	E	L	M	E	V	M	N	I
S	E	I	S	R	A	Q	P	O	I
T	V	V	X	Y	M	Z	A	B	C
M	L	S	I	H	G	E	F	E	D
N	O	P	Q	R	E	A	S	S	T
A	Z	Y	X	E	O	R	V	M	V
B	E	C	D	O	E	V	F	G	H
E	A	P	O	S	N	M	M	L	I
Q	E	R	S	T	V	X	Y	Z	A

In diesem Suchrätsel sind 15 Formen von is, ea, id versteckt.

W 2

Kennst Du die Fremdwörter?

Der Arzt hält eine lokale Betäubung für ausreichend. – Zur Vesperzeit füllt sich das Lokal. – Der Physiklehrer hat ein Vakuum hergestellt. – Liberia ist 1847 von den USA als Freistaat für zurückgeführte Negersklaven gegründet worden. – Die Kur ist ihm gut bekommen.

Latein und Europa

Mutter Latein und ihre Töchter
Wie heißt das lateinische Wort?

franz.	*ital.*	*span.*	*port.*	*rumän.*	*engl.*
l'heure	l'ora	la hora	hora		hour
le lieu	il luogo	el lugar	lugar	loc	
la fable	la favola	la fábula	fabula		fable
premier	primo	primero	primeiro	prime	prime
l'an	l'anno	el año	ano	an	

Wh 2

Der schwedische Forscher Carl von Linné (1707–1778) hat alle damals bekannten Lebewesen und Pflanzen in ein übersichtliches System eingeordnet. Er gab ihnen zwei Namen; beide sind lateinisch, damit sie international verständlich seien. Der erste der beiden Namen gibt die große Gattung an, der zweiten beschreibt als Attribut die besondere Art näher. In der folgenden Übersicht geht es um diese Artenbeschreibung.

a) Welche Arten von Attributen kannst Du feststellen?

b) Versuche eine deutsche Übersetzung. Diese wird oft nicht mit der im Deutschen üblichen Bezeichnung übereinstimmen, da es sich um eine Fachsprache handelt (z.B. lepus timidus: Schneehase).

lepus **Hase**
lepus timidus
lepus europaeus

rattus **Ratte***
rattus norvegicus
rattus alexandrinus

taraxacum **Löwenzahn**
taraxacum alpinum

gastrophilus **Bremsenfliege**
gastrophilus equi

anisophila **Getreidekäfer**
anisophila agricola

dianthus **Nelke**
dianthus alpinus
dianthus superbus

*mittelalterl. Latein; klass. Latein: **mūs** (Maus, Ratte)

▶▲ *Römischer Gutsbesitzer mit seinem Kontobuch und Pächtern (Relief aus Trier)*

Colonus und Patronus

19

Als Großgrundbesitzer hat Pomponius einen Großteil seines Landes an colōnī verpachtet, die als Pachtzins Naturalien, also Erträge aus ihrer Arbeit, abzuführen haben. Ihr Geld dürfen sie nur mit Zustimmung ihres patrōnus ausgeben, da es ihm als Sicherheit für den Fall dient, daß der colōnus keine Naturalien abliefern kann.

Simylus, Davus' Freund (→ C V) ist in diesem Jahr schlimm dran; er weiß nicht, wie er die Pacht bezahlen soll.

Fausta, marīta Simylī, eum māne excitat: „Surge, Simyle! Hodiē decumam dominō dare dēbēmus aut pretium solvere ... Ī, rogā eum ... Dīc eī: Aqua deest, āridae sunt plantae ... Pecūniam nōn habēmus ... Miserē vīvimus! – Inhūmānus nōn est dominus noster Pompōnius! Cūr anxius es ...?“
Lentē Simylus surgit et dominum adīre parat.

decuma: Pacht

Bei der salūtātiō

Simylus: „Nōs colōnī semper miserī sumus, semper miserē vīvimus, domine. Nunc autem mala fortūna imprīmīs mē male vexat. Vīcīnus enim meus aquam ē puteō novō trahit. Itaque et ager et hortus meus āridī sunt. Rārō parcēque plantae crēscunt. Tibī cōnfirmō: Semper dūrē assiduēque labōrō, sed aqua deest: In rīvō meō vix ūnam guttam aquae inveniō.“

Pompōnius verba colōnī māgnā cum impatientiā audit: „Tacē, iam dē Dāvō sciō. Quid ad mē?“ inquit. „Tuum est! Ōmitte querēlās – annō proximō solve!“

Sīc Simylus irritus domum currit et maestus dē fortūnā malā cōgitat.

salūtātiō: morgendlicher Empfang der Leute, die von dem patrōnus abhängig sind

◄ *Römischer Bauer bei der Arbeit. Das Relief aus dem 1. Jh. v. Chr. stellt eine (idealisierte) Wirklichkeit dar, die es zur Zeit seiner Entstehung nicht mehr gab, da der freie selbständige Bauer mit eigenem Land längst von den großen Latifundien an die Seite gedrängt worden war.*

Kolonen

Anders als der Sklave ist der Kolone (colōnus), egal wie arm oder verschuldet, ein Freier, der auch Sklaven besitzen kann. Auch wenn es Sklaven in reichen Häusern gab, denen es wesentlich besser ging als einem armen Pächter, einem Kolonen, bleibt dies ein prinzipieller Unterschied. Der Kolone besitzt entweder kein eigenes Land oder nur ein winziges Grundstück, das ihn und seine Familie nicht ernährt; deshalb ist er gezwungen, das Land eines anderen in Pacht zu nehmen. Ein Pachtvertrag wurde über einen bestimmten Zeitraum abgeschlossen, z. B. für fünf Jahre. Alljährlich nach der Ernte hatte der Kolone dem Grundbesitzer einen Teil als Pachtzins abzugeben, in Form von Naturalien, in manchen Gebieten in Form von Geld.

Die Kolonen in Italien hatten einen Vorteil gegenüber aus den römischen Provinzen stammenden Nichtrömern: Sie mußten keine Steuern zahlen.

Kolonen waren also frei, hatten aber wegen ihrer Armut kaum die Möglichkeit, mit ihrer Freiheit etwas anderes anzufangen, als in Abhängigkeit von einem „patronus", einem Herrn, zu sein. Später durften sie ihr Ackerland auch nicht mehr aufgeben, um einer anderen Erwerbstätigkeit nachzugehen, sondern blieben, wie auch ihre Kinder, daran gebunden.

Ein römischer Großgrundbesitzer hatte zwei Möglichkeiten, seinen Besitz bearbeiten zu lassen:

1. Er konnte ihn aufteilen und an einzelne Kolonen verpachten. Wenn er Glück hatte, zahlten sie ihre Pacht pünktlich; oft aber waren sie mit ihren Zahlungen in Verzug oder konnten aufgrund schlechter Ernten und anderer Widrigkeiten des Lebens nicht oder nur einen Teil zahlen, standen also bei ihrem Pachtherrn in der Kreide. Diese Form der Landwirtschaft war insbesondere in Italien seit dem Ende der Zeit der Republik allgemein übliche Praxis, nachdem nicht mehr so viele Sklaven durch Kriege beschafft werden konnten; diese Form hatte für den Landbesitzer den Vorteil, daß er sich wenig um seinen verpachteten Besitz kümmern mußte.

2. Die andere Möglichkeit bestand darin, große Landflächen (latifundia = „ausgedehnte Grundstücke") von eigenen Sklaven unter Aufsicht eines bediensteten Aufsehers (vilicus, in der Regel ein Freigelassener) bearbeiten zu lassen. Wirtschaftlich vorteilhafter war diese Form, aber sie war den Grundbesitzern zu aufwendig, da sie sich so erheblich intensiver um die gesamte Arbeitsorganisation hätten kümmern müssen; das Gedeihen eines solchen Betriebes hing zudem entscheidend von den Fähigkeiten und der Zuverlässigkeit des Verwalters ab, ein weiterer Unsicherheitsfaktor. In den Provinzen, die als „Kornkammern Roms" galten – Afrika, Ägypten, Sizilien – war die Latifundienwirtschaft verbreiteter als in Italien.

Kurier aus Rom 20

Sub vesperum nūntius ante iānuam stat, pulsat. Ōstiārius ad portam it, nūntium salūtat et interrogat:

„Quis es et unde venīs?“

„Alexander sum, Rōmā veniō. Nūntium dominō tuō ferō. Nōnne dominus domī est?“

„Nōndum adest, nam Pompēiīs negōtia agit. Iam diū domō abest. Intrā atque dominum exspectā!“

Alexandrum in ātrium dūcit; vesperī tandem Pompōnius domum redit.

Post cēnam Aurēliam līberōsque vocat: „Pompēiīs abīre et iter facere mihī necesse est.“

Līberī clāmant: „Cūr domō abīs? Quō iter facere vīs? Rārus apud nōs es.“ Tum Pompōnius: „Nōn laetus abeō, sed Rōmae mihī multa negōtia sunt.“ „Nōnne nōbīs licet tēcum īre? Certē māgnificum est Rōmae per viam Sacram et Novam viam ambulāre atque tabernāsque circumque Palātiumque spectāre.“ Pompōnius rīdet: „Licet, līberī!“

Nach Rom! 21

Hōrā prīmā Polybius līberōs excitat: „Agite, līberī! Doleō: Adest hōra surgendī. Dominus bene māne discēdere vult.“ Līberī somnī plēnī, sed laetī: „Iam“, in surgendō clāmant, „parātī sumus ad abeundum!“

Paulō post Pompeiānum raedā commodā relinquunt. Viā pūblicā citō prōcēdunt. Vesŭvius nebulā adhūc obscūrā latet; ventus autem mox eam fugat, vīnēta hortīque appārent.

Viā longā valdē dēfessī vesperī Cūmās adveniunt; ibī pernoctandī causā apud Pompōniī amīcum consistunt. Is līberīs dē Sibyllā nārrat – Cūmīs enim Sibyllae antrum situm est:

„Etiam nunc, saeculō nostrō tam doctō, nōnnūllī Cūmās veniunt: Volunt enim antrum Sibyllae vidēre. Et prōfectō indigenae iocōsī iīs mōnstrant ampullam parvam, habitāculum – sīc dīcunt – Sibyllae prae tot annīs perparvulae ...!“

Cūnctī rīdent. Iocōsum est iter facere et nova vidēre vel audīre.

Vesŭvius: Vulkan am Golf von Neapel. Letzter Ausbruch 1944, heute ruhig

Cūmae: Küstenstadt nw. von Neapel; hier soll die Sibylle, eine weissagende Frau, seit alters in einer Höhle ihr Orakel gehabt haben. Ihre oft unklaren (daher der Name „sibyllinisch“) Prophezeiungen wurden in den sibyllinischen Büchern gesammelt.

◀ *Reisewagen (raeda). Relief an der Kirche von Maria Saal bei Klagenfurt.*

▶ *Hafen in der Campania, vielleicht Puteoli. Wandmalerei aus Stabiae (in der Nähe von Pompeji) 1. Jh. v. Chr.*

22 Die Lykischen Bauern

Mane Pomponii Cumas relinquunt. Quīntā hōrā stagno parvo appropinquant. Ibi cenandi causā consistunt. In cenando ranas audiunt. Tum Polybius: „O beate Lamprisce – ranas audire non debes! Sed audite, liberi, fabulam de ranis et de deā Lātōnā vobis narrare volo. Paratine estis ad audiendum?

Aliquando Latona dea cum Phoebo et Dianā, liberis suis perparvis, per Lyciam errat. (In odio enim est apud Iunonem*, itaque eam fugit.) Aqua egent atque valde sitiunt. Tum parvo stagno appropinquant. Laeto animo bibendi causa Latona eo currit. Subito rustici vici propinqui apparent atque deam aquā prohibent.

Latona autem rusticos implorat: „Cur nos aquā prohibetis? Valde sitimus. Liberorum quidem miserorum misericordiam adhibete! Adeste nobis et aquam praebete!"

Rustici autem impii deae maledicunt, in stagnum saliunt, aquam saliendo turbant. Tum dea eis irata: „Vae vobis", inquit, „agricolae impii! Ego Latona dea sum. A bibendo nos prohibetis. Proinde semper vivite in stagno!"

Et statim rusticos in ranas mutat. Iam earum formam accipiunt, iam in stagno circumsiliunt, iam sub aqua maledicunt.

Sic apud Ovidium, praeclarum poetam, legimus:

»Quamquam sunt sub aqua, sub aqua maledicere temptant.«"

Lātōna (Lātō, griech. Lētō) war die Mutter des Gottes Apollon (= **Phoebus**, gr. Phoibos) und der Göttin Artemis **(Diāna); Lycia** hieß eine Gegend im südwestlichen Kleinasien

* Akk. zu Iūnō; Iupiter hatte Iuno mit Latona betrogen, darum war Iuno eifersüchtig auf sie und ließ Latona mit ihren Kindern nirgends zur Ruhe kommen.

Reisen im Römischen Reich

▲ *Ein zweirädriger schneller Reisewagen (cisium oder esseda) nähert sich einem Meilenstein. Um 200 n. Chr. Trier, Rhein. Landesmuseum*

Das Reisen auf dem Landweg war in der Antike für unsere Vorstellungen nicht nur mühselig, sondern auch langwierig. So benötigten die Pomponii für ihre Fahrt von Pompeji nach Rom – eine Strecke von ca. 250 km – zwei Tage. Für eine Fahrt von Rom nach Britannien brauchte man einen Monat, von Rom nach Mainz 10 Tage.

Für uns heute ist die Reise auf dem Landweg die übliche und die Fahrt per Schiff die Ausnahme, genau umgekehrt war es bei den Römern: Flüsse (z. B. Rhein, Donau) wurden als Hauptverkehrsadern genutzt und galten gegenüber der Straße als bequemer und ungefährlicher. Reisen auf dem Mittelmeer verliefen relativ zügig, von Rom nach Karthago brauchte man nur 3 Tage. Wo sie konnten, benutzten die Römer die vertrauten Mittelmeerküsten und fuhren per Schiff.

Auf der anderen Seite war das römische Straßensystem für die damalige Zeit hoch entwickelt. Jede Provinz war über gut ausgebaute Straßen von Rom aus zu erreichen. Dieses Straßennetz war zu militärischen Zwecken angelegt worden, um die Provinzen unter Kontrolle halten und bei Aufständen rasch Truppen zu den Brennpunkten schicken zu können. Ebenso wichtig waren die Straßen zur Nachrichtenübermittlung (siehe Kapitel „Briefe und Nachrichten"). Daneben wurden die Straßen intensiv für den Handel und für Privatreisen genutzt, doch man war hier – wenn man den antiken Nachrichten glaubt – ständig in der Gefahr, überfallen und beraubt zu werden.

Die großen Fernstraßen trugen die Namen der Leute, die ihren Bau finanziert hatten. Das waren – wie bei allen öffentlichen Einrichtungen – reiche Angehörige der Führungsschicht, die solche Leistungen gewissermaßen anstelle von Steuerzahlungen erbrachten. Ihre Reichtümer hatten sie in der Regel durch die Verwaltung der Provinzen erworben, in denen sie Steuern erheben konnten, oder durch erfolgreiche Kriege, die reiche Beute eingebracht hatten.

Die Straßen führten von Rom aus in alle Richtungen. Noch heute kann man in allen Teilen des ehemaligen Römischen Reiches gut erhaltene Reste oder zumindest Trassen von Römerstraßen erkennen, in Rom selbst z. B. die Reste der Via Appia, die über Tarracina, Formiae, Capua, Benevent bis nach Brundisium, dem Hafen im äußersten Südosten Italiens führte. Auch die Pomponii reisten ab Sinuessa (kurz vor Formiae) über die Via Appia nach Rom.

Für den Verkehr standen verschiedene Fahrzeuge zur Verfügung, für den Warentransport andere als für Personen. Als Reisewagen gab es solche mit zwei oder vier Rädern, die zweirädrigen essedae oder cisia waren die schnelleren. Mehrere Reisende mit Gepäck benutzten die vierrädrige raeda. Im Wagenbau hatten die Römer Entscheidendes von den Galliern gelernt, die Fachleute darin waren. Daher übernahmen die Römer auch viele Bezeichnungen für Wagen von den Galliern, auch das Grundwort carrus – „Karren".

Für die Rast oder zur Übernachtung standen cauponae oder hospitia zur Verfügung, die von manchen römischen Autoren als zwielichtige Absteigequartiere geschildert werden, in denen Reisende übers Ohr gehauen oder ausgeraubt wurden; wir können heute nicht mehr entscheiden, wieviel daran wahr und wieviel Übertreibung ist. Oft bestand auch die Möglichkeit, privat einzukehren.

◀ *Speisekarte auf einem steinernen Spielbrett, gefunden in Rom: „Wir haben als Abendessen Huhn, Fisch, Schinken, Pfau." (Kapitolinische Museen)*

PENSA EXERCITANDA

Ab hier werden in den Pensa exercitanda keine Längenzeichen (ā, ē, ī, ō, ū, ȳ) mehr als Lesehilfen gegeben!

20 **T 1**

Für den Text 19 braucht Ihr eine Vorinformation: Ihr müßt euch über die sozialen Rollen der Handlungsträger informieren. Lest erst den Text, isoliert diese Handlungsträger, und informiert Euch dann im Informationskapitel S. 45 über sie. Jetzt könnt Ihr leicht einige für den einen Handlungsträger typische Lebensumstände finden: Sucht nach Adjektiven und Adverbien, die seinen Lebensstil typisieren!

S 1

1) Simylus a Pomponio *irritus** domum redit.
2) *Maestus* casam* intrat.
3) Fausta autem *laeta* eum salutat:
4) „Nobis est causa gaudendi, Simyle.
5) Nam vicinus nobis aquam e puteo* praebet.
6) Itaque *grati** ei donum ferimus."

Warum kannst Du die hervorgehobenen Wörter hier nicht als Attribute übersetzen? Versuche, den grammatischen Unterschied zwischen dem Lateinischen und dem Deutschen zu beschreiben.

K

Meilensteine

Eine römische Meile ist etwa 1,5 km lang. Auf „Meilensteinen" – übermannshohen Säulen – standen Angaben über das Baujahr der Straße, meist eine Widmung oder eine Angabe über den Geldgeber, und natürlich die Entfernung zur nächsten Stadt, zuweilen auch die nach Rom.

1. Gefunden bei Cannae:
(via) Benevento Brundisium
LXXIX MP Romam
2. Gefunden bei Monte Venere:
Imperator Caesar fecit viam novam a Volsiniis ad Clusinos
XIII MP Volsinios
3. Gefunden nördlich von Petra (Jordanien):
Imp(erator) C(aesar) Traianus (fecit) viam novam in provincia* Arabiae a Syria ad mare rubrum

mille/milia passuum: Meile(en); mare rubrum: Rotes Meer

T 2

Auf der Karte ist die Reiseroute der Pomponii eingetragen. Gib zu den Städtenamen jeweils die lateinischen Formen auf die Fragestellungen a) woher? b) wo? c) wohin?

Reiseroute:
Pompeii – Herculaneum – [Neapolis] – Puteoli – Misenum – Baiae – Cumae – Liternum – Volturnum – Sinuessa – Minturnae (CAMPANIA) – Formiae – Fundi – Tarracina – Forum Appii – Aricia – Bovillae – Roma (LATIUM)

Vestigia et initia

Viele europäische Städte haben lateinische Namen – entweder aus der Römerzeit, oder aus dem Mittelalter in latinisierter Form. Bilde selbst die Entfernungsangaben in römischen Meilen von Deiner Heimatstadt aus.

Lipsia (Leipzig) – Mogontiacum (Mainz) – Berolinum (Berlin) – Colonia (Köln) – Magedoburgum (Magdeburg) – Paderbronna (Paderborn) – Hammonia (Hamburg) – Londinium (London) – Lutetia Parisiorum (Paris) – Augusta Treverorum (Trier) – Varsovia (Warschau)

21

T 3

"Tip" Texte werden durch verschiedene Methoden untereinander *verknüpft*; das bedeutet, daß innerhalb eines Textes Methoden angewendet werden, die es dem Leser ermöglichen, die Einzelaussagen des Textes als zusammengehörig zu begreifen.

Du kennst schon: Nennung ein und derselben Person / ein und desselben Dinges mit verschiedenen Bezeichnungen: Pomponius – dominus.

Sucht in Text 21 folgende Textverknüpfer:

- Wortaufnahme (Wiederholung desselben oder eines inhaltlich sehr ähnlichen Wortes);
- Angaben über den zeitlichen Verlauf des Textes (Zeitadverbien);
- Angaben über Ort / Orte bzw. örtliche Veränderungen im Text;
- is, ea, id als Verweisformen auf eine im Text genannte Person

Latein und Europa

Mutter Latein und ihre Töchter
Wie heißt das lateinische Wort?

franz.	*ital.*	*span.*	*port.*	*rumän.*	*engl.*
vivre	vivere	vivir	viver		
la porte	la porta	la puerta	porta	portal	portal
rustique	rustico	rustico	rustico	rustic	rustical
labourer	lavorare	labrar	laborar		labour
voie	via	via	via		via (Präp.)

F

docte – domi – domo – domum – iam – ibi – iterum – Latine – libere – mane – moleste – postremo – primum – pulchre – quam – raro – rustice – sedulo – severe – statim – subito – tam – tum – vesperi

- Ordne die angeführten Adverbien nach ihren Endungen.
- Welche Dir bekannten Kasussignale stellst Du fest? Was sind also diese Adverbien ursprünglich gewesen?
- Welche Adverbien sind von Adjektiven abgeleitet?

E 1

Deklinierter Infinitiv

Setze die richtige Endung ein, und übersetze:

1) Labora_ causa rusticus mane surgit.
2) Hora prima Simylo hora surge_ est.
3) Labora_ rustico hodie iucundum non est, nam calidum* est.
4) Tamen ad labora_ paratus est.
5) In labora_ multum sudat*.
6) Post horam decimam hora rede_ est.
7) Nunc Simylus labora_ non iam vult.

22

T 4

a) Abschnitt 1: Aufgabe wie unter T 3.
b) Abschnitt 1+2: Welcher Satz (Abschnitt 1) ist Anlaß für den Folgetext (Absatz 2 ff.)?
c) Absätze 2, 3, 4 (wie bei Text 21): Welche Wörter werden direkt oder inhaltlich aufgenommen und verweisen so aufeinander?
d) Lest den letzten Satz, und versucht dabei, die a-Laute der vom Autor gemeinten Absicht möglichst anzugleichen.

T 5

Könnte man mit der Geschichte in Text 22 auch heutige Probleme zum Ausdruck bringen? Versuche, sie (deutsch) zu umschreiben.

E 2

Setze den richtigen Kasus ein, und übersetze:

1) Rustici impii in aqu_ saliunt et in aqu_ deae maledicunt.
2) Sub vesper_ caelum obscurum est. Servi sub stabuli tect_ currunt et sub tect_ consistunt.
3) Asinus sub tumul_ clamat.

S 2

1) Memoria vestri bona non est.
2) Memoria vestra bona non est.
3) Memoria Seleni bona est.

Übersetze und versuche eine Erklärung dafür zu finden, daß der dritte Satz ohne Kontext nicht eindeutig zu übersetzen ist.

S 3

1) Misericordiam liberorum miserorum adhibete!

Wie ist der Genitiv inhaltlich zu erklären?

2) Erkläre die inhaltliche Rolle des Genitivattributs anhand dieser Sätze:
Die Göttin Latona bestraft die Bauern.
a) Poena Latonae dura est.
b) Poena rusticorum dura est.
c) Misericordia patroni* erga Simylum exigua est.
Welche deutschen Wörter passen in Satz a) und b) für poena?

T 6

Pomponii Cumas relinquunt. Stagno appropinquant. Consistunt. Ranas audiunt. Polybius: „Lamprisce – ranas audire non debes! Audite, liberi, fabulam narrare volo. Paratine estis?“
Latona dea errat. (In odio enim est eam fugit.) Aquā egent atque sitiunt. Stagno appropinquant. Latona currit. Rustici apparent atque deam aqua prohibent.
Latona rusticos implorat*: „Nos aquā prohibetis? Sitimus. Misericordiam adhibete! Adeste nobis et aquam praebete!“
Rustici deae maledicunt, saliunt, aquam turbant*. Dea eis: „Vae vobis“, inquit, „ego Latona dea sum. A bibendo nos prohibetis. Vivite!“
Rusticos mutat. Formam accipiunt, circumsiliunt*, maledicunt.
Legimus: „Maledicere temptant. “
Diesem „Un-Text“ liegt das Lesestück 22 zugrunde, nur sind alle adverbialen Bestimmungen, Konnektoren und Attribute fortgelassen; Subjektwörter, Prädikate und Objekte sind vorhanden.

- Vergleiche Wort für Wort mit Text 22.
- Wo kann man diesem Text sinnvolle Informationen entnehmen, die einen Zusammenhang ergeben, wo nicht?
- Wozu braucht ein Text adverbiale Bestimmungen?
- Schreib die ausgelassenen adverbialen Bestimmungen heraus und ordne sie
a) nach ihrem Inhalt (Ort, Zeit, Grund, Frage, Art und Weise),
b) nach ihrer grammatischen Form.
- Wo sind Attribute nötig?

▼ *Gemälde von Zeno Diemer: Kreuzung von Aqua Claudia/Anio Novus mit dem älteren Dreifach-Aquädukt Aqua Marcia/Tepula/Iulia vor den Toren Roms (München, Deutsches Museum): Diesen imposanten Anblick genoß der Reisende, der sich von Südosten Rom näherte.*

Auf dem Forum

23

Rom, die größte und spannendste Stadt der Welt! Am zweiten Tag waren die Pomponii abends in Rom angelangt. Freudig waren sie vom Personal in der römischen Stadtvilla des Pomponius begrüßt und bewirtet worden.

Am nächsten Tag zogen Publius und Domitilla, Lucius und Tertia gleich in den Trubel der Großstadt – freilich nicht allein, Polybius, ihr „paedagōgus“, bekam die Aufgabe, sie zu führen und auf sie aufzupassen. Ihr erster Weg führt zum *Forum*. Vor der Rednertribüne, auf der alle berühmten Männer Roms gesprochen haben, zieht eine große Menschenmenge ihre Aufmerksamkeit auf sich. Vielleicht gibt es gleich etwas Interessantes zu hören?

In rōstrīs ōrātor togā pullā indūtus stat et ōrātiōnem habet. Vōx eius forum complet. Multitūdō māgna virōrum mulierumque rōstra circumstat. Prīmum līberī cum multitūdine attentē ōrātōris verba accipiunt. Māgnā vōce homō dīcit, laudibus summīs effert tempora antīqua et virtūtēs ēgregiās mōrēsque bonōs senātōris mortuī:

„Virtūtēs L. Mūnātī Planci māgnō in honōre sunt apud nōs. Facta splendida mortuī aeternā memoriā dīgna sunt nōbīs cīvibus Rōmānīs gentibusque cūnctīs imperiī nostrī. Maximum factum …“ Pars multitūdinis ōrātōrī acclāmat. Līberī paululum ōrātiōnem audiunt, deinde Pūblius: „Quid ad mē senātor mihi īgnōtus et eius honōrēs?! Iam abeō. Venīte mēcum!“

Das Wundermittel

24

Līberī discēdunt ā rōstrīs et in itinere angustō ostentātōrem aspiciunt. Is māgnō clāmōre hominēs advocat. Iam multitūdō hominum eum circumstat. Ostentātor medicāmina arcāna offert et māgnā cum vōce clāmat: „Venīte, audīte, vidēte! Emite medicāmina mea. Vōs miserōs marītōs imprīmīs appellō. Mē audīte! Quis vestrum nōn vult sēcrēta mulierum cōgnōscere?“ Vir vās parvum ostendit: „Vidēte in vāse linguās rānārum. Rānīs vīvīs linguās extrahō et in aquam mittō. Quid lingua efficit?“

Ostentātor ūnum ex auditōribus appellat: „Impōne linguam noctū pectorī uxōris tuae. Tum cūncta ex eā quaere! Crēde mihī: Medicāmen meum cōgit mulierēs sēcrēta cūncta prōdere.“

Tum vōx mulieris ostentātōrem interrumpit: „Nōn crēdō!“

Is autem eī respondet: „Semper vērum dīcō! Linguīs rānārum mulier resistere nūllō modō potest. Emite, marītī, linguās et ex uxōribus vestrīs extrahite sēcrēta!“

Puer parvus patrī: „O, eme“, inquit, „pater, linguam et quaere sēcrēta ē mātre!“

Pater autem eī alapam dūcit, cūnctī rīdent …

L 23:
rōstra: eigtl. „(Schiffs)schnäbel“; Rednerbühne auf dem Forum in Rom, geschmückt mit den Rammspornen 338 v. Chr. erbeuteter Schiffe (siehe Abb. S. 59)
toga pulla: schwarze Toga, die als Zeichen der Trauer angelegt wurde
L. Mūnātius Plancus: Konsul, einer der führenden Politiker Roms am Ende der Republik, später Anhänger des Augustus

▲ *Statue des Aulus Metellus, 1. Jh. v. Chr., genannt „Der Redner“. Florenz, Archäol. Museum*

25 Ein Triumphzug

„Es ist noch gar nicht so lange her", beginnt Polybius zu erzählen, „da gab es hier die großen Triumphzüge für all die Generäle, die einen bedeutenden Krieg gewonnen haben. Jetzt aber ist dieses Privileg allein dem Princeps, dem Kaiser, und seiner Familie vorbehalten. Der letzte war vor ein paar Jahren, als Tiberius den großen Sieg in Pannonien errungen hat. Das wäre bestimmt grandios, wenn wir so etwas hier erleben könnten." Polybius führt die Kinder zu einem großen Relief. „Hier, so geht es in Rom bei einem Triumphzug zu."

Tota urbs, et cives et peregrini, et divites et pauperes, et liberi et servi triumphum spectare et imperatori victori acclamare volunt. Forum et viae totius urbis Romae clamoris eorum plena sunt. Mente fingite, iam longum tempus agmen exspectant.

Tandem agmen longum et senatorum et tubicinum et sacerdotum et captivorum et plaustrorum praedā onustorum apparet. Iam spectatores clamores militum victorum audiunt.

Ecce, quadrigae alborum equorum et milites appropinquant. Triumphator cum servo publico in quadrigis stat. Homines imperatoris nomen vocant, victor eos salutat, toti populo „Feliciter! Feliciter!" magna voce acclamat. Servus coronam supra eius caput tenet et iterum iterumque ei dicit: „Memento: Tu quoque homo es!"

quadrīgae (Pl.): Viergespann

Außer privaten Sklaven gab es auch **servī pūblicī**, Sklaven, die dem Staat gehörten

Post quadrigas milites triumphatori carminibus iocosis illudunt vel laudibus laudant. Spectatores ei militibusque „Io, triumphe, io, triumphe!" acclamant.

via Sacra: führte über das Forum Romanum zum Kapitol

Per viam Sacram agmen ad Capitolium – spectate, illic Capitolium situm est, septem montium urbis maxime arduus – procedit. Ibi victor imperator cum senatoribus deis gratias pro victoria agit et victimarii Iovi Capitolino taurum immolant.

Capitolium: sowohl der Hügel westlich des Forums als auch der Tempel des Jupiter Capitolinus, in dem Jupiter Optimus Maximus, Juno und Minerva verehrt wurden

▶ *Der Triumphzug des Tiberius von 10 n. Chr., nach einen Silberbecher aus Boscoreale bei Neapel. Paris, Louvre*

◀ *Jupiter mit dem Blitzbündel in der Rechten, Juno mit einem Diadem und Minerva mit einem Helm: die Kapitolinische Trias. Die weiteren Attribute von Eule, Adler und Pfau zu den Füßen der Götter sowie die Siegesgöttinnen, die Juno mit Granatapfelblüten, Jupiter mit Eichenblättern, Minerva mit Lorbeer bekränzen, haben sich nicht erhalten. Die sechzehn Zentimeter hohe Fassung der Goldelfenbeinskulptur vom Tempel auf dem Kapitol ist die einzige überlieferte, die eine Anschauung von dem ursprünglichen Götterbild gibt.*

PENSA EXERCITANDA

Wh 1

Als Gruppenarbeit geeignet

Ein wichtiger Zweig der Altertumswissenschaften ist die Erforschung alter Inschriften. Oft sind die Steine, auf denen sie stehen, zerbochen. Dann müssen die Forscher zu den Bruchstücken den restlichen Text ergänzen. Hier sollst Du einfach Proben dieser Kunst kennenlernen.

V entspricht den Lauten u und v;

C ist die Abkürzung für den Namen Gaius;

zu ergänzende Buchstaben werden durch Punkte markiert; ein Punkt auf halber Höhe zeigt eine Wortgrenze an; Ergänzungen, die Du nicht selbst vollziehen kannst, sind auf deutsch gegeben;

auf unbekannte Eigennamen wird verwiesen.

①

HIC·IACET
C·APPIV . Appius: Name
MAGIST . .
LIBERO . . .
MEOR . .

②

HIC·IACE . .
OSSA (die Gebeine)
CORNELI . . (Name)
CARAE·

③

einst besaß ich

MVLTOS·AMIC . .
NVNC·HABEO·VNVM·LOC . .
VALETE·AMIC .

valete: lebt wohl

④

hier ist bestattet

HERIVS·AMICV . Herius: Name
CARVS·CVNCT . .
RELINQVIT·FILI . .
DVOS duo: zwei

⑤

. . .·.ACET
POMPEIA·CAR . . Pompeia: Name
AMICI . .
BONA·PVLCHR . .

⑥

NOMINANT·ME
AVRELI . . (Name)
NVNC·HIC·IACE .
IN·MONVMENT .

⑦

es weiht

. EAE
FORTVN . . (Göttin)
TEMPL . .
ATTIC . . (Name)

Wh 2

Du weißt, daß die Signalteile eines Nomens einen Kasus nicht in jedem Fall eindeutig bestimmen. Dann erleichtert Dir der Kontext die Entscheidung, welcher Fall gemeint ist. Übersetze den folgenden Text:

Simylus plantam* aridam* spectat et dicit:

1a) „*Plantae* aqua deest.
b) Folia* *plantae* marcescunt*.
c) Sine aqua *plantae* non crescunt."

2a) Rusticus *domino* de fortuna mala narrat.
b) Cum *domino* de decuma agit.

3a) *Coloni* saepe misere vivunt.
b) Pomponius de mala fortuna Simyli *coloni* cogitat.

4a) Multis *colonis* saepe ager et hortus nimis parvi sunt.
b) Sine *colonis* Pomponius agros et hortos colere non potest.

23

F 1

Bilde den Gen. und Akk. Sg. von
mos – multitudo – virtus – laus – tempus (!) – genus (!)
Was stellst Du im Vergleich zum Nominativ fest?

W 1

Von welchen Adjektiven sind die Substantive multitudo, pulchritudo abgeleitet? Was bedeuten longitudo und magnitudo?
Von solus (allein) bildeten die Römer solitudo, von sollicitus (besorgt) sollicitudo.
Was drückt das Suffix -tudo aus?

K

Während im Deutschen Adjektive in der Regel vor dem Beziehungswort stehen oder – in Ausnahmefällen – direkt dahinter, können sie im Lateinischen unter Umständen weit von dem Substantiv entfernt sein, zu dem sie gehören (z. B. in Gedichten).
Ordne die folgenden Adjektive richtig (d. h. auch: sinnvoll) den darunterstehenden Substantiven zu:
parvus – miser – magna – onustum – obscurum – exigua – parvum – angusta
via – ager – stagnum – caelum – planta* – plaustrum – multitudo – maritus

24

T 1

Lest den Text 24 durch; schon an Satzzeichen und bekannten Verben (**magnā** voce **clamat** / **appellat**) könnt Ihr erkennen, daß es sich teilweise nicht um erzählerische *(narrative)* Textteile handelt. Welche Aufgabe erfüllt in diesen Textteilen die Sprache?
Bestimmte Wörter unterstützen diese Aussageabsicht durch ihre Bedeutung *(Semantik)*; auch bestimmte Verbformen dienen dieser Aussageabsicht. Man nennt Texte dieser Art *persuasorisch* (**persuādēre:** *überreden, überzeugen*).

W 2

Bilde zu den folgenden Nominalstämmen den Nom. Sg.; was geschieht bei der Aussprache, was beim Schreiben?
reg-/voc-/virtut-/laud-
Gelingt Dir eine entsprechende Bildung auch bei unbekannten Stämmen?
leg- (Gesetz); luc- (Licht); custod- (Wächter); fraud- (Betrug)

Latein und Europa

Mutter Latein und ihre Töchter
Wie heißt das lateinische Wort?

franz.	*ital.*	*span.*	*port.*	*rumän.*	*engl.*
la voix	la voce	la voz	voz	voce	voice
l'homme	l'uomo	el hombre	homem		
l'orateur	l'oratore	el orador	orator	orador	
l'oraison	l'orazione	la oración	oração	oratie	
l'honneur	l'onore	el honor	honra	onorare	honour
le corps	il corpo	el cuerpo	corpo	corp	corpse

25

T 2

Auch der Text 25 enthält Aufforderungen; wie unterscheiden sie sich von denen im Stück 24?

S

a) Multitudo exspectat.
b) Multitudo agmen tempus exspectat.
c) Multitudo agmen longum tempus exspectat.
Welches Wort muß in a), welches in b) ergänzt werden? Welches Wort wird in c) durch „longum" ergänzt?

W 3

Du kennst die Bildung von Wortformen aus Bedeutungs- und Signalteil. Über diese Art der Wortbildung hinaus gibt es weitere Möglichkeiten, Wörter zu bilden, etwa die der Ableitung aus einer anderen Wortart *(Derivation)*. Es ist z. B. möglich, an einen Verbstamm (z. B. ora-) ein Wortbildungselement (z. B. -tor) zu hängen. Dann erhält man das Wort ora-tor; es heißt Redn-er. Mit dem Wortbildungselement -tio bildet man oratio: die Rede. Vielfach entsprechen diese Suffixe -tor/-tio den deutschen Suffixen *-er* und *-ung*.

Übertrage die folgende Liste in dein Heft, und fülle sie aus.

Infinitiv	*Verbalstamm*	*+Element „-tor“*	*+ Element „-tio“*
orare	ora	orator/ Redner	oratio/ Rede (nicht: *Redung)
narrare			
laudare			
audire			
declamare			
liberare			
spectare			
legere			

F 2

Hilfe, ich komme um vor lauter -um!

studium

temporum vocum

amicum capitum

mulierum urbium

civium generum

gaudium gentium

meorum ludum

hominum militum

morum

Finde alle Wörter heraus, die nicht Genitiv sind. Ihre Anfangsbuchstaben ergeben in der richtigen Reihenfolge ein deutsches Wort.

Wie lautet zu den Genitiven der Nom. Sg.?

Z Ein böser Traum

Valerius et Telemachus, Valerii amicus, vesperi Megaram, in oppidum Graeciae, veniunt. Ibi Telemachus aedes avunculi petit. Valerius autem in cauponam devertit.

Avunculus Telemachum libenter recipit; bibunt, narrant, cenant. Denique Telemachus dormit et somniat.

In somnio amicum videt: Valerius in cubiculo stat et multis cum lacrimis clamat: „Eheu! Ades mihi! Caupo me necare in animo habet!“

Statim Telemachus e lecto salit et avunculum excitat. Sed avunculus defessus dicit: „Somnia sunt! Vinum somnia mala excitat! Dormi!“ Et Telemachus paret.

Ecce! Iterum Valerius amico in somnio apparet et dicit: „Nunc sero est. Caupo me plaustro ex oppido portat!“

Telemachus e lecto salit, ex aedibus avunculi ad cauponam currit, neque vero amicum reperit neque amici bona ...

oppidum Stadt • **avunculus** Onkel • **caupōna** Wirtshaus • **dēvertere** einkehren • **recipere** aufnehmen • **dēnique** schließlich • **dormīre** schlafen • **somniāre** träumen • **somnium?** • **cubiculum** Schlafkammer • **lacrima** Träne • **ēheu!** o weh! • **caupō** *(Nom.)* Wirt • **necāre** töten • **lectus** Bett • **salīre** springen • **sērō** (zu) spät • **portāre** tragen, bringen • **vērō** aber • **reperīre** finden • **bona** *(Ntr. Pl.)* Güter, Hab und Gut

Das Forum Romanum

Forum nannten die Römer den zentralen Versammlungs- und Marktplatz ihrer Städte. Das älteste und bedeutendste Forum Roms war das *Alte Forum*, das *Forum Romanum*. In der ehemals sumpfigen Niederung zwischen den Hügeln Palatin und Kapitol wurde schon in der Frühzeit ein Markt- und Versammlungsplatz eingerichtet, nachdem das Gelände durch den Bau der *Cloaca Maxima* entwässert worden war.

Das Forum Romanum war auch in der Kaiserzeit noch das Herz der Stadt, auch wenn inzwischen einige größere und prächtigere Foren, die Kaiserfora, gebaut worden waren. In der alten Mitte herrschte immer Betrieb, denn hier lagen die Gerichtshallen – die Basilica Aemilia und die Basilica Iulia –, sowie das Rathaus, die Curia. Das Forum war das politische und religiöse Zentrum mit Tempeln, von denen etliche seit der Frühzeit Roms hier standen, die nach jedem Brand, nach jeder Zerstörung größer und prächtiger wiederaufgebaut wurden, so der Saturntempel, dessen Wurzeln bis ins 5. Jh. v. Chr. reichen, und der deswegen so bedeutend war, weil unter seinem Sockel gut verschlossen der Staatsschatz lagerte. Das Forum ist auch der Ort der zentralen, uralten Kultstätte, des LAPIS NIGER, unter dem das Grab des legendären Stadtgründers Romulus angenommen wurde.

In der Nähe der Rostra lag der *Carcer Tullianus*, in dem Staatsfeinde und Verbrecher in einem fensterlosen Verließ erdrosselt wurden. Ihre Leichen ließ man zur Abschreckung am Fuß der Treppe zur Burg (Arx) gleich neben dem Kerker ausstellen.

In den mehrgeschossigen Basiliken fanden öffentliche Prozesse statt, bei denen sich stets viele Zuhörer einfanden, um die brillanten Reden der Staranwälte, z. B. eines Marcus Tullius Cicero, zu erleben. Die Verteidiger waren meist politisch einflußreiche und hochangesehene Leute; sie versuchten, nicht nur die Richter, sondern auch das Publikum durch geschickte Rhetorik für sich zu gewinnen; in ihren Plädoyers wurde Zorn, Schmerz und Empörung mit ausdrucksstarker Gestik vorgetragen.

Da im 1. Jh. v. Chr. die politischen Einrichtungen sehr viel mehr Platz beanspruchten als zuvor, wurden für den Verkauf von Waren nun andere Märkte eingerichtet; so fand der „Gemüsemarkt" auf dem *forum holitorium*, der Fischmarkt auf dem *forum piscatorium* statt. Trotz des Baues der Kaiserfora, die einheitlich konzipiert und weit prächtiger als das *Alte Forum* waren, blieb es bis zum Ende der Antike das Zentrum Roms. Hier erfuhr der Römer die aktuellsten Neuigkeiten, hier traf sich, wer Rang und Namen hatte.

Das Forum Romanum in Rekonstruktionsansichten des 19. Jh.

26 „Vae Victis"

Durch eine enge Gasse, in der eine Unmenge Leute geschäftig und laut hin und herhastet, steigen Polybius und die Kinder zum Kapitol hinauf. Auf dieser Anhöhe Roms liegt der wichtigste Tempel des Staates, der Iupiter, Iuno und Minerva gewidmet ist. Endlich Gelegenheit für Polybius, den Kindern die erste richtige „Geschichtsstunde" zu geben.

Clūsium: heute Chiusi, Stadt in Mitteletrurien

Im vierten Jh. v. Chr. brachten keltische Stämme in Norditalien Roms damals noch junge Macht ernsthaft in Gefahr. Ein keltischer Stamm mit ihrem König Brennus hatte Clusium, eine mit Rom verbündete Stadt in Etrurien, gebeten, ihnen Land zu geben. Statt zu verhandeln, riefen die Clusiner sofort die Römer zu Hilfe. Diese schickten jedoch zuerst eine Gesandtschaft zu den Galliern, die in dem Konflikt vermitteln sollte. Die Gesandten indes überfielen mit den Clusinern die Kelten. Vergeblich verlangte Brennus von Rom ihre Bestrafung.

Itaque Brennus bellum Rōmānīs parāvit, Italiam oppūgnāvit, legiōnēs Rōmānās ad Āliam vīcit, petīvit Rōmam. Incolae Rōmae timidī casās relīquērunt et in Capitōlium sē recēpērunt.

tribūnus mīlitum: Oberst, 6 in jeder Legion

Paulō post cibus atque aqua eōs dēfēcērunt. Māgnīs in angustiīs fuērunt Rōmānī, nōn iam habuērunt salūtis ratiōnem. Itaque Sulpicium, tribūnum mīlitum, legātum ad Brennum mīsērunt. Rēx autem eī dīxit:

„Nōs Gallī legiōnēs vestrās ad flūmen Āliam vīcimus, nunc vōs pācem petitis, Rōmānī. Proinde aurum et argentum ē templīs casīsque in forum cōnferte et mīlle pondō aurī argentīque solvite!"

Den Römern blieb nichts anderes übrig, als sich dem Wort des Siegers zu beugen – so wie sie selbst es bisher denen gezeigt hatten, die sie unterworfen hatten. Das Schicksal Roms schien besiegelt, doch ein Wunder geschah: Nach sieben Monaten, in denen Brennus das Kapitol belagerte, zog er mit seinen Truppen wieder ab, weil ein anderer Stamm in sein Gebiet in Oberitalien eingefallen war.

Rōmānī rēgī pāruērunt et aurum argentumque in forum contulērunt. Brennus ea pependit et tribūnō: „Parum", inquit, „solvistis, Rōmānī!"

Tum tribūnus Gallōrum pondera probāvit atque respondit: „Pondera probāvī et fraudem tuam intellēxī. Inīqua pondera adhibuistī, Brenne!"

Tum rēx saevus Rōmānīs „Vae vīctīs!" acclāmāvit et gladium ponderibus īnsuper adiēcit.

Das magische Quadrat

27

Zur Mittagsstunde begeben sich die Kinder mit Polybius zum Haus ihres Onkels A. Aurelius Flaccus und dessen Frau Caecilia, wo sie ihren Vater treffen. Aurelius und Caecilia stammen auch aus Pompeji, leben aber ständig in der Hauptstadt. – Während Pomponius mit seinem Schwager noch geschäftliche Dinge bespricht, kehrt Caecilia mit zwei Dienerinnen von einem Einkaufsbummel zurück. Es gibt ein lebhaftes Wiedersehen.

Caecilia: „Salvete, liberi! Quam gaudeo vos videre!"
Tertia: „Ego ostentatorem audivi! De ranis fabulas narravit."
Lucius: „Tu ostentatorem audivisti – unum solum? Ego turbam ostentatorum audivi: Merces varias vendiderunt, mira dixerunt, forum clamore compleverunt. Heus, Caecilia! Tune athletas in foro spectavisti? Nudis pugnis pugnaverunt."
Publius: „Diu eos spectavimus. Primum spectatores salutaverunt, deinde verbis iurgaverunt, postremo pugnis pugnaverunt et mortui humi ceciderunt."
Caecilia: „Num me illudis?"
Publius: „Minime illusi te. Mortui humi iacuerunt!"

āthlētae in forō: Rom war voll von Gauklern, Feuerschluckern, Akrobaten, Zauberkünstlern, die das Volk belustigten; → Kap. „Alltag in Rom"

Caecilia: „Nonne alia et iucunda in urbe aspexistis? Forane, hortos, Tiberim flumen, aedes magnificas, viam Sacram, tabernas, basilicas, Capitolium ..."
Tertia: „Spectavi aedificia altissima! Nonnumquam ne caelum quidem vidi!"
Caecilia: „Vere alta sunt. Itaque non raro concidunt."
Tertia: „Quid dixisti? Non tibi credo. Pompeiis ..."

basilicae, fora: → Kap. „Das Forum Romanum"
hortī: es gab große öffentliche Parks in Rom

Caecilia: „Ah, Pompeii! De Pompeiis narrate, liberi, de propinquis, de magistro, de schola, de ..."
Tertia: „Ego narrare volo. Domi medicus me visitavit."
Tertia: „Semper garris de medico: Molesta es. Me specta, me audi, Caecilia! Vides enim victorem! Pompeiis in palaestra cucurri atque vici coronamque praemium cepi!"
Caecilia: „Euge, Luci! Bonus athleta es. At non modo currere, sed etiam scholae discere decet!" *(Lucius tacet.)*
Tertia: „Fortasse corpore vales, sed mente parum ..."

Publius: „Ecce, Caecilia! Pompeiis tabulam apportavi. Conviva patris eam servis dedit, ii autem inscriptionem intellegere nesciverunt. Tune scis legere tabulam Pompeianam, Caecilia?" *(Tabulam Caeciliae dat.)*
Caecilia: „Certe legere scio ..."
Lucius ad Publium: „Pater tabulam legere nescivit, neque Lampriscus neque Polybius sciverunt..."
Caecilia: „Ecce, venit Aurelius avunculus. Heus, Aule! Lege nobis tabulam ..."
Lucius *(ad Publium)*: „... neque Caecilia legere scit."

Scitisne vos, magistri et discipuli, tabulam legere atque intellegere?

◀◀ *Ansicht des Kapitols in einer Rekonstruktionszeichnung des 19. Jh.*
▼ *Wandkritzelei aus Pompeji*

Z Wandkritzeleien

Das „magische Quadrat", das Publius seiner Tante Caecilia zeigt, kennen wir u. a. vom Hause des Paquius Proculus in Pompeji. Die Häuserwände Pompejis waren übersät mit Aufschriften und Kritzeleien aller Art, von denen nach der Ausgrabung noch viele zu entziffern waren bzw. sind. Was für uns heute Quelle kostbarer Informationen über das antike Leben ist, war für Pomponius anscheinend eher ein Ärgernis …

Amicus M. Pomponii nomine C. Indutius Sallustianus aliquando Augustā Rauricorum ad Rhenum flumen sitā Pompeios venit et oppidum vidit.
Indutius: Amo oppidum vestrum: pulchrum est et vitae plenum. Quantam multitudinem inscriptionum vidi in cunctis paene muris!
M. Pomponius: Et scribunt et pingunt homines in cunctis aedificiis; molestum est! Etiam in villa M. Holconii Prisci meddicis lego: Hic habitat Minotaurus!
Indutius (ridet): Villa Holconii vere magna est sicut labyrinthus! Sed amice: Estne Vatia aedilis amicus tuus?

▲ *Wandkritzelei aus Pompeji: „Labyrinthus / hic habitat / Min-otaurus"*

M. Pomponius: Quid interrogas?
Indutius: Legi: Vatiam aedilem furunculi rogant!
M. Pomponius: Estne Ampliatus amicus tuus? Legi inscriptionem: Ampliatus fur est.
Indutius: Quid de Celado Thraece?
M. Pomponius: Puellae Celadum amaverunt! Fuit gladiator et saepe vicit –
Indutius: ‚Suspirium puellarum Celadus Thraex …!'
M. Pomponius: Cecidit proximo anno; adversarius miserum Thraecem vicit.
Indutius: Oh, doleo! Sed quid est: Sodoma et Gomorrha? Intellegisne inscriptionem?
M. Pomponius: Non intellego. Scripserunt Iudaei fortasse vel Christiani.
Indutius: Numquam audivi nomen „Christianorum". Mihine narrare scis de Christianis?

▲ *Wandkritzelei aus Pompeji: „… Christianos … Sodoma … Gomorrha …"*

oppidum Stadt • **amāre** lieben • **plēnus, -a, -um** voll von etw. • **quantus, -a, -um** wie/welch groß • **īnscrīptiō, -ōnis** *f.* Aufschrift • **paene** fast • **pingere** malen • **mūrus** Mauer • **meddix, -cis** *traditioneller örtlicher Name für die beiden obersten Verwaltungsbeamten Pompejis* • **habitāre** wohnen • **vērē** tatsächlich • **aedīlis, -is** *m.* Ädil *(hoher Verwaltungsbeamter)* • **furunculus** Schurke • **rogāre** *jd. zu etw.* wählen • **fūr, fūris** Dieb, Halunke • **Thraex, -cis** der Thraker: *Gladiatorentyp* • **suspīrium** (Atmen, Seufzen:) Sehnsucht • **proximus, -a, -um** nächster, *(hier:)* letzter • **adversārius** Gegner • **dolēre** Schmerz empfinden; **doleō** *(hier:)* das tut mir leid • **numquam** niemals

▶ *Bodenmosaik: Porträt eines Athleten, aus den Caracallathermen in Rom. Um 212 n. Chr. Rom, Nationalmuseum*

PENSA EXERCITANDA

26 **T 1**

Textthema – Themaabbruch

Lest den Text 27 sorgfältig durch; dann versucht, ihn in vier Abschnitte zu gliedern. Gelingt das nicht vor dem Übersetzen, so erfüllt die Aufgabe danach.

Überlegt, welche Themen in den einzelnen Abschnitten behandelt werden und wie durch *Aufnahme desselben oder eines inhaltlich ähnlichen Wortes* die Textabschnitte ineinandergefügt sind. Sind die Abschnitte untereinander auch so verknüpft oder findet Ihr hier *Themaabbrüche*? Zur Verdeutlichung spielt den Text mit verteilten Rollen.

“Tip” Ein Themaabbruch liegt vor, wenn in einem Text plötzlich ein neues Thema angeschnitten wird. Ein Themaabbruch ist oft in wörtlicher Rede zu finden und zeigt dann an, daß eine Person das Thema von sich aus wechseln möchte.

W 1

Bei einigen Verben enthält der Präsensstamm gegenüber dem Perfektstamm eine Erweiterung. Bilde zu den folgenden Perfektformen die entsprechenden Präsensformen, und gib an, welches Element weggefallen ist (z. B. studuisse: studere, Element -e-):

vicerunt, reliquisti, movi, cepimus, venistis

F 1

Gib zu folgenden Infinitiven der Vorzeitigkeit (↗ CG 9.2.1) jeweils den Infinitiv der Gleichzeitigkeit und die 1. Sg. Präs. an:

petivisse – vicisse – solvisse – fuisse – reliquisse

T 2

Afer Lydiam interrogavit: „Cur sero venisti?“ Respondit: „Dominae adfui. Convivae* enim venerunt, sed cibi nondum parati erant.“

Welche Perfektformen sind narrativ (erzählend), was drücken die übrigen Perfektformen aus?

S

Cum duo certant, tertius gaudet.

Tertia et Phylaci et Neroni canibus os* unum dedit. Ii magno furore* de osse certaverunt*. Subito felis* accurrit, per fenestram* ascendit, os aspexit abstulitque. In hortum* fugit et ibi os devoravit*. Canes autem valde stupuerunt*.

Übersetze. Welche Vergangenheitsform mußt Du verwenden?

K 1

Löse das folgende Rätsel. Dazu mußt Du die angegebenen Verben in die entsprechenden Perfektformen verwandeln und die Formen in die passenden Kästchen eintragen. Bei den drei aus acht Buchstaben bestehenden Wörtern mußt Du Dich für die richtige Reihenfolge entscheiden. Die Buchstaben ergeben, in der ersten senkrechten Reihe von oben nach unten und in der zweiten senkrechten Reihe von unten nach oben gelesen, einen lateinischen Spruch.

donas
legitis
legunt
probamus
regit
relinquo

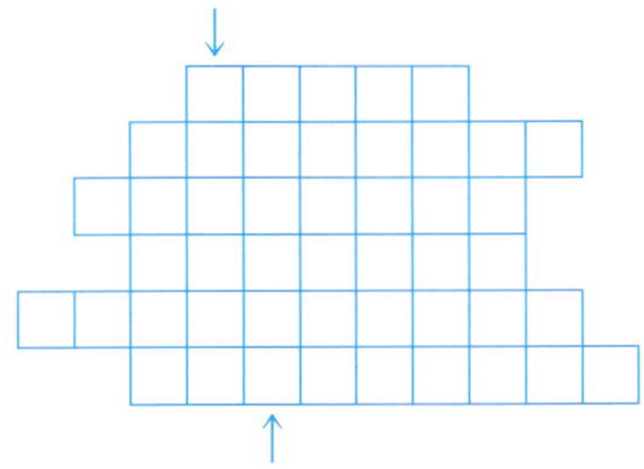

Ü

Ein normaler Schultag

Aus einem antiken Lateinlehrbuch

Ante lucem vigilavi de somno. Surrexi de lecto, accepi a servo caligas*, calciavi* me. Poposci aquam ad faciem, primo manus, deinde faciem lavi, extersi*, deposui albam* paenulam*. Accepi tunicam*, praecinxi* me. Unxi* caput meum et pectinavi*. Processi de cubiculo* cum paedagogo* salutare patrem et matrem. Ambos* salutavi et oscula* dedi, sic descendi de domo.

Eo in scholam, dico: „Ave*, magister!“ Magister resalutat: „Avete, discipuli!“ Ego in prima classe dictatum* excipio*, pertranseo* commentaria*, interrogatus respondeo, declino* genera nominum. Ut haec egimus, magister nos dimisit ad prandium*. Deinde venio domum. Muto, accipio panem candidum*, olivas*, caseum*, nuces*. Bibo aquam frigidam. Post prandium redeo in scholam.

- Wie lautet die Präsensform zu den Perfektformen? Beschreibe die Typen der Perfektbildung, vergleiche dazu die angegebenen Infinitive.
- Im zweiten Absatz findest Du neben dem Perfekt auch das Präsens vertreten. Könntest Du Dir einen Grund dafür denken? Warum kann nicht der ganze zweite Absatz im Perfekt geschrieben sein?

Z

Die Kasus im Text

①

1) Milites Alexandri Macedonum regis clari aliquando piratam* ceperunt et eum Alexandro adduxerunt.
2) Alexander piratam interrogavit: „Qui* potes nautas terrere eorumque bona* diripere?"
3) „Sicut tu orbem terrarum vexas. Sed quia id ergo parvo navigio facio, latro* sum; te autem, quia multis cum militibus facis, imperatorem clarum vocant!"

- Lies den Text durch, und achte darauf, welche Aufgabe die Kasus für die Darstellung der Situation haben.
- Suche die jeweiligen Handlungsauslöser und die direkten Handlungsgegenüber heraus, bevor Du übersetzt.
- In Satz 3 fehlt zweimal die Angabe des Handlungsauslösers – wie erschließt Du ihn?

②

1) Darius rex Persarum cum militibus suis Scythiam invasit.
2) Hostes autem regi potestatem pugnandi non fecerunt.
3) Pontem, ubi Darius rex milites reducere voluit, deleverunt.
4) Multos milites amisit et trepidus* domum refugit*.

In fast jedem Text sind „Leerstellen" zu finden, d. h. bestimmte Informationen werden nicht direkt sprachlich ausgedrückt. Man muß diese „Informationslücken" gedanklich auffüllen, um den Text richtig zu verstehen.

- Wer ist in Satz 2 mit hostes gemeint?
- Welche Information fehlt in Satz 3 und Satz 4 – warum kann sie fehlen?

F 2

Bilde nach den vorgegebenen Mustern Perfektformen:

a) imperat – imperavit:
excitat, visitat, salutat
b) audio – audivi:
scio, saevio, finio
c) adhibes – adhibuisti:
taces, iaces, studes
d) mittimus – misimus:
ludimus, invadimus, intellegimus
e) agunt – egerunt
legunt, capiunt, faciunt (-i- nicht im Perfekt!)
f) caditis – cecidistis:
curritis, penditis (keine Änderung des Stammvokals)

F 3

Iucundum est Rōmae esse. Munera gladiatoria et curricula* magnifica spectare possumus.
Wie formuliert der Rombesucher diese Sätze, wenn er wieder zu Hause ist?

W 2

① Gaudi ist
  a) ein bedeutender indischer Staatsmann
  b) ein Vergnügen
  c) eine Käsesorte

② Ein Dozent ist:
  a) ein Abteilungsleiter
  b) alte Schreibweise für „Dutzend"
  c) ein Hochschullehrer

③ Ein Advokat ist:
  a) ein Rechtsbeistand
  b) ein Kasus
  c) ein alkoholisches Getränk

Latein und Europa

Mutter Latein und ihre Töchter
Wie heißt das lateinische Wort?

franz.	*ital.*	*span.*	*port.*	*rumän.*	*engl.*
le roi	il re	el rey	rei	rege	
la paix	la pace	la paz	paz	pace	peace
l'or	l'oro	el oro	ouro	aur	
le poids	il peso	el peso	peso	pondere	pound
prouver	provare	probar	aprovar	proba	to prove

F 4

In der folgenden Tabelle zu den Perfektbildungen sind die Perfektfomen in die falschen Spalten geraten. Lege eine neue Tabelle an, und ordne die Formen richtig ein.

Achtung! Falsche Einordnung!

Perfektstammbildung durch						
-v-	**-u-**	**-s-**	**Dehnung/ Ablaut**	**Pf.-Stamm = Präs.-Stamm**	**Reduplikation**	**Stammwechsel**
solvistis	fuērunt relīquit dēflēvit	adhibuistī	dedit cecidit ascendit mīsit pāruērunt	vīcimus vīdit mōvit lēgī potuit	occurrit maledīxit	petīvistis aspēxistī pependit invāsit

Die römische Republik (510–31 v. Chr.)

Nach der Vertreibung des letzten (etruskischen) Königs im Jahre 510 v. Chr. wurde Rom zu einer vom Adel regierten Republik. Die Angst vor einer Rückkehr der verhaßten Königsherrschaft saß so tief, daß als Vorsichtsmaßnahme das höchste Amt (Konsulat) dahingehend beschnitten wurde, daß grundsätzlich zwei Konsuln *(Kollegialität)* für jeweils ein Jahr *(Annuität)* die Amtsgewalt innehatten, gleiches galt für die niedrigeren Beamten (quaestor, aedīlis, praetor). Die ausscheidenden Beamten gehörten dem Senat an, einem Gremium, das über Gesetze beriet, die Außenpolitik festlegte, Fragen der Religion klärte u. a. Zwischen den Konsuln als ausführenden Organen und dem Senat gab es keine Differenzen, sondern diese handelten im Sinne des Senats.

Von Anfang an bestimmte der **Gegensatz Patrizier** (Adel) – **Plebejer** (Plebs) das Geschehen in Rom. Über zwei Jahrhunderte zogen sich die **Ständekämpfe** hin, in deren Verlauf die Plebejer für sich politische Rechte wie die Institution des Volkstribuns erkämpften: Der Volkstribun stellte ein Gegengewicht zum Senat dar; durch das Vetorecht (vetō: *ich verbiete*) konnte er Gesetze und Beschlüsse des Senats zu Fall bringen.

Die Außenpolitik der ersten Jahrhunderte war gekennzeichnet durch die Unterwerfung der latinischen Städte, der Etruskerstädte im Norden Roms und der Samniten, eines volkreichen Stammes im Apenningebirge.

Anfang des 4. Jh. gerieten die Römer zum ersten Mal durch einen Stamm aus dem Norden in Bedrängnis: Die **Kelten** unter ihrem Führer **Brennus** fielen in Italien ein und drangen bis Rom vor. Die Schlacht an der Allia (387 v. Chr.) war vernichtend für die Römer.

Trotz vieler Niederlagen gelang es den Römern, aus allen Kämpfen erfolgreich und gestärkt hervorzugehen, so daß Rom im 3. Jh. zur stärksten Macht in Italien wurde. Es konnte nicht ausbleiben, daß Konflikte mit den weiteren Nachbarn entstanden, den Griechen in Süditalien und mit Karthago, der stärksten Handelsstadt im westlichen Mittelmeer, die zudem seit langem auf Sizilien ihre Einflußgebiete hatte.

Die endgültige Entscheidung über die Vormachtstellung im westlichen Mittelmeer brachte der **2. Punische Krieg** (218–202), der von den Karthagern unter der Leitung von **Hannibal**, Hamilkar und Hasdrubal geführt wurde. Zunächst stand die Sache für die Römer sehr schlecht: Hannibal hatte mit seinem Zug über die Alpen, von Spanien kommend, insbesondere durch seine Kampfelefanten, Angst und Schrecken verbreitet. Er schlug die Römer in mehreren Schlachten; bekannt ist die Umzingelungsschlacht von Cannae, in der allein 70 000 römische Soldaten getötet worden sein sollen. Damit schien Roms Schicksal besiegelt zu sein, doch wider Erwarten setzte Hannibal seinen Marsch nicht nach Rom fort. Die Römer hatten so Gelegenheit, neue Kräfte zu sammeln; sie vertrie-

▲ *Sogenannter Altar des Domitius Ahenobarbus, Rom, um 100 v. Chr. Paris, Louvre. Das Relief stellt links einen census dar, d. h. Eintragung der Bürger in die amtlichen Listen gemäß ihrem Vermögen; die Höhe des Vermögens war ausschlaggebend dafür, welchem Heeresteil (Reiterei, Schwerbewaffnete, Leichtbewaffnete) der betreffende Bürger zugeordnet wurde. Rechts ist ein Opfer von Schwein, Schaf und Rind zu sehen, wie es u. a. vor einem Feldzug abgehalten wurde. Links des Altars steht (der anwesend gedachte Gott) Mars, rechts der opfernde Zensor (censor).*

ben schließlich die Punier aus Italien und Spanien und schlugen sie auch in Afrika selbst (Zama 202).

Nach den Punischen Kriegen besaß Rom zwei sehr bedeutende Gebiete als Provinzen: Sizilien, in der Folgezeit Roms Kornkammer, und Spanien mit seinen Silberbergwerken. Unermeßlicher Reichtum gelangte nach Rom, der nach der Zerstörung von Karthago und Korinth (146) noch erheblich zunahm. Doch die Folgen der letzten Kriege und der plötzliche Reichtum brachten neue Probleme: Die römischen Bauern, die jahrelang im Ausland Krieg geführt hatten, kehrten nach Hause zurück und fanden ihre Höfe verwüstet und verschuldet vor, so daß sie gezwungen waren, sie an einen Großgrundbesitzer zu verkaufen. Die Adligen dagegen konnten ihren Grundbesitz deshalb vergrößern, weil sie den Hauptanteil der Beute erhalten hatten, und ihnen jetzt sehr viele Kriegsgefangene als Sklaven zur Bewirtschaftung der Ländereien zur Verfügung standen. Die Leidtragenden waren die kleinen Bauern, die die Kriege geführt hatten und nun kein Land mehr besaßen. Diese unhaltbare und gefährliche Lage wollten die Brüder **Tib. Sempronius Gracchus** und **C. Sempronius Gracchus** (die „Gracchen") durch ein Ackergesetz ändern; sie wurden jedoch ermordet, ihre Reformen weitgehend rückgängig gemacht.

In der Folgezeit zeigte sich, daß die Institutionen der Republik, die ja auf die Verhältnisse einer Stadt und nicht eines riesigen Reiches zugeschnitten waren, den neuen Aufgaben nicht gewachsen waren. So kam es im letzten Jh. v. Chr. zu anhaltenden **Bürgerkriegen** (auch dem berühmten **Sklavenaufstand** des **Spartacus**), die schließlich ihr Ende fanden, als **Augustus 27 v. Chr.** alle Macht im Staat geschickt auf sich vereinigt hatte.

Hannibals Ende

28

Im Laufe des „Geschichtsunterrichtes“ für die Kinder des Pomponius, zu dem Polybius jede Gelegenheit nutzt – und wo bieten sich mehr Anlässe als in Rom? –, kommt er auch auf die Punier zu sprechen, die erst nach drei Kriegen von den Römern bezwungen werden konnten. Vor allem deren genialer General Hannibal machte im 2. Punischen Krieg den Römern schwer zu schaffen, der mit seinem berühmten Alpenübergang den Krieg nach Italien trug und mit etlichen Siegen die Römer an den Rand der Niederlage brachte. Daß die Römer sich dennoch behaupten konnten, hatten sie eigentlich mehr den innenpolitischen Gegnern Hannibals in Karthago als ihren eigenen militärischen Fähigkeiten zu verdanken, dann aber vor allem ihrem nicht minder genialen General P. Cornelius Scipio dem Älteren, der Hannibal auf afrikanischem Boden 202 v. Chr. schlug. Von da an war Hannibal nur noch auf der Flucht vor den Römern, die sich bis ins Jahr 183 v. Chr. hinzog und bei König Prusias von Bithynien mit Hannibals Freitod ihr Ende fand.

Quondam cum legātī Prūsiae, rēgis Bīthȳniae, Rōmae erant et forte apud T. Quīnctium Flāminīnum cēnābant, ūnus ex iīs mentiōnem fēcit dē Hannibale – is enim vīvēbat tum in rēgnō Prūsiae. Postrīdiē Flāminīnus senātōribus id dētulit; dīxit: „Dum Hannibal vīvit, nōs Rōmānī numquam sine īnsidiīs eius vīvimus.“

Tum patrēs legātōs in Bīthȳniam ad Prūsiam rēgem mīsērunt et dēditiōnem Hannibalis, hostis maximī, poposcērunt. Rēx Rōmānīs postulātum recūsāre nōn potuit, quod erat populō Rōmānō amīcus, tamen legātīs dīxit: „Equidem Hannibalem vōbīs dēdere nōn possum, quod hospes meus est atque iūs hospitiī violāre negō. Sed receptāculum eius vōbīs indicāre licet.“

Carthāginiēnsis dōnō rēgis castellum habēbat atque ibī sē tenēbat. Nōn īgnōrābat et Rōmānōrum odium permāgnum et rēgis perfidiam. Itaque cūnctīs in partibus castellī forēs ad effugiendum parātās habēbat.

Mox legātī Rōmānōrum multīs cum mīlitibus castellum circumdābant, cūnctās forēs obsidēbant. Id servus fidus Hannibalī nūntiāvit. Tum Hannibal: „Iam diū“, inquit, „mīlitēs Rōmānōrum exspectāvī. Nimis diū enim mortem meam exspectāverunt, nūllō tempore autem eōs timuī.“ Deinde pōculum venēnī plēnum – id enim semper sēcum habēbat – sūmpsit.

Sīc vir praeclārus annō septuāgēsimō post multōs et variōs labōrēs mortem obiit.

Hannibal: 247–183 v. Chr., Feldherr der Karthager, der mit seinen Elefanten über die Alpen bis nach Süditalien vordrang

Carthāgō: mächtige Rivalin Roms, auf dem Gebiet des heutigen Tunesiens (Nordafrika) gelegen

Prūsias: herrschte zur Zeit des Hannibal über das Königreich Bithynien im nw. Kleinasien

Flāminīnus: röm. Feldherr im 2. Punischen Krieg gegen Hannibal

▶ *Schale mit einem Kampfelefanten, um 250 n. Chr. Rom, Villa Giulia*

▲ *Amoretten (Jungen in der Gestalt des Liebesgottes Amor) spielen mit Delphinen (Mosaik; Paris, Louvre)*

29 Der Junge und der Delphin

Im Hause des Aurelius lebt Hipponax, ein schon älterer Sklave aus Nordafrika, der früher einmal Fischer war, bevor er eines Tages von Piraten verschleppt und in Rom als Sklave verkauft worden war. Er wußte interessant zu erzählen – über die Fauna des Meeres genauso wie ausgemachtes Seemannsgarn: Kein Wunder, daß die Pomponii-Kinder immer wieder seine Nähe suchten; den „Geschichtsunterricht" des Polybius über Rom fanden sie zwar auch nicht langweilig, aber die Erzählungen des alten Fischers faszinierten sie denn doch ein bißchen mehr…

Hippō: Stadt an der Nordküste Afrikas (heute in Algerien)

Numidia: Land in Nordafrika, später römische Kolonie

Iugurtha: numidischer König, der im 2. Jh. v. Chr. gegen die Römer Krieg führte

madeia perimadeia: etwa „tralala"

Hippōne coloniā natus sum in oppido Numidiae. Alto proximum situm est. Itaque Aurelius Hippōnacem nomine me nominavit per iocum. Olim nomen mihi erat Nabdalsae. Id autem avunculo vestro non placuit: Eodem nomine enim appellaverunt amicum Iugurthae, populi Romanorum hostem, Numidarum regem. – Scitisne Hippōnacem, liberi? Poeta fuit Graecus perantiquus, nomen eius significat „equi dominum"! Ego autem piscator sum, equorum ignarus sum carminaque fingere nequeo – nisi „madeia perimadeia".

Ibi – Hippōnem dico – homines pisces capiebant – sicut ego – vel navigabant vel natabant. Imprimis pueris gloria et virtus erat litus in natando longissime relinquere.

In certamine natandi aliquando unus e pueris in alto natabat, cum delphinus ei occurrit. Nunc puerum praecedebat, nunc ei succedebat, nunc circumibat, postremo subibat, deponebat, iterum subibat pavidumque perferebat primum in altum, mox autem flexit ad litora reddiditque eum terrae et comitibus.

Percurrit per coloniam fama: Concurrebant homines, puerum tamquam miraculum aspiciebant, interrogabant, audiebant, factum aliis narrabant. Postridie obsidebant litus, prospectabant altum. Natabant pueri, inter eos, ut pridie, puer nunc praeclarus.

Delphinus rursus ad tempus idem, rursus ad puerum venit: Uni ei puero appropinquavit. Is cum ceteris fugit, delphinus sursum saluit, in undas resiluit variosque orbes explicavit, denique puerum expedivit. Dehinc eadem cottidie acciderunt.

Paulatim liberi timorem delphini deponebant. Iam ei adnatabant, cum pisce ludebant, eum appellabant, tangebant etiam pertractabantque. Crescebat audacia magis magisque cum experimento.

Denique puer adnatavit delphino, insiluit tergo et piscis eum tulit rettulitque. Ex eo delphinus et puer invicem amaverunt et cottidie colludendi causa convenerunt...

Sed – valde doleo finem fabulae maestissimum vobis exponere: Postremo locus quietem suam secretumque perdidit, itaque Hippōnis decurionibus placuit delphinum occulte interficere...

▼ *Fabelwelt des Meeres (Mosaik aus Piazza Amerina / Sizilien; Ausschnitt)*

PENSA EXERCITANDA

28

Wh

atque / ac – autem – deinde – enim – et – et ... et ... – itaque – nam – proinde – -que – quoque – sed – tamen – tanem – tum – postremo

Die genannten Wörter (Konnektoren) verknüpfen sprachliche Aussagen zu Sinneinheiten. Ordne sie nach ihrer Bedeutung unter folgenden Gesichtspunkten:

① Mit Hilfe welcher Konnektoren werden Aussagen **aneinandergereiht**?

② Mit Hilfe welcher Konnektoren werden Aussagen in ihrem **zeitlichen Verhältnis** festgelegt?

③ Einige Konnektoren können Aussagen auch **gedanklich-inhaltlich** verknüpfen und dadurch einer Aussage eine bestimmte Sinnrichtung geben.

Sie können

a) den **Grund** für eine Aussage nennen **(kausal)**.

b) die **Folge** einer Aussage beschreiben **(konsekutiv)**.

c) den **Gegensatz** zweier Aussagen verdeutlichen **(adversativ)**.

d) den **Widerspruch** (Gegensatz, der zu Widerspruch herausfordert: **konzessiv**) verdeutlichen.

T 1

Textthema – Lesererwartung

Lest zunächst den deutschen Vorspann von Text 28; dann übersetzt bis ...vivimus.

Welche Lesererwartung ist geweckt?

Übersetzt den Text weiter; beachtet dabei, wie ein und dasselbe mit unterschiedlichen Bezeichnungen versehen wird, die eine Deutung enthalten.

Sucht die unterschiedlichen Bezeichnungen für Hannibal heraus.

T 2

Überprüfe den Text 28 auf Konnektoren nach der Einteilung der Wh-Übung. Im Text sind die *unterordnenden* Konjunktionen, die man auch *Subjunktionen* nennt, neu. Auch diese lassen sich nach den Gesichtspunkten der Übung Wh (s. o.) einteilen.

T 3

Diogenes philosophus

Aliquando servus vetustus contra iussum e casa* Diogenis philosophi excessit neque recessit. Tum amici philosopho dixerunt: „Servus tuus effugit. Quaere eum! Certe propinquo loco constitit; annis enim iam confectus* est!" Sed philosophus respondit: „Quid dixistis? Servus miser sine me vivere potest et ego, philosophus clarus, non sine servo meo vivere possum?"

1. Übersetze den Text.
2. Welche Verbformen zeigen den Fortlauf der Handlung an? Wie viele Handlungsstufen gibt es in diesem Text? Welche Konnektoren (Textverknüpfer) unterstützen diese Stufenbildung?
3. Wie hast Du die übrigen Perfektformen übersetzt? Welche beiden Aufgaben erfüllt also das Perfekt?

T 4*

Nuntius Alexandro Magno regi Macedonum nuntiavit: „Audi, domine, Darius, rex Persarum magnam militum copiam* collegit*. Adhuc undique in eius castra* confluunt*." Tum Alexander: „Numquam lupus unus multas oves* timuit."

Im letzten Satz ist das Perfekt offenbar zeitlos gemeint. Durch welches Adverb wird diese Zeitlosigkeit verdeutlicht?

S 1.1

Jagd auf Hannibal

1) Unus ex legatis regis Prusiae **in cenando** mentionem* de Hannibale fecit. 2) **Post cenam** Flamininus nuntium novum senatoribus detulit*. Statim legatos ad Prusiam regem de Hannibale miserunt.
3) Rex Prusias autem Romanis dixit: „Hostem vestrum vobis non dedo*, nam hospes meus est.
4) **Hospitii* causā** eum dedere non possum."
5) Legati Romanorum castellum cum militibus circumdabant*, **quod Hannibalem vivum capere volebant**. 6) **Postquam Hannibal mortem obiit***, Romani aliquamdiu* in pace vivebant.

Handelt es sich bei den hervorgehobenen Textteilen um Satzglieder, Gliedsätze oder Hauptsätze?

S 1.2

Formuliere den Text S 1.1 um, indem Du für die hervorgehobenen Textteile die folgenden Bausteine verwendest (der Inhalt soll gleich bleiben):

1) dum cenant – quod ius hospitii violare* nolo – quod hospes est – postquam cenaverunt
2) Post mortem
3) nam Hannibalem vivum capere volebant

Welcher Gruppe von Bausteinen sind jeweils die Begriffe *Satzglieder – Gliedsätze – Hauptsätze* zuzuordnen?

29

T 5

❶ De Diogene philosopho

Diogenes philosophus semper poculum* secum ferebat et eo aquam hauriebat*, cum sitiebat*. Aliquando puerum vidit; is ore suo aquam e fonte* hausit. Tum philosophus poculum abiecit* et dixit: „Semper poculum supervacuum* mecum tuli. Id puer mihi modo demonstravit*."

1. Übersetze. Wo setzt die Handlung der kleinen Geschichte ein? Durch welche Konnektoren wird die Handlung in ihrem *Ablauf* sprachlich noch unterstützt?
2. In welchem Verhältnis zur Handlung stehen die Sätze im Imperfekt?
3. Welche Aufgabe hat das Perfekt in der direkten Rede?

❷ Omnia mea mecum porto

Hostes patriam Biantis – unius de septem sapientibus* – ceperunt. Incolae fugiebant e casis* et opes* suas secum ferebant. Bias solus nihil secum tulit. Dixit: „Omnia mea mecum porto."

Übersetze und erkläre den Wechsel zwischen Perfekt und Imperfekt!

S 2

Puer parvus forte in silva serpentem* cepit et domum tulit. Ibi bestiam multa docebat eamque nonnumquam etiam amicam nominabat.

Parentes autem iterum iterumque dicebant: „Aufer bestiam in silvam. Serpens est, non canis neque felis."

Tandem puer paruit atque serpentem in silvam rettulit.

Et ecce, paulo post in silva ambulabat*: Subito duo latrones* e latebris* saluerunt pueroque imminebant. Tum serpens apparuit et latrones terruit. Ii statim in latebras fugerunt. Sic serpens puerum e periculo servavit.

Erstelle ein Tempusprofil der Erzählung:

- Verben, die Aktion beschreiben
- Verben, die Hintergrundinformationen liefern.

Welche adverbialen Bestimmungen stützen als Indikatoren die jeweiligen Tempora?

Welche Rolle spielt das Tempus im Schlußsatz der Geschichte?

S 3*

Schreibe die Geschichte von Latona und den Lykischen Bauern (Text 22) in eine Erzählung um, die in der Vergangenheit spielt. Entscheide, wo Du Imperfekt bzw. Perfekt einsetzen mußt (salire, Pf. salui).

W*

1. Vergleiche die untereinander geschriebenen Wörter. Welche Lautgesetze stellst Du fest?

corporis corpus	laus laudis	illusi illudo
mores mos	invasisti invadis	eramus sumus

2. Welche „Schreibregeln" stellst Du an folgenden Wörtern fest?

rex, regis – vox, vocis – intellexisti, intellegis – dixit, dicit

K*

Theoderich d. Gr. († 30. 8. 526) konnte zwar lesen, aber nicht schreiben. Zehn Jahre lang übte er, LEGI zu schreiben, um es unter seine Urkunden setzen zu können.

Warum war dieses Wort für ihn wichtig?

Wagenrennen im Circus Maximus (Mosaik, Barcelona)

30 Im Circus Maximus

Weil Pomponius nun zwei Tage geschäftlich zu tun hat, bleiben die Kinder bei Aurelius und Caecilia. Die Jungen erhalten am nächsten Tag die Erlaubnis, sich ein Wagenrennen anzusehen – diesmal werden sie von Chremylus, einem Sklaven des Aurelius begleitet: Polybius hat darum gebeten, sich in Bibliotheken umsehen zu dürfen, wo er nach bestimmten Büchern griechischer Autoren sehen will. Domitilla und Tertia halten sich fast den ganzen Tag im Nachbarhaus bei Freunden der Aurelii auf, in der Hochzeitsvorbereitungen für die Tochter Rufilla im Gange sind.

Chremylus, ein rechtes Schlitzohr, wie die Jungen schnell feststellten, läßt sich von ihnen dazu überreden, nach dem Rennen noch durch Rom zu streifen.

Circus maximus: → siehe Kapitel „Ein Wagenrennen im Circus Maximus"

Sērō Lūcius et Pūblius ad avunculī vīllam rediērunt. Prīmā lūce abierant et ad Circum Maximum contenderant. Aurēlius Flaccus eōs iam diū exspectāverat: „Sērī rediistis! Caecilia vōbīs valdē suscēnset, quod tam diū āfuistis. Poenam meruistis."

Tum Pūblius: „Quod facinus commīsimus? Quam poenam nōbīs excōgitāvistī? Postquam in Circō Maximō curriculīs equōrum māgnificīs interfuimus, aliquamdiū urbem circumiimus. Splendida, furiōsa – et curriculum et cūncta alia!"

Lūcius frātrem interrupit: „Numquam vīdimus equōs tam māgnificōs!"

Ein spannendes Wagenrennen

31

AURELIUS: „Narrate de curriculis!"

LUCIUS: „Primum equos non videbamus. Agitatores eos in carceribus tenebant, in quibus initium curriculi exspectabant. Iam spectatores sponsiones fecerant de ea factione, cui favebant."

AURELIUS: „Dic mihi: Quae factio vicit: albata, prasina, veneta, russata?"

factio albata, prasina, veneta, russata: weiße, grüne, blaue, rote Partei

LUCIUS (qui quaestionem eius ardore narrandi non accepit): „Super spinam erant septem delphini ..."

PUBLIUS: „... quorum numerus spatiorum numerum indicat."

LUCIUS: „Subito vir summā in caveā surrexit, qui mappam in arenam iecit. Ubi eam iecit, statim equi cum agitatoribus, qui in quadrigis stabant, e carceribus evolaverunt. Iam primus delphinus cecidit. Clamor undique, dum quadrigae spinae appropinquant. Multi tympana secum habebant, quibus crepabant atque agitatores incitabant. Iam equi praeter spinam volabant, iam ei metae appropinquabant, quae dimidium spatii indicat. Subito quadrigae factionis russatae, quae proximae spinae erant, eam paene rotā tetigerunt; iam ii, qui de factione albata sponsionem fecerant, conclamaverunt, sed agitator russatus quadrigas salvas circum metam egit. Post eum ceteri quoque agitatores circum metam cucurrerunt, ad carcerem redierunt, secundum spatium ineunt, quod secundus delphinus indicat ..."

AURELIUS eum interrupit: „Dic cito: Quae factio primo curriculo vicit?"

LUCIUS: „... et ultimo spatio quadrigae factionis russatae, quibus nemo favebat, vicerunt. Laetus agitator, quem cuncti celebrabant, praemium accepit. Eheu! Magnificum spectaculum!"

Tum AURELIUS: „Mehercules! Ego quidem semper russatae factioni faveo."

Nunc CAECILIA: „Tace, Luci," inquit „de circo, cuius spectacula avunculum vestrum nimis commovent atque perturbant, ut ego censeo."

▲ *Die Delphine im Circus Maximus, Vorrichtung zum Zählen der Runden (Mosaik, Barcelona)*

Ein Wagenrennen im Circus Maximus

Der Circus Maximus (circus: Ring, Kreis) nimmt das schmale, langgestreckte Tal zwischen Palatin und Aventin ein; die gesamte Anlage war 635 Meter lang und 110 Meter breit, die Länge der Rennbahn betrug 590 Meter. Er ist heute noch zu sehen.

Er war der größte (daher sein Name), prächtigste und bedeutendste der stadtrömischen Circi. Seine Tribünen boten z. Zt. des Augustus 60 000 Zuschauern Platz, nach Umbauten unter seinen Nachfolgern schließlich 190 000. Ursprünglich zu Reiterkämpfen und militärischen Spielen, auch Gladiatorenkämpfen und Tierhetzen, genutzt, gewann der Circus Maximus die größte Bedeutung für die Durchführung von Wagenrennen.

An einer Schmalseite lagen die Boxen (carcerēs), in denen die Gespanne bis zum Start warteten. Durch das gegenüberliegende Tor zogen die Gespanne ein, nach der Veranstaltung verließen die Sieger hierdurch die Rennbahn. In der Mitte der Rennbahn verlief eine Mauer (1,75 m hoch u. 5,80 m breit), die spīna; an ihren Enden standen je zwei Kegelsäulen, metae, Wendepunkte, die es für die Gespanne möglichst eng zu umfahren galt. Außer Statuen und einem Obelisken aus Heliopolis (heute auf der Piazza del Popolo) befanden sich auf der spīna sieben Marmoreier und sieben silberne Delphine, jeweils auf Holzgestellen, von denen je einer nach Ende einer Runde herabgesenkt wurde.

Vor Beginn eines Wagenrennens zog eine Prozession (pompa), die vom Kapitol aufgebrochen war, in den Circus ein. Sie nahm ihren Weg durch das Haupttor und zog einmal um die Bahn, voran römische Jugendliche zu Fuß und zu Pferd, dann die Gespanne, die den anschließenden Wettkampf austrugen, dann Waffentänzer, Chöre und Musikanten; es folgte ein Opferzug mit Götterbildern und Priestern – das Wagenrennen war religiösen Ursprungs –, am Schluß der Beamte, der die Spiele ausrichtete, begleitet von Freunden und politischen Anhängern.

Wenn der Zug sich aufgelöst hatte, wurden die Vorbereitungen zum Start getroffen. Die Gespanne – meist Viergespanne – warteten in den carceres auf ihr Zeichen: Unter Trompetenklang erhob sich der Beamte und warf ein weißes Tuch (mappa) in die Arena. Siebenmal umrundeten nun die Wagen die spīna; jeder Fahrer versuchte, sie möglichst eng zu umkurven, wobei häufig Unfälle passierten; wenn die Wagen einander berührten, war es geschehen: ein Rad wurde abgerissen, die Pferde gingen durch und rissen den Fahrer, der die Zügel um den Körper geschlungen hatte, aus dem Wagen heraus, wenn er es nicht mehr schaffte, sie mit einem kleinen Messer, das er immer bei sich trug, durchzuschneiden. Schlimmstenfalls wurde er von den Pferden zu Tode geschleift; da nützte dann auch die Schutzkleidung (Sturzhelm und Körperbandagen aus Leder) nichts mehr. Tödliche Unfälle kamen oft vor, auch sehr geübte Fahrer, die schon mehr als hundert Rennen gewonnen hatten, blieben nicht verschont, wie wir auf entsprechenden Grabsteinen lesen können. Die Begeisterung der Zuschauer

▼ *Mosaik mit Wagenlenkern und Leitpferden der vier factiones in den Farben Blau, Grün, Weiß, Rot. Rom, Röm. Nationalmuseum*

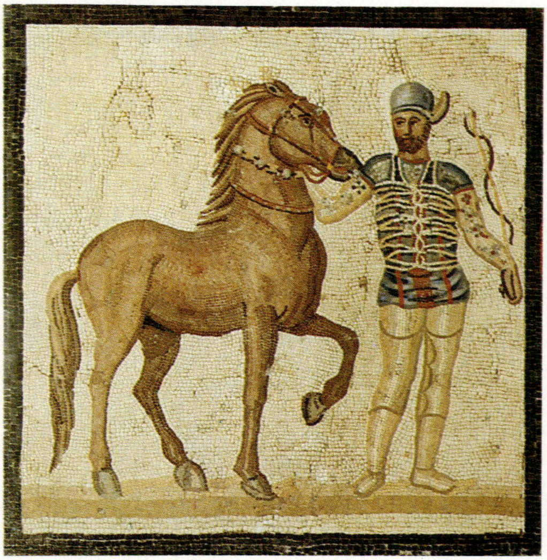

▲ *Das Zentrum Roms in der Kaiserzeit. Plastisches Modell im Museum der Röm. Kultur, Rom / EUR. Das Modell zeigt auch die Gebäude, die erst nach Tiberius entstanden sind wie z. B. das Kolosseum oder die Kaiserpaläste auf dem Palatin (am oberen Rand des Circus Maximus, der vorne zu sehen ist).*

wurde durch solche Vorkommnisse nicht getrübt, das Rennen lief selbstverständlich weiter.

Die Römer wetteten leidenschaftlich gern, und nicht wenige ruinierten sich dadurch. Logisch, daß die Rennen im Circus Maximus Schwerpunkte für diese Leidenschaft bildeten! Ursprünglich gab es zwölf Rennen pro Tag, später wurde die Zahl auf 24 erhöht.

Die Rennfahrer wurden wie Stars verehrt; ihr Privatleben, wird berichtet, war reich an Liebesaffären; sie konnten riesige Beträge kassieren, auch wenn der eigentliche Siegespreis nur aus einer Palme bestand.

Die Fahrer waren in Gruppen aufgeteilt, die durch vier Farben (rot, grün, blau, weiß) unterschieden wurden. Aus ihnen bildeten sich Parteien (factiones), deren Konkurrenz im Zirkus auf innenpolitische Rivalitäten überragen wurden. Von der weißen und roten hieß es, daß sie in Opposition zum Kaiser stünden, sie waren relativ unbedeutend; die grüne wurde vom Kaiser unterstützt und vom Volk favorisiert, Adel und Senat unterstützten die blaue Partei. Oft kam es in der Stadt zu leidenschaftlichen Auseinandersetzungen, die nicht selten zu blutigen Straßenschlachten mit vielen Opfern führten.

32 Camillus und die Kinder von Falerii

M. Furius Camillus gehörte bei den Römern zu den berühmtesten Gestalten ihrer frühen Geschichte. Die Sagen, die über ihn erzählt wurden, enthalten bei aller Phantasie deutlich einen geschichtlichen Kern. Die im folgenden Text berichtete Auseinandersetzung mit der Stadt Falerii fand 394 v. Chr. statt. Zwei Jahre zuvor hatte Camillus die etruskische Stadt Veii erobert. Anschließend zog er gegen die Falisker in Südetrurien zu Felde, weil sie die Etrusker gegen die Römer unterstützt hatten.

Faliscī: Einwohner der Stadt Falerii in Südetrurien, nördl. von Rom

Fortuna belli diu varia erat. Dum Romani urbem Falerios oppugnant, servus Graecus nonnullos pueros, quorum patres apud Faliscos principes erant, cottidie ex urbe in campos ducebat – erat enim eorum magister –, ut semper in pace fecerat.

Aliquando autem eos non in campos, sed in Romanorum castra ad Camillum duxit atque ei tradidit. „Falerios urbem“, inquit, „tibi unā cum liberis principum Faliscorum trado.“

Camillus autem, ubi eius verba audivit, respondit: „Nec ad ducem nec ad populum scelestum cum scelesto munere venisti, serve sceleste! Quamquam Falisci nobis hostes sunt, tamen natura inter nos atque eos societas humana est, quae cunctos homines iungit: Sunt enim et belli et pacis iura. Arma non contra pueros inermos, sed contra armatos viros cepimus. Tu Falerios scelere et perfidiā vincere cupis, ego urbem hostium Romanis artibus atque armis vincere volo, sicut et Veios vici.“

Camillus, postquam verba dixit, magistrum pueris tradidit. Ii autem perfidum virum virgis, quas Camillus dederat, verberaverunt et Falerios reduxerunt.

Z De libris Sibyllinis

Nach Aulus Gellius, Noctes Atticae XIX 12,7

Sieh Dir hierzu noch einmal die Lektion 21 (Caput VII) an! – Tarquinius Superbus, von dem im folgenden Text die Rede ist, war der letzte (etruskische) König Roms Ende des 6. Jh. v. Chr. Ihm wurden Gewalttaten und Volksfeindlichkeit vorgeworfen.

Mulier senex atque ignota ad Tarquinium Superbum regem adiit et novem libros ei attulit. „Divina oracula tibi affero et vendo, si vis“, dixit. Tarquinius pretium ex eā quaesivit; mulier immensum poposcit. Rex eam derisit: „Mente capta es!“ Tum mulier foculum coram eo cum igne apposuit et tres libros ex novem deussit; deinde regem interrogavit: „Reliquosne sex eodem pretio emere vis?“ Sed Tarquinius id risit multo magis repetivitque: „Iam sine dubio deliras!“ Mulier statim tres alios libros exussit et iterum placide rogavit: „Tresne reliquos nunc eodem pretio emis?“
Tarquinii os iam serium fit; ea constantia incertum eum reddit: et libros tres reliquos ĕmit eodem pretio atque id, quod petiverat senex pro omnibus. Sed eam mulierem tum, postquam a Tarquinio discessit, postea nemo usquam vidit. Libros tres Tarquinius in sacrarium condidit, „Sibyllini“ appellati sunt.

senex, *Gen.* **senis** alt • **novem** neun • **afferre, attulī** (herbei-)bringen • **dīvīnus, -a, -um** göttlich • **ōrāculum** Weissagung • **vendere, vendidī** verkaufen • **pretium** Preis • **immēnsus, -a, -um** unermeßlich • **poscere, poposcī** fordern • **dērīdēre** auslachen • (→ S. 77)

PENSA EXERCITANDA

Wh

Ordne die Imperfekt-Formen von esse nach folgendem Muster in Deinem Heft, indem Du anstelle der grauen Felder die passenden Endungen einfügst:

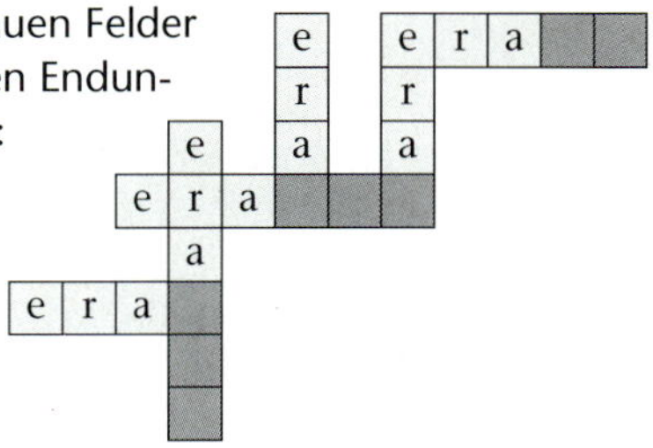

30

F 1

Setze neben die folgenden Formen die dazugehörige 1. P. Sg. Präs., und kennzeichne die sich entsprechenden unterschiedlichen Teile der Stämme.

reliquit – egerunt – misi – cesseratis – adiuvimus – aspexisti – narraveram – venistis – ascendit – habueras – cucurrit – cecideras – vicerunt

F 2

Stämme suchen ihre Endungen!

Vervollständige mit den Bausteinen rechts die links verlangten Formen:

dux – 2. P. Sg. Plpf.
audiv – 3. P. Pl. Plpf.
reliqu – 2. P. Pl. Pf.
quaesiv – 3. P. Pl. Pf.
eg – 2. P. Pl. Plpf.
ascend – 3. P. Sg. Pf.
habu – 3. P. Sg. Plpf.
adiuv – 1. P. Sg. Pf.

era – era – era – era

tis – t – nt – s – mus – istis – it – i – erunt

31

T 1

Thema und Einzelaussagen zu einem Thema

a) Lest im Text 31 den Abschnitt Subito ... indicat, und versucht, ihn zunächst inhaltlich ungefähr zu beschreiben.

Übersetzt dann Schritt für Schritt, und achtet darauf, wie der Zeitablauf der Erzählung im Text verknüpft ist.

Bedenkt: Der Zeitablauf wird bereits durch die Reihenfolge der Erzählschritte deutlich, wozu dienen dann die Zeitadverbien?

b) Zweiter Textverknüpfer sind Pronomina: Zeigt, wie die gesetzten Pronomina durch den Kontext ihre *Verweisfunktion* auf das Vollwort, das sie vertreten, erfüllen können!

S 1

In den folgenden Sätzen mußt Du jeweils unter drei Konjunktionen die sinnvolle heraussuchen:

1) Equi, *postquam / quamquam / quod* vir mappam* iecit, e carceribus* evolaverunt*.

2) Aurelius: *Postquam / Ut / Quod* factioni* russatae* faveo*, de ea sponsionem* facio.

3) Vae* mihi! Perii, *nisi / quod / ut* actio russata vicit.

4) Aurelia: *ubi / quod / quamquam* mulier est parca*, liberalitatem* coniugis* non probat.

mente captus, -a, -um verrückt • **foculus** kleiner Herd • **cōram** *beim Abl.* vor • **īgnis, is** *m.* Feuer • **appōnere, -posuī** hinstellen • **trēs, tria** drei • **de-, exūrere, -ussī** verbrennen • **reliquus, -a, -um** übrig(geblieben) • **sex** sechs • **multō magis** viel mehr • **repetere, repetīvī** wiederholen • **dubium** Zweifel • **dēlīrāre** wahnsinnig sein • **placidus, -a, -um** sanft • **rogāre** fragen • **ōs, ōris** *n.* Gesicht, Miene • **sērius, -a, -um** ernst • **fit** sie wird • **cōnstantia** Standhaftigkeit, • **incertus, -a, -um** unsicher • **reddere, reddidī** *(hier:)* (jmdn. zu etw.) machen • **omnēs** *(Pl.)* alle • **tum** *(hier:)* darauf • **posteā** später • **nusquam** *Adv.* nirgends • **sacrārium** Tempel • **condere, condidī** *(wo?: Akk.)* verwahren • **appellātī sunt** sie wurden genannt

5) Aurelius iratus est, *nisi / ut / quod* uxor eum reprehendit.

6) Ausnahmsweise hat Aurelius einmal auf die „Grünen" gesetzt:
„O me stultum! Cur non de factione russata pignus posui*, *ut / dum / quod* semper feci!

S 2
Sprichwortsalat
Hier sind sechs antike Sprichwörter durcheinandergeraten. Welche Hälften passen zueinander?

① a) Multos timet,
b) Bis* dat,
c) Qui non est mecum,
d) Quod non est in actis*,
e) Quem sors* mulcat*,
f) Cuius regio,

② a) est contra me.
b) non est in mundo*.
c) eius religio.
d) qui cito* dat.
e) mox mors sulcat*.
f) quem multi timent.

S 3
„quod" oder „quod"

Praemium, quod
- victor acceperat, parvum fuit.
- nimis parvum erat, victor non accepit.

Welche Übersetzungsmöglichkeiten gibt es für quod?

K
Störenfried!

quae	lex	clamor	meus
quam	dux	orator	meo
quarum	pax	uxor	meorum
quis	vox	honor	me

Ü
Sentenz
In magnis voluisse sat est.

W 1
Das Substantiv societas ist mit dem Suffix -tas aus dem Nomen socius (Begleiter) abgeleitet und bedeutet „Gemeinschaft, Gesellschaft".
Welche Bedeutung haben also folgende Substantive mit dem Suffix -tas?
caritas – duritas – humanitas – iniquitas – libertas – maturitas – propinquitas

W 2
Spanisch
Du kommst als Tourist nach Spanien. Einige Wörter, die Du dort in der Zeitung erkennst, mußt Du nicht mehr in einem Wörterbuch nachschlagen:
el arte – el campo – reducir – responder – la sociedad
reducir und *responder* lassen sich an der Endung als Verb erkennen, wenn man Lateinkenntnisse hat. Warum?

T 2*
- Sieh Dir nach Übersetzung des Z-Textes „De libris Sibyllinis" (S. 76) noch einmal genau die Tempora an.
- Lege eine Tabelle für alle Tempora an, die im erzählenden Text vorkommen (d.h. außerhalb der direkten Reden), und ordne die entsprechenden Prädikate ein: Welche Aufgabe haben die Perfekt-, welche die Imperfektformen? Welche Informationen liefert das Plusquamperfekt im Verhältnis zu den Begebenheiten, die im Perfekt bzw. Imperfekt beschrieben werden?
- Wie sind in diesem Gefüge die Präsensformen zu erklären?

Gruppenarbeit:
- Setzt den Text in eine Bildfolge (Comic) um. Bei welchem Tempus habt Ihr Schwierigkeiten, die Reihenfolge des Textes einzuhalten, warum?

32

Der Baukran

33

Obwohl die Jungen Aurelius und Caecilia mit ihrer Unpünktlichkeit in Sorge versetzt hatten, dürfen sie am nächsten Tag allein losziehen, allerdings nur unter dem festen Versprechen, sich am Mittag bei einem befreundeten Buchhändler in der Nähe des Forums einzufinden, wo Aurelius sie erwarten will.

Lucius in clīvō Argentāriō cōnstitit: „En, Pūblī! Venī citō ad mē!"
Publius accurrit et: „Quid est, Lūcī?" ait. „Cūr stupēs?"
Lucius: „Nōnne māchinam vīdistī? Eius nōmen nesciō. Numquam anteā tantam rotam vīdī. Vidēsne hominēs, quī eī īnsunt? Pedibus eam movent!"
Publius: „Egō etiam eōrum vōcēs audiō."
Lucius: „Quam ingemīscunt labōre! Iī, quī rotam movent, certē servī sunt."
Publius: „Quī in rotā labōrāre dēbent, prōfectō miserī sunt! Mē miseret eōrum ..."

clīvus Argentārius: von Nordwesten auf das Forum führende abschüssige Straße, an der die Silberschmiede ihre Werkstätten hatten

◀ *Relief vom Grabmal der Haterii, Rom. Hebemaschine, Bauten und verschiedene Grabeinrichtungen, ca. 100 n. Chr. Vatikan, Museo Gregoriano*

34 Beim Buchhändler

bibliopōla: Buchhändler (griech. Fremdwort). Die Bücher, die der bibliopōla verkaufte, sahen anders aus als die Bücher, die wir heute lesen: Es waren Rollen aus Papyrus, die von Hand angefertigte Abschriften enthielten und daher recht kostbar und teuer waren.
Einige dieser Papyri sind bis heute erhalten geblieben. Man hat sie vor allem in Ägypten gefunden, wo sie vom heißen Wüstenklima konserviert wurden.

Postquam ad bibliopōlae tabernam advēnērunt, statim ad Aurēlium cucurrērunt, quem extrēmā tabernae parte cōnspēxerant; sermōnem habēbat cum aliquō virō. Interrogāvērunt eum dē māchinā, quam vīderant. Is priusquam respondēre potuit, tacuit: Bibliopōla enim, quī puerīs īgnōtus erat, sē interposuerat: „Avunculus vester eōrum est virōrum doctōrum, ad quōs ea, quae quaeritis, nōn pertinent."

Aurēlius rīsit: „Proinde nārrā tū dē eā māchinā! Scīmus enim: Vir es perītus māchinārum cūnctārum!"

Bibliopola: „Est, ut dīcis, Aurēlī! Ea māchinātio, cuius tympanum vīdistis, puerī, māchina trāctōria est, quam Graecī „geranon" vocant. Iī, quī eī īnsunt, pedibus rotam, cui Graecē nōmen est „tympanum", ut dīxī, movent et sīc māgna pondera tollunt."

Lucius: „Illūdis nōbīs! Hominēs pedibus numquam pondera tollere possunt."

Bibliopola: „Nēminī illūdō: possunt. Calcandō enim operāriī māchinātiōnem incitant, quae fūnēs crassōs legit. Nōnne eōs vīdistis?"

Publius: „Certē vīdimus."

Vitrūvius: Architekt und Ingenieur zur Zeit Caesars und Augustus'; verfaßte ein (erhaltenes) Werk „Dē architectūrā librī decem"

Bibliopola: „Eīs fūnibus operāriī lapidēs tollunt, quibus aedificiō opus est. Sī spectāre vultis: Ēditiō pulchra mihi est librōrum Vitrūviī dē architectūrā, quī dēscrīptiōnem aedificandī continent cum līneāmentīs māgnificīs."

Lucius: „Prō Iuppiter! Venī, Pūblī! Redī mēcum ad eam māchinam, quae tanta pondera tollit!"

Publius: „Curre tū sōlus! Egō Vitrūviī librōs spectāre praeferō! *(ad bibliopōlam)* Architectūrae enim valdē studeō, imprīmīs māchinātiōnibus cūnctīs."

35 Brand in der Subura

In Pompeji eilt Lampriscus heute hastiger als sonst zurück zur Villa der Pomponii. Eben hat er die neuesten ACTA DIURNA auf dem Forum von Pompeji gelesen und abgeschrieben. Die ACTA DIURNA waren eine Art Wandzeitung mit amtlichen Nachrichten, die in der Kaiserzeit von einem Presseamt, das einem Procurator unterstand, redigiert wurden. Sie enthielten Staatsangelegenheiten, Hofereignisse, Tagesneuigkeiten und wurden im ganzen Reich ausgehängt; sehr aktuell konnten sie außerhalb Roms natürlich nicht sein. Eingeführt wurden sie 59 v. Chr. von Caesar.
Die Nachricht, die Lampriscus heute zur Eile veranlaßt, versetzt Aurelia in Unruhe. Schließlich befinden sich ihre Kinder in Rom.

Mense Iunio incendium inauditum Urbem afflixit et regionem vetustam, quae est Subūra, paene vastavit.
Clades initium cepit ab ea parte Circi Maximi, quae Palatio Caelio-

que montibus finitima est. Coeperat ignis in tabernis aliquibus, ventus flammas agitabat, primum merces magni pretii, deinde circi latus corripuerunt, loca plana percurrerunt, loca alta ascenderunt, cito spatium non longum usque ad itinera vicosque angusta Subūrae confecerunt, quia nec templorum muri nec quid aliud interiacebant.

Ignis erat violentiā invisā. Vicorum angustiae atque flammae vigiles valde impediverunt, qui statim hamis, dolabris, centonibus, siphonibus suis subvenerant flammasque exstinguebant.

Ubique liberi et senes in viis errabant, salutem sibi comparabant, ubique mulieres infantes suos quaerebant. Viri fortitudine magnā quidem, qui invalidos iuvabant, eo modo tamen vigiles impediebant. Saepe flammae homines in iis quoque partibus, in quas fugerant, cingebant et interficiebant.

Postremo viae et campi conferti erant eis, qui salutem sibi comparaverant. Multi autem de vita desperabant: Qui fortunas amiserant, qui parentes aut uxores aut liberos e flammis non eripuerant, mortem petiverunt, quamquam fugere potuerant.

Nonnulli non modo vigiles exstinguendo prohibuerunt, immo vero ipsi facibus aedificia incenderunt atque bona diripuerunt, ubi incolae fugerant.

Post longum tempus vigiles sub monte Esquilino tandem flammas exstinxerunt, postquam per magnum spatium aedificia proruerunt: Sic enim ignibus campus vacuus obstabat.

Numerum hominum mortuorum aut aedificiorum, insularum, aedium, quas incendium deleverat, praefectus Tiberio Augusto nuntiare nondum potuit.

Subūra: lebhaftes, lautes Viertel Roms mit Lebensmittelmarkt, Buden, Kneipen, galt als Ganovenviertel
hama: Feuereimer; **dolābra:** Brechaxt, **centō:** Matratze, Kissen; naß gemacht zum Löschen verwendet; **sīphō:** Feuerspritze
praefectus vigilum: Kommandeur der Feuerwehr
Imperātor Tiberius Augustus: römischer Kaiser (14–37 n. Chr.), Nachfolger des Augustus

▲ *Brandschutzmauer zwischen dem Forum des Augustus und der Subura*

◀ *Vornehmes Paar mit Kutsche im dichten römischen Verkehr (Relief; Nationalmuseum Stockholm)*

▲ *Spielende junge Leute. Malerei in einem Grab an der Via Portuense in Rom. 2. Jh. n. Chr. Rom, Nationalmuseum*

◀ *Die Via Biberatica („Pfefferstraße") in Rom vermittelt einen Eindruck vom Aussehen der Innenstadt des alten Roms.*

▶▲ *Eine Kinderprozession. Wandgemälde aus Ostia. (Rom, Vatikanische Museen)*

▲ *Laden eines Weinhändlers*
▶▲ *Laden eines Gemüsehändlers*

Plastische Modelle nach Reliefs.
Rom / EUR, Museum der Röm. Kultur

Alltag in Rom

Wie viele Einwohner die Stadt Rom in der frühen Kaiserzeit hatte, ist nicht genau bekannt – man schätzt ca. 700 000 bis eine Million. Doch daß das Zentrum Roms hoffnungslos überfüllt war, berichten mehrere antike Autoren übereinstimmend. Gedränge, Lärm, Staub und Gestank herrschten tagsüber in den engen Gassen der Wohnquartiere. Wegen der Menschenmenge auf den Straßen galt für sämtliche Fahrzeuge tagsüber striktes Fahrverbot; die Lastkarren rollten deshalb nachts durch die Gassen. Für Personen gehobenen Standes, insbesondere für Damen der Gesellschaft, war die Sänfte ein beliebtes Transportmittel.

▲ *Mosaik in Ostia: Darstellung der öffentlichen Getreideverteilung*

In Rom wohnte man – sehr reiche Familien einmal ausgenommen – bei weitem nicht so komfortabel wie in kleineren Städten, z. B. in Pompeji. Doch hätten sicher nur wenige das prickelnde Großstadtleben mit all seinem Glanz, den Wagenrennen und den Gladiatorenkämpfen, gegen die Langeweile einer Kleinstadt eintauschen wollen.

Wegen der Grundstücksnot wurde in Rom möglichst hoch gebaut, dennoch waren die Mieten sehr teuer, was wiederum Spekulanten dazu veranlaßte, ohne Rücksicht auf Verluste beim Bauen die Sicherheitsvorschriften zu umgehen; noch die letzte Dachkammer wurde vermietet, denn der Wohnraummangel war groß; über die gesetzliche Haushöhe (etwa 6–7 Stockwerke) hinaus wurden oft sogar noch windige Holzverschläge in mehreren Etagen auf die Mietshäuser gesetzt; so waren Hauseinstürze und Brände an der Tagesordnung.

Der Bewohner der obersten Geschosse war in der Regel arm und lebte beschwerlich, nicht nur, weil er bei Feuer oder Einsturz als erster dran glauben mußte: Für jeden Gang zur Toilette und zum Wasserholen mußte er die vielen Stufen nach unten steigen. Die Römer hatten zwar Wasserleitungen, doch wurde das Wasser nicht in die oberen Stockwerke gepumpt. Und kein Wunder, daß mancher seinen Nachttopf von oben auf die Straße leerte.

Generell waren die hygienischen Verhältnisse weit besser als etwa im Mittelalter oder z. B. in den Slums der Großstädte der Dritten Welt heute, gab es doch eine vorzügliche Wasserversorgung; Rom erhielt über 11 Aquädukte (Abb. S. 92/93) bestes Trinkwasser, das mit Sicherheit besser war als unseres heute. Zwar verfügte nicht jedes Haus über einen Wasseranschluß, doch es gab praktisch an jeder Straßenecke einen öffentlichen Brunnen. Noch heute fallen die vielen Brunnen der Stadt dem durstigen Touristen angenehm auf, eine öffentliche Einrichtung, die bis in die Antike zurückreicht. Ebenfalls hervorragend war das Abwassersystem.

Ein großstädtisches Nachtleben kannten die Römer nicht; hierzu fehlte auch die äußere Voraussetzung, nämlich eine Straßenbeleuchtung; nach Einbruch der Dunkelheit wurde es still und unheimlich auf den Straßen; abgesehen von Wachtposten und den Fuhrleuten der Lastkarren trieben sich um diese Zeit nur lichtscheue Gestalten herum und vielleicht noch einige Spätheimkehrer, die, ohne ausreichenden Begleitschutz, oft genug niedergeschlagen und ausgeraubt wurden.

Bei Tage jedoch war für Unterhaltung aller Art gesorgt. Wenn man bedenkt, daß ungefähr ein Drittel des Jahres aus offiziellen Feiertagen bestand, an denen der Römer nicht arbeitete. Wenn man bedenkt, daß ein Großteil der städtischen Bevölkerung ohnehin keiner geregelten Arbeit nachging, sondern von den täglichen Nahrungsmittelspenden der Reichen und später der Kaiser lebte, wird klar, wie wichtig der Faktor Ablenkung durch Vergnügungen war. Es gab gigantische Feste, die unser Vorstellungsvermögen völlig übersteigen; so soll z. B. die Einweihungsfeier des Amphitheatrum Flavium (des sog. Kolosseums) 80 n. Chr. hundert Tage gedauert haben, in denen Tausende von Tieren getötet wurden. Es bot über 70 000 Zuschauern Platz. Diese Veranstaltungen verschlangen natürlich Unsummen, und immer glanzvollere und aufwendigere Feste wurden ersonnen.

PENSA EXERCITANDA

33

Wh 1

cuius – cui – quae (3) – quam – quas – quem – qui (2) – quibus – quod – quorum

Bestimme die Kasus der Relativpronomina, und stelle die entsprechenden Formen von is, ea, id daneben. Beschreibe die Unterschiede!

S 1

In welcher Funktion werden die Formen von is, ea, id jeweils verwendet?

1) Lucius avunculum non invenit. Forte **eius** amicus adest, quem de machina* interrogare potest.

2) Lucius, postquam bibliopola* omnia explicavit*, iterum ad **eam** machinam cucurrit.

3) Aurelius amico illudit; **is** autem **eius** verba neglegit.

4) **Ea**, quae cognoscere vis, tibi explicare possum.

5) Vidistine funes* crassos*, Luci? **Iis** funibus operarii* pondera magna tollunt.

T 1 34

Lesererwartung

Übersetzt das Stück 33, und lest den Text mit verteilten Rollen. Welche Lesererwartung weckt er?

Übersetzt nun den Text 34, und zeigt, wie die Lesererwartung erst weiter gespannt und dann schrittweise erfüllt wird.

Untersucht dazu beide Texte wieder auf die textverknüpfenden Pronomina hin.

Wh 2

In den folgenden Sätzen sind die Aussagen mit falschen Konnektoren verknüpft. Setze die Konnektoren an die richtige Stelle, und prüfe durch die Übersetzung, ob Du sie richtig gesetzt hast.

1) Operarius* rotam movet, quamquam eam pedibus calcat*.

2) Homines, ut rotam movent, pondus tollunt.

3) Servi, quamquam maxime laborant, pondera tollere possunt.
4) Si mihi credis, curre ad machinam* atque eam specta, Luci!
5) Tu mihi, ubi puto*, bene machinam explicare* potes, Aureli.
6) Lucius, dum machinam vidit, avunculum de ea interrogavit.
7) Pueri, nisi explicationem* audiverunt, iterum ad machinam cucurrerunt.
8) Operarii, postquam calcant, clamant.
Bei welchen drei Sätzen verstoßen die Konnektoren sowohl gegen den Sinn als auch gegen den richtigen Tempusgebrauch?

W 1

Latein im Alltag

Jetzt beginnt wieder die Zeit des Advents. – Er ist Doktor der Philosophie. – Das Landesmuseum Trier hat ein sehr interessantes Lapidarium. – Pond ist eine physikalische Einheit. – Die Rotation des Rades wird beschleunigt. – Wir traten kräftig in die Pedale. – Diese Maschine bezeichnet man als einen Traktor.

S 2

Nachrichten aus dem Mittelalter

(Wittius, Historia Westphaliae)

Magna pestis* eo anno MCD Coloniae regnavit*. Multi, qui nondum mortui, sed ultimum spiritus trahebant, inter mortuos sepulti sunt*.
Maritus quidam uxorem suam, quae paene mortua erat, sepelivit; anulum*, quem ei dono dederat, in eius digito* reliquit.
Quae duo fures* animadverterunt*, noctu* sarcophagum* effosserunt* et aperuerunt. Digitum eripere coeperunt.
Mulier, quae in alto somno fuerat, spiritum resumpsit* et se erigere coepit.
Timore exanimati* fures fugerunt. Mulier autem domum suam rediit et multos annos cum marito suo feliciter* vixit.
Übersetze: Wie gibst Du die verschiedenen Formen von suus und den Genitiv eius wieder? Welche Unterscheidungen nimmt das Lateinische im Gegensatz zum Deutschen vor? Wann findet man eius, wann eine Form von suus?

T 2

Überprüft nach dem Übersetzen von Text 35 die Tempusverwendung in den Abschnitten 2 (ab clades ...) und 4 (ab ubique).
Unterscheidet nun anhand Eurer Beobachtungen zwischen den Erzählschritten, die stetig aufeinanderfolgen und eine „Zeittreppe" ergeben, bei denen jede Stufe ein Erzählschritt ist, und den Partien, die im Imperfekt gehalten sind. Wozu dienen sie?

S 3

① a) Cleopatra eximiae* pulchritudinis* fuisse dicitur.
b) Cleopatra eximia pulchritudine fuisse dicitur.

Warum sind Genitiv und Ablativ hier gleichermaßen geeignet, eine Eigenschaft zu bezeichnen?

② a) Hoc anno vir minima* virtute consul est.
b) Ille consul minima virtute esse putatur.

In welchem Satz ist die Wendung „minima virtute" Prädikatsnomen, in welchem Attribut?

W 2

Italienisch

la luce – il circo – magnifico – l'inizio – lo spazio – sorgere – il spettacolo – correre – sempre

Du kennst die lateinischen Wörter und damit auch die Bedeutungen dieser italienischen Vokabeln!

W 3

Französisch

la machine – la voix – courir – répondre – rire – mouvoir – le pied – l'édifice – l'incendie – la part – le mont – le cirque – la flamme – l'espace – le préfet – l'homme – mort

Nenne das lateinische Basiswort, und gib die Bedeutung des französischen Wortes an.

F

Verbinde die Formen von is, ea, id nach den Regeln der KNG-Kongruenz mit folgenden Substantiven:
annus – amici – dominarum – equis – fabulas – forum – herbae – hora – locum – rustici – servos – verbo – villae – virorum – vitam

36 Im Marcellustheater

Ganz Rom spricht von einer fantastischen Inszenierung der Komödie „Miles gloriosus" des Plautus. Caecilia schlägt Publius und Domitilla vor, sich diese Aufführung anzusehen, die mit den Darbietungen der „Provinzbühne in Pompeji", wie sie sagt, nicht zu vergleichen ist. Vor allem der Schauspieler Demetrius hatte es ihr angetan. – Beide werden neugierig und sagen gespannt ja. –

Chremylus, der Diener der Aurelii, begleitet sie. Je näher sie dem Theater, das unweit des Forums zwischen Kapitol und Tiber liegt, kommen, um so dichter wird die herbeiströmende Menge.

dissignator: Platzanweiser
tessera: Eintrittsmarke

▼ *Komischer Schauspieler (Wandgemälde aus Pompeji)*

Ante theātrum dissīgnātor tesserās, quās Chremylus prōspēxerat, cūriōsus probāvit et, dum ōstium ante sē situm mōnstrat, iīs dīxit:

„Nōn hoc est ōstium, ubi intrāre dēbētis, līberī!" Chremylō partem intrandī ostendit: „Illud ōstium convenit, ubī statuam dīvīnī Augustī vidēs!"

Chremylus mediōs per hominēs cōnfertōs līberīs viam aperuit et ad sēdēs dūxit. Hīs, postquam cōnsēdērunt, ille dīxit: „Īgnōscite, līberī, atque nōlīte, quaesō, indicāre dominō Aurēliō: Hanc cōmoediam ferē ē memoriā recitō! Itaque – egō hinc discēdō! Exspectāte mē post spectāculī fīnem!" – et ē caveā discessit.

Domitilla cūriōsa circumspexit. Quanta turba! Quantus clāmor! Illī cantābant, hī garriēbant. Hī pulvīnōs in sēdibus lapideīs posuerant, illī ē corbulīs, quās sēcum portāverant, iam placentās sūmēbant et edēbant.

▼ *Rekonstruktionszeichnung des Marcellus-Theaters, vom Tiber aus gesehen*

„En, Pūblī“, clāmāvit. „Vidē fēminam istam! Īnfantem suum prōfectō sēcum portat ... et hunc virum: Persōnam sibi induit!“

Tandem histriō ille nōmine Dēmētrius, dē quō Caecilia nārrāverat, in scaenam prōcessit et dēclāmāvit:

„Iam cōmoedia incipit! Iam ōmittite istud edere, bibere, garrīre. Et īnfantēs istōs, quōrum vāgītum ūsque ad scaenam audiō, statim ē theātrō ēmittite! Animōs attendite huic mīlitī, quī in scaenam nunc prōcēdit, et illī parasītō, quī ...“ Iam tōta cavea in plaudendō sē paene cōnsūmpsit.

Hochzeitstag

37

Mit besonderer Neugier hatte Domitilla die Hochzeitsvorbereitungen im Nachbarhaus verfolgt und sich dabei mit Vibia, der Schwester der Braut, angefreundet. Diese selbst, Rufilla, war die ganzen Tage in höchster Aufregung gewesen. Jetzt war es soweit ...

Am Morgen

Primā luce mater cubiculum filiae intravit et eam e somno excitavit: „Surge, Rufilla! Cuncta ad nuptias parata sunt.“

Iam diu ante hoc festum pater auspicia observaverat, et quod secunda erant, cunctos propinquos amicosque invitaverat.

Rufilla magnam noctis partem non dormiverat. Pater eam Tito destinaverat, cum vix duodecim annos nata erat. Ex illo tempore anulum ferreum gerebat, quem sponsum ei tum dederat.

Mense Maio quindecim annos compleverat. Titone revera nubere volebat? Isti Tito cum nitido tum incerto ...? Mentem suam bene probaverat? ... Sed nemo assensionem ex ea quaesiverat ...

Ubi se lavit, mater ei vestimenta praebuit: „Indue hanc tunicam albam, hanc pallam et has soleas croceas. Deinde impone capiti hoc flammeum teque orna hāc coronā myrteā! O quam venustam ...!“

tūnica alba: weißes Untergewand; **palla:** faltenreiches Obergewand der röm. Frauen, bei der Hochzeit safrangelb; **solea crocea:** safrangelbe Sandalen; **flammeum:** der feuerrote Brautschleier

▼ *Die sog. Aldobrandinische Hochzeit, Fresko aus einem Haus auf dem Esquilin in Rom. Die Braut sitzt auf dem Hochzeitsbett. Frauen links und rechts bereiten die Zeremonie vor. Vor dem Bett Dionysos. Augusteische Zeit. (Rom, Vatikanische Museen)*

▶ *Eine Braut (mit ihrer Mutter und einer Dienerin) wird zur Hochzeit zurechtgemacht (Wandgemälde aus Pompeji)*

▶▶ *Frauengruppe mit älterem Mann und Kind als Zuschauer (Ausschnitt aus dem Wandgemälde „Theseus und Minotaurus“ aus Pompeji; Nationalmuseum Neapel)*

Das Fest

Tandem Titus cum parentibus advēnit. Etiam amici propinquique advenerunt. Postquam Iunoni – huic enim deae conubium curae est – sacrificaverunt eiusque gratiam pro sponsis imploraverunt, una e matronis dextras Rufillae sponsique iunxit. Titus sponsam interrogavit: „Esne parata mater familias esse?“ et illa ei respondit: „Parata sum.“ Tum cuncti „Feliciter!“ atque „Bene vivite! Multos liberos date!“ conclamaverunt eisque dona tradiderunt. Has post caeremonias usque ad multam noctem cenaverunt, biberunt, narraverunt, cantaverunt, saltaverunt.

dextrārum iūnctiō: „Vereinigung der rechten“ (Hände) – Akt der Eheschließung

Qui etiam nunc pedibus stabant, Tito viam facibus illuminaverunt, dum ille novam nuptam, postquam e matris gremio rapuit, ad suam villam secum ducit puerisque nuces spargit. Amici hymenaeos cantaverunt, „Talassio, talassio“ clamaverunt atque marito uxorique carminibus lascivis illuserunt. Haec autem maesta erat, quod matrem reliquerat.

nuptam ... rapit: ein Brauch, der auf den sagenhaften „Raub der Sabinerinnen“ zurückgeht, bei dem sich die (frauenlosen) Römer Frauen raubten
hymenaeī (griech.): Hochzeitsgesänge
Talassiō: Hochzeitsruf (Bedeutung unklar)
lānea vitta: wollenes Band
adeps suillus: Schweinefett

Ubi turba ebria ad villam Titi advenit, Rufilla postes laneis vittis ornavit et limen adipe suillo inunxit, quod auspicium opulentiae futurae coniuges novi existimant. Titus primus aedes intravit, caput e foribus protulit rogavitque: „Quisnam es, mulier? Quod nomen tibi est?“ Illa ei: „Ubi tu Gaius, ego Gaia“ respondit, ut mos erat. Tum amici Rufillam supra limen tulerunt, amicae autem eam in atrium duxerunt; ibi Titus nuptam exspectavit eique aquam ignemque praebuit.

Ubī tū Gāius egō Gāia: das „Ja“ der Braut; Gaius / Gaia sind formelhafte kultische Namen für den Bräutigam und die Braut

Nunc amici amicaeque eos reliquerunt et atrii ostium clauserunt.

Frauen und Mädchen

Gemessen an heutigen Möglichkeiten waren die Perspektiven für Frauen und Mädchen nur sehr begrenzt. Ein eigenständiges Leben, *nicht* an der Seite eines Mannes, war nicht vorgesehen.

In jeder Lebensphase stand eine Frau unter der Vormundschaft eines Mannes, zunächst ihres Vaters, nach dessen Tod eines männlichen Verwandten (Onkel oder Bruder), und nach der Heirat unter der des Ehemannes.

So endete die Kindheit einer jungen Römerin aus gutem Hause gewöhnlich im Alter von 14–16 Jahren, manchmal schon mit 12, wenn sie von ihrem Vater verheiratet wurde; anders als die Jungen hatte sie keine Jugendzeit. Die Wahl des Ehemannes, oft eines wesentlich älteren Mannes, bestimmten die Eltern: Dies war eine ernste Angelegenheit, bei der es weniger um Zuneigung, als vielmehr um Ansehen und Einfluß der Familie des künftigen Ehemannes und – ganz entscheidend – um das Vermögen ging. Sie selbst erhielt vom Vater eine Mitgift, die in den römischen privaten Verhältnissen eine sehr wichtige Rolle spielt. Kommt es nämlich zur Scheidung, was sehr oft geschieht, dann muß der Ehemann seiner Frau ihr Vermögen zurückgeben, so daß sie es bei einer neuen Heirat wieder einsetzen kann.

Die Zukunftsperspektive und die Erziehung eines Mädchens waren also darauf ausgerichtet, daß es heiratete, Hausfrau und Mutter wurde; anders als bei jungen Männern aus gutem Hause blieb ihre Schulbildung in der Regel auf die Elementarschule beschränkt, in der Mädchen und Jungen gemeinsam lediglich 4–5 Jahre lang Lesen, Schreiben und Rechnen übten; von ihrer Mutter oder einer Dienerin angeleitet, lernte das Mädchen alle Fertigkeiten, die mit der Kleiderherstellung zusammenhängen: spinnen, weben und sticken. Es war nämlich allgemein üblich, daß die Frauen die Kleidung der Familie selbst anfertigten. Darüber hinaus spielten einige Musikinstrumente, v. a. die Kithara. Auch hochgebildete Frauen gab es in der römischen Gesellschaft, die sich in Literatur und Philosophie auskannten und selbst Gedichte u. a. verfaßten. Leider stammen alle Informationen über Frauen und Mädchen aus männlicher Feder; es existieren, mit einer Ausnahme, keine Berichte von Frauen über sich selbst.

Mädchen und Frauen trieben auch Sport, wie ein Mosaik aus der spätantiken Villa von Piazza Armerina (Sizilien) eindrucksvoll zeigt. Sie üben hier einige Disziplinen des Fünfkampfs aus, nämlich Weitsprung, Diskuswurf und Laufen.

Ein römischer Schriftsteller empört sich über Frauen, die als Fechterinnen auftraten, in seinen Augen eine schlimme Geschmacklosigkeit. Immerhin erfahren wir, daß eine solche Betätigung, wenn auch nicht schicklich, so doch möglich war.

Die Zeiten, in denen Frauenrollen im Theater von Männern gespielt wurden, sind längst passé; in Rom gab es Schauspielerinnen, heiß begehrt, wenn auch mit sehr schlechtem Ruf; für eine ehrbare Römerin schickte es sich nicht, Theater zu spielen, manche tat es trotzdem.

Für Hausarbeiten wie Putzen, Spülen, Lebensmitteleinkauf, aber auch Kochen, waren Sklaven und Sklavinnen zuständig, nur in armen Familien ohne Dienstboten mußte die Ehefrau diese als sehr niedrig geltenden Arbeiten selbst verrichten, sonst bestand ihre Aufgabe in der Beaufsichtigung und Organisation der Hausarbeit. Die Kleinkinder der Begüterten wurden oft von Sklavinnen (Ammen) betreut.

Die Texte dieses Buches handeln in der frühen Kaiserzeit, im 1. Jh. n. Chr., einer Zeit, in der, verglichen mit der Zeit der Römischen Republik, die Sitten wesentlich moderater geworden waren. Beispielsweise wurde eine Frau, die des Ehebruchs überführt worden war, nicht mehr getötet – für einen Mann hatte solche Härte nie bestanden. In der Kaiserzeit empfand man diese Ungleichbehandung dann doch als zu kraß.

▲ *Porträt der Livia (aus Basalt; Paris, Louvre)*

Die **Mitgift** verschaffte der Frau eine gewisse Unabhängigkeit, denn seit der Kaiserzeit galten nicht mehr die strengen Heiratsregeln der Zeit der Republik, bei denen eine erwachsene Frau ihrem Ehemann direkt unterstellt war, sondern sie blieb auch nach der Heirat unter der Vormundschaft ihres Vaters, was größere Unabhängigkeit vom Ehemann zur Folge hatte. Ihre individuelle Lebensweise, ihre Freiheiten in den genannten Grenzen waren vielfältig, sie hingen vor allem von ihrem Vermögen ab:

- Viele Frauen der Oberschicht hatten über ihre Ehemänner und Söhne großen Einfluß auf die Politik, auch wenn sie selbst kein öffentliches Amt bekleiden konnten;
- sie übernahmen die Verwaltung und Kontrolle über die Landgüter
- eine gutaussehende junge Frau hatte ebenso wie ihr Ehemann vielfältige Kontakte, wenn sie wollte;
- sie besuchte Theater, Gladiatorenspiele, Wagenrennen nach Zeit und Belieben, denn die Kinder waren in der Obhut von Bediensteten;
- anders als in Griechenland nahm sie an Gastmählern teil;
- sie besuchte die Bäder oder trieb Sport.

Wie überall gab es glückliche Ehen, die ein Leben lang hielten. Dabei scheint es in der Regel entscheidend gewesen zu sein, ob Kinder geboren wurden. Viele Kinder, vor allem Söhne (Erben) zu haben, war den kinderlieben Römern äußerst wichtig. Entsprechend groß war das Ansehen einer Frau mit mehreren wohlgeratenen Kindern. Damals war die Kinder- und Müttersterblichkeit in allen sozialen Schichten erschreckend hoch. Wenn eine Frau nach zehn Geburten drei Kinder behielt, konnte sie sich glücklich schätzen. Insofern hatte die Sorge und die Konzentration auf die Kinder einen ganz anderen Stellenwert als heute, denn der Verlust eines Kindes durch Krankheit war auch damals schrecklich, aber viel häufiger als heute.

Auf Grabinschriften ist zu lesen, welche Eigenschaften römischer Ehefrauen von ihren Männern und erwachsenen Söhnen, besonders geschätzt wurden:

- Häuslichkeit,
- Keuschheit,
- Gehorsamkeit,
- Sparsamkeit,
- Verzicht auf elegante, teure Garderobe, Schmuck, Frisur etc.,
- Fertigkeit im Spinnen und Weben,
- Frömmigkeit, aber in Maßen.

Jedoch brachte es die oben genannte Art der Eheanbahnung mit sich, daß Trennungen oft unvermeidlich waren; sie galten nicht als unschicklich; eine einfache Formel vor Zeugen genügte, um sich zu trennen, wobei die Scheidung vom Mann oder von der Frau ausgehen konnte. Neben der Unverträglichkeit der Partner gab es vor allem folgende Scheidungsgründe:

- Kinderlosigkeit – ein sehr häufiger Grund, für den immer die Frau verantwortlich gemacht wurde,
- Möglichkeit einer besseren Partie,
- Untreue der Ehefrau – die wurde von Ehemännern gern vorgeschoben, weil sie bei einer derart schweren Verfehlung einen Teil der Mitgift behalten konnten,
- Krankheit des Partners,
- sein oder ihr Aussehen ließ zu wünschen übrig.

Daß der Ehemann seiner geschiedenen Frau mit der Scheidung die Mitgift zurückgeben mußte, stellte ihn oft vor unlösbare Probleme. Die gemeinsamen Kinder blieben beim Vater, was zur Folge hatte, daß sehr viele Kinder unter der Obhut einer Stiefmutter aufwuchsen. Die Gesetzgebung unter dem ersten Kaiser, Augustus,

▼ *Römische Frauen im Bikini bei sportlicher Betätigung. – Mosaik des 4. Jh. n. Chr. (Piazza Armerina/Sizilien)*

war darauf ausgerichtet, daß möglichst viele Kinder geboren und großgezogen würden. Denn damals bestand die Gefahr eines erheblichen Bevölkerungsrückgangs. Folgende Gesetze wurden deswegen erlassen:

- Familien mit drei und mehr Kindern erhalten finanzielle Vergünstigungen;
- eine geschiedene oder verwitwete Römerin unter 50 Jahren *muß* spätestens nach zwei Jahren wieder heiraten, andernfalls droht eine Geldstrafe.

Fremdartig erscheint uns manche Frauenbiographie, etwa die der Livia, der dritten Gemahlin des Kaisers Augustus, einer in der Antike als vorbildlich angesehenen Frau von hoher Intelligenz und großem Einfluß in der Politik. Augustus ließ sich, so berichtet Sueton, der vor allem die Klatschgeschichten des Kaiserhofs der Nachwelt überliefert hat, von seiner zweiten Frau scheiden, um unmittelbar darauf Livia zu heiraten, die er ihrem Ehemann wegnahm, obwohl sie hochschwanger war. Die Ehe mit Livia hielt dann, obwohl zu beider Kummer kinderlos, bis zu Augustus' Tod.

PENSA EXERCITANDA

36

T

Lest und übersetzt das Lesestück 36, dann spielt einer von Euch den Abschnitt 2 so, daß hoc ostium – illud ostium durch Zeigen als unterschiedliche Ortsangaben verdeutlicht werden.
Seht nun den vorletzten Abschnitt auf die Verwendung von hic hin an: Ist hier ebenfalls mit Zeigebewegungen die Bedeutung des Pronomens zu verdeutlichen?

E

Thais habet nigros, niveos Laecania dentes.
Quae ratio est? Emptos ... habet, ... suos.
Ergänze illa bzw. haec, so daß die Zuordnung die Pointe stützt.

W 1

Der folgende Kurzdialog stammt aus einem Dialogbüchlein für Schüler, die im 17. Jhdt. auf Lateinschulen lateinisch geführte Dialoge zu halten hatten. Die Szenen sind dem Schüleralltag entnommen:

GERHARD: Apage* te hinc, hic locus meus est.
ERICH: Estne profecto? Huncne locum tuum dicis?
GERHARD: Dico. Ego hic sedi, tu illo loco. Reliqueram librum, quem tu mihi removisti*, hic pro signo.
ERICH: Iste tuus liber, quem non tetigi, illic iacet.
GERHARD: Meus est locus, ubi nunc sedes.
ERICH: Iam praeceptorem* video.
GERHARD: Iam cedo ...

Lest den Text mit verteilten Rollen, und versucht dabei, die Pronomina durch Zeigebewegungen zu veranschaulichen. Auf welches Zeigefeld verweist welches Pronomen?

Ü 1

Geschichten aus dem Mittelalter

Weisheit zu verkaufen!

Erat rex, qui cum amicis aliquando in forum oppidi regni sui venit. Viderunt inter ceteros mercatores senem quendam, qui ante se habuit mensam vacuam. Stupebant* cuncti. Rex autem illum virum interrogavit: „Tu, quid vendis?" Ille respondit: „Sapientiam vendo."
Cuncti riserunt. Tum rex ille: „Quanti est ista tua sapientia?" – „Centum vel milium marcarum vel totius vestri regni." Rex: „Emo istam sapientiam centum marcarum!"
Postquam pecuniam illi dedit, accepit hoc documentum*:
QVIDQVID* AGIS, PRVDENTER AGE AC RESPICE* FINEM.
Quamquam comites regis valde ridebant, rex hoc verbum minime parvi existimabat, sed cottidie illud documentum secum portabat. Quin etiam illud verbum super vestes, super mensalia* et balneamina* scripsit.
Aliquando nonnulli coniuratores* contra regem coniuraverunt* et constituerunt* eum per tonsorem* occidere.
Ille autem voluntate* Dei, dum regem tondit*, oculos suos ad scripturam* illam, quae erat in balneamine, intendit* et legit verbum. Expavuit* totusque tremuit* et regi totam coniurationem* detexit*.
Sic rex illa „sapientia", quam centum marcarum emerat, vitam suam servavit.

Der Genitiv ist der Kasus der Bereichsangabe (↗ CG 5.1.2). Versuche zu beschreiben, bei welchen Ausdrücken in diesem Text Genitive daher einen *Wert* oder *Preis* bezeichnen.

37

S

1) Aurelius, qui factioni* russatae* favet*, valde commotus* est.
2) Quae curriculo* acciderunt, Aurelius auribus erectis curiosusque* audit.
3) Aurelius: „Quae mihi narravisti, Luci, me valde excitaverunt."
Welche Satzglied-Positionen nehmen die Relativsätze ein?

W 2

Geschichten aus dem Mittelalter

Der Teufel und die Nonne
(nach Caesarius von Heisterbach)

Viele mittelalterliche Texte handeln davon, wie Teufel versuchen, Menschen zu verführen. In der folgenden Erzählung wird berichtet, wie ein Mädchen, das Nonne werden will, von Teufeln (diaboli, daemones) daran gehindert werden soll.

Satanas*, cunctorum daemonum* dominus, alios daemones convocavit* et dixit:
„Quid hic statis, pigri diaboli? Nonne videtis in terris puellam illam, quae iam parata est, se ... illi ... illi – nomen appellare mihi non licet – tradere? Statim auferte illam puellam! Trahite illam ad me!"
Daemones valde dominum suum metuerunt, in terram volaverunt et puellam ad satanam trahebant. Se invicem incitaverunt:
„Trahe istam, frater! Hic adsum tibi. Aufer puellam istam."

Puella autem sinistrā* manū (Hand, Abl.) crucem* cepit et signum crucis fecit. Daemones autem, ubi eum viderunt, metuerunt et fugerunt.
Satanas eos iam procul aspexit et clamavit:
„Cur illinc* fugistis? Quid statis hic? "
Responderunt autem: „Eheu*! Puellam capere non potuimus. Invocavit* enim illam ... illam ..."
Satanas: „Iam intellego. Invocavit illam – illam – mulierem –, matrem – illius!"

1) Übersetze und überprüfe dabei die Aufgabe der drei Pronomina hic, ille, iste. Warum muß der Teufel sich mehrfach mit einem Pronomen behelfen?
2) Warum sagt er nicht hic oder iste?
3) Vergegenwärtige Dir anhand des Textes noch einmal die Funktion von is, ea, id.

Ü 2

Tod in Florenz

Florentiis quondam iuvenis* haec in somnio* vidit:
Leo* lapideus*, qui ante ecclesiam* urbis stabat, eum momordit* necavitque*.
Postridie cum nonnullis amicis ad illam ecclesiam venit et eis de illo somnio narravit. „Vae tibi! Hic est leo iste," amici dixerunt et riserunt. „Iam te petit mordetque," unus ex eis clamavit. Et ille iuvenis dextram in fauces* leonis tetendit his cum verbis: „Morde me, bestia saeva!" Hoc momento* temporis concidit pallidus* tamquam mortuus. Scorpio* enim in faucibus leonis latebat et aculeo* venenato* suo iuvenem vulneraverat.
Paucis horis post iuvenis ille mortem obiit.

Z Eine freche Antwort

Qui Caesaris temporibus Romae vivebant, multa de facetiis Publilii Syri narraverunt, qui natione Syrus fuit.
C. Iulis Caesar, cui Syri facetiae placebant, eum servum emerat semperque eius iocis gaudebat. Aliquot annis post P. Syrus clarus comoediarum poeta exstitit.
Aliquando Caesar cum Publilio amicum visitavit, qui forte servum crassum increpuit: „Improbe! Homo furcifer! – Nonne servum videtis, amici? Iam duas horas in sole iacet dormitque."
Publilius autem ei homini: „St!" inquit, „Tace, domine! Certe servus tuus hydropicus est. Itaque in sole iacet et aquam calefacit."

facētia Scherz, Witz • **nātiō, -ōnis** *f.* Abstammung • **emere, emō, ēmī** kaufen • **iocus** Spaß • **aliquot** *(undeklinierbar)* einige • **exsistō, exstitī** heraustreten, hervorheben, sich erweisen als • **vīsitāre** besuchen • **crasssus, -a, -um** beleibt • **increpāre, increpuī** schelten • **furcifer** Galgenstrick • **duo, duae, duo** zwei • **sōl, sōlis** *m.* Sonne • **dormīre** schlafen • **hydrōpicus, -a, -um** wassersüchtig • **calefacere** erhitzen, warm machen

„Cumuli"– Rekorde

38

Domitilla ist in die Lektüre einer Schriftrolle vertieft, die Polybius in Rom gekauft und ihr zum Lesen gegeben hat. Sie liest laut, wie das damals und noch weit bis ins Mittelalter hinein üblich war.

Die Schriftrolle enthält eine Sammlung interessanter Stellen aus dem fast ganz verlorenen wissenschaftlichen Werk des M. Terentius Varro (116–27 v. Chr.). Sie könnten heute in „Guinness' Buch der Weltrekorde" stehen.

Das Werk Varros war eine wichtige Quelle für Plinius d. Ä. (23–79 n. Chr.), in dessen umfangreichem Werk wir die folgenden Angaben finden.

Varrō dīcit: „Homō minimus II pedēs altus est."
Aliō locō ille dīcit hominem maximum IX pedēs altum esse.
Item Varrō scrībit: „Vinnius āthlēta ūnō pede plaustrum onustum mōvit."
In circō vīdī Salvium āthlētam asinum umerīs tollere.
Crassus tōtā vītā numquam rīsit.
Sciō equidem multōs hominēs numquam flēre.
In harēnis puer VIII annōs nātus hōrīs VIII stadia DLX cucurrit.
Spartiātae gaudent hodie quoque nūntium ōlim IIL hōrīs MCLX stadia cucurrisse.
Nautae mōnstra marīna vīdērunt, quae DC pedēs longa et CCC pedēs lāta erant.
Quae observāre et dē quibus referre virōs doctōs Caesar statim iussit.
Rēx Cȳrus nōmina cūnctōrum mīlitum memoriā tenuit.
Cōnstat Caesarem VII epistulās simul dictāvisse.

II: duōs – 2
IX: novem – 9
VIII: octō – 8
DLX: quīngenta et sexāgintā – 560
IIL: duodēquīnquāgintā – 48
MCLX: mīlle centum sexāgintā – 1160
DC: sescentōs – 600
CCC: trecentōs – 300
VII: septem –7

Caesar: C. Iūlius Caesar (100–44 v. Chr.), der mächtigste röm. Politiker und Feldherr am Ende der Republik.
Cȳrus (griech. Kyros) d. Ä.: 559–529 v. Chr., Gründer des Perserreiches

Langweilige Lektüre

39

Tertia et Vibia (haec est Rufillae soror) lūdere dēsierunt et Domitillae vōcem attentē accēpērunt.
TERTIA: „Quid recitās, Domitilla? Iūcundum est, quod recitās."
DOMITILLA recitāre dēsiit: „Polybius mē illīus Varrōnis sententiās legere vult. At egō eās recitāre nōlō. Tibīne Varrō iste nōtus est, Vibia?"
VIBIA: „Pater eum virum doctum fuisse dīcit."
DOMITILLA: „Ad mē nōn pertinet. Legere istās sententiās nōlō, fābulās vel Homērī carmina praeferō."
TERTIA: „Num Polybī imperāta neglegere vīs?"
DOMITILLA: „Nōnne mēcum lūdere vultis?"
TERTIA: „Certē volumus, Domitilla. Sed nōlumus Polybium tē reprehendere."

▶ *Buchrollen (volumina) aus Papyrus, zu deren Aufbewahrung spezielle Behälter (capsae) dienten. Nachbildung in Rom / EUR, Museum der Röm. Kultur*

40 Ein Brief aus dem Grab

Polybius ad Pompōnium dominum properat: „Modo hās litterās accēpī, domine, quās mihī amīcī ē Graeciā mīserant. Dē Dionȳsidōrō scrīpsērunt, quī nūper mortem obiit."

Pompōnius: „Quis iste Dionȳsidōrus fuit?"

Polybius: „Fuit vir valdē doctus. Audī, domine, hoc mīrum factum: ē sepulcrō suō ille nōbīs, quī adhūc vīvimus, litterās scrīpsit. Hās litterās amīcī in eius sepulcrō invēnērunt."

Pompōnius: „Quid ille vir doctus ē suō sepulcrō scrīpsit?"

Polybius: „Scrīpsit sē ā sepulcrō suō ad īnfimam terram pervēnisse. Spatium ā sepulchrō ad īnfimam terram esse XLII mīlium stadiōrum. Amīcī scrīpsērunt sē statim circumscrīptiōnem terrae computāvisse: esse stadiōrum CCLII mīlium."

XLII: quadrāgintā duōrum – 42
CCLII: ducentōrum quīnquāgintā duōrum – 252

Pompōnius: „Num mē crēdere istīs tuīs fābulīs vīs?"

Rechnet einmal nach, was sich aus diesen Angaben als Erdradius ergibt! Ein stadium war in der Antike unterschiedlich lang – je nach Ort. Da die Angaben des Dionysidorus auf Eratósthenes zurückgehen, einen Griechen, der im 3. Jh. v. Chr. Berechnungen in Ägypten angestellt hat, konnte man das ägyptische stadium = 157 m zugrunde legen.

Die gültigen Werte sind für den Erdradius ca. 6300 km, für den Erdumfang ca. 40 000 km.

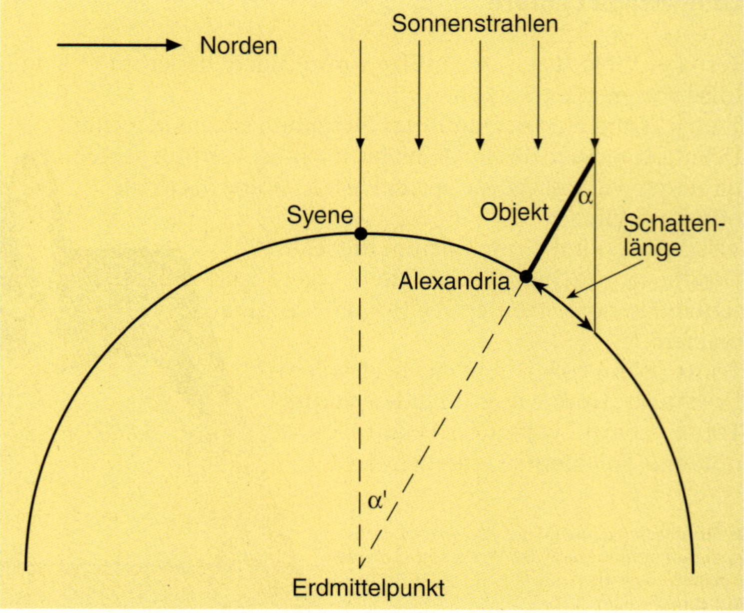

Schemazeichnung zum Experiment des Eratosthenes
Zur Mittagszeit, als die Sonne in Syene senkrecht über der Erde stand, maß Eratosthenes die Schattenlänge eines Objekts in Alexandria. Daraus konnte er den von den Sonnenstrahlen und dem Objekt gebildeten Winkel α errechnen. Da die Sonnenstrahlen parallel einfallen, hat der Winkel α′ nach einfacher geometrischer Rechnung dieselbe Größe wie der Winkel α′. Aus dem Maß des Winkels β und der Entfernung zwischen Syene und Alexandria konnte Eratosthenes so den Erdumfang bestimmen.

Marmor aus Afrika

41

Pomponius hat für eine geplante Erweiterung seines Pompeianums bei einem befreundeten Kaufmann aus Ostia farbenprächtigen Marmor aus Afrika bestellt. Diesen Marmor müßte er sich an Ort und Stelle in Ostia ansehen, bei Gefallen kaufen und per Schiff von Ostia nach Pompeii oder Puteoli transportieren lassen – ein Transport auf dem Landweg würde den Kaufpreis beträchtlich erhöhen. In seinem römischen Stadthaus erwartet er den Kaufmann P. Stallius Agatho.

▲ *Römisches Handelsschiff. Modell*

Sub vesperum mercator advēnit. Charmides ostiarius aperuit: „Quis es? Unde venis? Quid vis?“

Mercator: „Amicus domini sum. Ostiā venio. Nuntia, quaeso, domino tuo Agathonem mercatorem venisse.“

Charmides paruit et Pomponium advocavit. Is, ubi amicum cognovit, magna cum laetitia „Salve, Agatho!“ inquit. „Ut vales? Valde gaudeo te me adisse.“ Mercator resalutavit: „Salve tu quoque, Pomponi! Bene valeo. Te valere spero, amice.“

Tum Pomponius: „Accepistine illas litteras, quas tibi paucis mensibus ante miseram? Scripseram me Pompeianum meum amplificare velle. Censeo enim villam nimis angustam parvamque esse.“

Mercator respondit: „Accepi et legi villae etiam peristȳlium deesse. Iussisti me marmor Africanum comparare. Nunc tibi nuntio navem hōc lapide onustam Ostiam advenisse. Illam copiam, quā tibi opus est huius lapidis, Pompeios evehere possumus. Minimo constat vectura – non ignoras enim naves meas amicis parvo constare! Necesse est te Ostiam venire atque illud marmor inspicere. Itaque te ad me invito. Duc tecum filias filiosve, si vis.“

peristȳlium (griech.) von Säulengängen umgebener Innenhof eines Hauses, Peristyl; → Kap. „Wie die Römer wohnten“
marmor Āfricānum: aus den heutigen Algerien wurde qualitätvoller Marmor importiert

▼ *Gemälde des 17. Jh. mit Ansicht des Hafens von Ostia zur Zeit des Kaisers Trajan (Vatikan)*

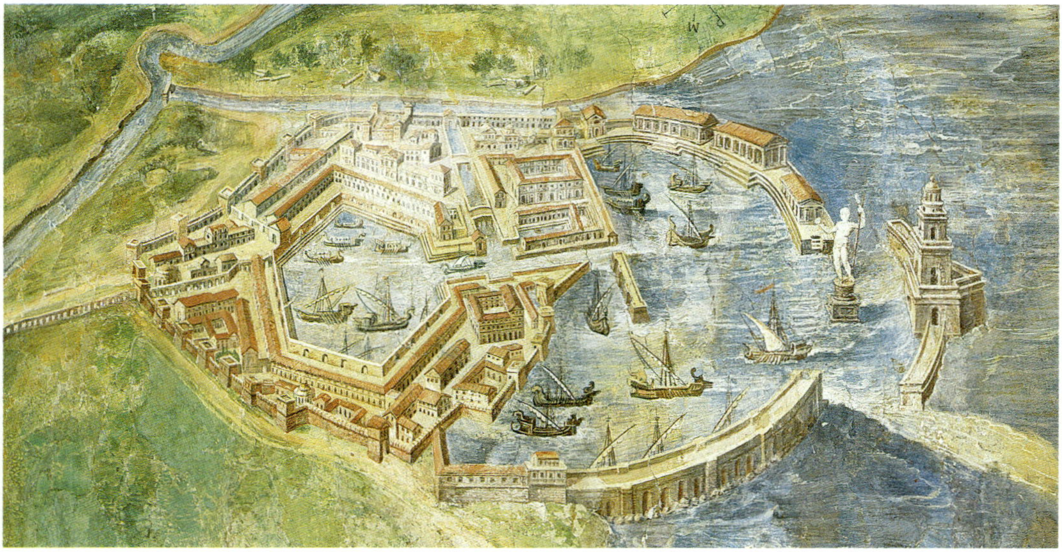

PENSA EXERCITANDA

38 **Wh**

EIn Kasus für verschiedene Satzfunktionen!

1) Rufilla Titum amat.
2) Chremylus multa stadia* cucurrit.
3) Domitilla multas horas dormivit.
4) Pompeianum multa stadia ab oppido abest.
5) Prope urbem multa sepulcra* sunt.
6) Necesse est te nobis adesse.
7) Puto Lampriscum vobis adfuisse.

K 1

Ein Orakelspruch

König Pyrrhus versuchte, die Römer zu besiegen. Vor dem Krieg holte er sich beim Delphischen Orakel Rat, das ihm folgenden Spruch verkündete:

Rex, tibi dico te Romanos vincere posse.

K 2

An der Wand einer Totengruft steht folgende Inschrift:

sanCta DorMIVnt
tres VIrI In paCe

(Hier ruhen in heiligem Frieden drei Männer.)

In welchem Jahr ist diese Gruft gebaut worden? Die Methode, die Jahreszahl in einem Spruch zu verbergen, nennt man Chronogramm. Solche Chronogramme kann man noch an älteren Häusern finden. Allerdings mußt Du zu ihrer Lösung die römischen Zahlzeichen kennen.

K 3

Wie heißt die deutsche Stadt, deren erster Buchstabe ein Zehntel des zweiten Buchstabens und deren dritter Buchstabe das Zwanzigfache des zweiten Buchstabens beträgt?

(Du mußt den Namen in römischen Zahlzeichen schreiben.)

K 4

Nimmt man vom ersten Buchstaben ein Zehntel, dann wird der Führer zum Licht. Wie ist das möglich?

K 5

Bis* tria sunt septem, septem sunt sex, sex quoque tres sunt. Si numeras recte, duo sunt tres et mille sunt quinque.

Zur Lösung dieses Rätsels mußt Du überlegen, was Du zusammenzählst!

S 1 39

Tertia legit: „Multi homines numquam flent*."
„Cuncti homines libenter rident."

Tertia dicit: „Ego iam saepe flevi."
„Heri cum Vibia lusi."
„Nunc ludere volo."

Verwandle die Sätze der Tertia aus der direkten Rede mit Hilfe des AcI in indirekte Aussagen. Beachte dabei die Zeitverhältnisse. Berücksichtige auch, daß sowohl Subjektsgleichheit als auch Subjektswechsel vorliegen.

S 2.1

Aurelius gaudet
- a) nuntium iam advenisse.
  - **daß** der Bote schon angekommen ist.
- b) quod nuntius iam adest.
  - **weil** der Bote schon da ist.
  - **darüber daß** der Bote schon da ist.
  - **daß** der Bote schon da ist.

S 2

Gespräche aus dem Mittelalter

Ein Gespräch zwischen einem „laïcus" („Laie": einer, der nicht dem Priesterstand angehört) und einem „clericus" (Vertreter des Priesterstandes) in einem volkstümlichen mittelalterlichen Latein:

LAICUS: Puto quidem, quod vos clerici nonnumquam nobis laïcis amici non estis.

CLERICUS: Iam diu intellexi, quod tu clericis maledicere vis. Constat autem, quod non modo orando*, sed etiam laborando homines iuvare volumus.

LAICUS: Bene scio, quod vos iuvare vultis; saepe autem non videtis, quod homines, qui prope vos vivunt, molesti vel miseri sunt. Nos autem laïci quidem hos homines videmus.

Clericus: Ego quidem doleo, quod rectum est, quod dicis.

Untersuche den Text. Welche Konstruktion des klassischen Lateins ist dort durch „quod" verdrängt worden?

W 1

Das Element -ōs- in Adjektiven bedeutet etwa „voll von etwas", z. B. „onerosus" (von onus, oneris n.: Last) „lästig, drückend", aber auch „gewichtig, dick" (vgl. onustus „beladen")

Markus will Maria ärgern und schickt ihr in der Lateinstunde folgende Zeilen:

Visne me te rosam* vocare?
Voco te rosam:
Ponde-rosam! Nume-rosam! One-rosam!

W 2

Welche Neutra hängen mit folgenden Vokabeln zusammen?

nominare – agere – Capitolium – iurare

S 3
Nachrichten aus dem Mittelalter

Eine Hungersnot in Deutschland 1416
(nach Wittius, Historia Westphaliae)

❶ Übersetze:

a) Nuntii ad Sigismundum imperatorem venerunt et dixerunt: „Magna fames totam Germaniam terret. Homines miseri etiam mures* edunt. Multi vitam suam ipsi finiunt."

b) Sigismundus imperator in concilio*: „Audivi magnam famem totam Germaniam terrere, homines miseros etiam mures edere et multos vitam suam ipsos finire! Verane sunt, quae audivi?"

c) Homines, qui in concilio sedent: „Constat quidem magnam famem in Germania esse et homines miseros etiam mures edere. Falsum* autem est eos ipsos vitam suam finire!"

❷ Vergleiche die hervorgehobenen Satzteile; in welcher Form treten das markierte Subjekt und Prädikat aus Satz a) in Satz b) auf?

Kannst Du erklären, warum man den AcI eine *satzwertige* Aussage nennt, ihn aber nicht als Satz bezeichnet?

a) Dixerunt nuntii: „**Magna fames** totam Germaniam **terret**."

b) Audivit Sigismundus **magnam famem** totam Germaniam **terrere**.

❸ In einer Chronik von 1600 stehen die Sätze aus 1c) folgendermaßen:

Tradunt magnam famem in Germania esse et homines miseros etiam mures* edere. Falsum autem esse ferunt eos ipsos vitam suam finire.

Setze für		
	esse	fuisse
	edere	edisse
	finire	finivisse

Was ändert sich durch die Infinitive der Vorzeitigkeit in den Sätzen?

T

40

Lest den Text 40 zunächst durch, überlegt dabei, welche unterschiedliche Wirkung ein „Brief aus dem Grab" auf die beiden handlungstragenden Gesprächspartner haben kann.

Überprüft Eure Vermutung an der Bedeutung folgender Wörter:

➢ valde doctus – ille vir doctus
➢ litteras – fabulis

Welche Bedeutung schwingt in den beiden Verwendungen von „doctus" jeweils mit *„Konnotation"*?

Welche Mitbedeutung (Konnotation) erhält das Wort fabula?

S 4
Ein Wortspiel

Orator malus putavit se in oratione sua misericordiam apud auditores* movisse et interrogavit unum e turba: „Nonne movi vestram misericordiam?" Ille respondit: „Certe movisti, ut puto. Nos omnes enim scimus: Tuae orationes adhuc miserandae* erant!"

Ein Zuhörer schreibt später einem Freund von dem „Ereignis":

„[...] Certe putavimus eum nos movisse! Apparuit enim orationes eius numquam non miserandas fuisse!"

- Welches Wort tritt in diesem Brief für se aus dem ersten Satz ein? Warum?
- Für welches Tempus der direkten Rede steht der Infinitiv des AcI in diesem Brief?

Ü*
Wölfe und Schafe

Ein spartanischer König, der über ein großes Perserheer gesiegt hatte, sollte überredet werden, gegen Alexander den Großen zu Felde zu ziehen:

Rex respondit certum quidem esse se Persas vicisse, at nolle cum Macedonibus bellum gerere.
Tum quinquaginta* lupos contra mille oves* bellum gessisse.
Macedones autem lupos, non oves esse.

Übersetze den Text. Hilfe: Setze zunächst vor jeden AcI im Deutschen die Konjunktion „daß". Suche in einem zweiten Durchgang nach einer stilistisch besseren Übersetzung.

41 W 3
Latein im Alltag

Der Unterschied ist minimal. – Das hab' ich total vergessen. – Ein Meter hat hundert Zentimeter. – Ich kann dein Verhalten nicht akzeptieren. – Er rezitiert ein Gedicht. – Das ist ein Faktum. – In meinem Terrarium leben viele Kriechtiere. – Das Blut pulsiert durch die Adern. – Ein Semester geht über sechs Monate. – Der Techniker inspiziert die Bühneneinrichtung.

W 4
Latein ist überall

Die meisten der folgenden Wörter wirst Du kennen. Versuche, die anderen zu erklären:
Aquanaut – Aquarell – aquarellieren – Aquarellist – Aquarianer – Aquarium – Aquaristik – Aquädukt – Aquaplaning – Aquakultur – Aquamarin

Vestigia et initia
Das Bild der Erde

Die Erkenntnis, daß die Erde eine Kugel ist, war vermutlich ähnlich umwälzend wie die des Kopernikus, daß sie nicht Mittelpunkt der Welt ist. Vergleiche das Weltbild der Griechen um 500 v. Chr., das die Karte darstellt, mit dem (hier vereinfachten) Text des römischen Naturwissenschaftlers Plinius (1. Jh. n. Chr.):

Prima de terrae figura* omnes aeque iudicant*: Dicimus certe orbem esse terram; globumque* esse certum est, cui duae vertices* sunt. Neque autem absoluti* orbis forma est in tanta montium excelsitate*, in tanta camporum planitie*: linea* media autem est globosa*. *(Übersetzung: ... Die Erdgestalt bildet aber keinen vollkommenen Kreis wegen der so hoch herausragenden Berge und der so tief eingeschnittenen Täler. Die Mittellinie aber ist kugelförmig.)*

Wie groß das Ansehen des Römers Plinius noch in der Neuzeit war, zeigt die Tatsache, daß sogar Kopernikus (1473–1543) ihn fast wörtlich zitiert, nachdem auch er in seiner Schrift *De revolutionibus libri* die Kugelgestalt der Erde festgestellt hat:
(Certum est) terram quoque globosam* esse ... tametsi* absolutus* orbis (non est) in tanta montium excelsitate* ...

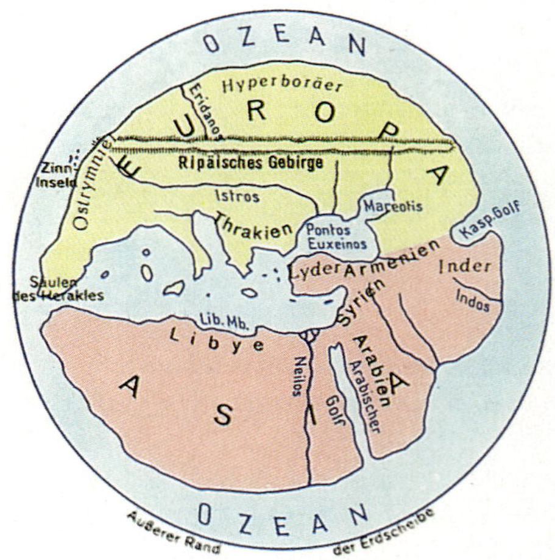

Das Erdbild der Griechen in der Frühzeit. So sah wahrscheinlich die Erdkarte des griechischen Historikers und Geographen Hekataios (um 500 v. Chr.) aus.

Die römische Gesellschaft der Kaiserzeit

Die Einwohnerschaft der Stadt Rom bestand aus den unterschiedlichsten Gruppen. Auf der einen Seite gab es die Masse des Volkes (Plebs), auf der anderen die kleine Gruppe einflußreicher, wohlhabender Adliger.

Die Aufstiegsmöglichkeiten – durch Reichtum, Heirat, besondere Bildung oder persönliche Tüchtigkeit etwa – waren sehr begrenzt, zählte doch die Herkunft mehr als andere Faktoren. Selbst der Sohn eines Freigelassenen trug noch den Makel der unfreien Geburt seines Vaters.

Senatoren (ordo senatorius)
Als höchster Stand galt der der Senatoren; er umfaßte nicht mehr als 600 – 1000 Mitglieder. Der Senatorentitel war erblich; daneben gab es die Möglichkeit, daß ein Mitglied aus dem nächstniedrigen Stand, aus dem der Ritter, vom Kaiser in den Senatorenstand befördert wurde. Meistens war dieser kaiserliche Akt mit einer Schenkung verbunden, denn um Senator zu sein, mußte der Betreffende über ein Vermögen von mindestens einer Million Sesterzen verfügen. Ein solches Vermögen bestand nicht etwa aus Barvermögen, sondern zum größten Teil aus Landbesitz. Obwohl die Senatoren in der Kaiserzeit nicht mehr die Staatsführung innehatten, bekleideten sie auch weiterhin die aus der Zeit der Republik überkommenen Ämter in der Verwaltung und im Militär; sie waren zwar entmachtet, stellten aber aufgrund ihrer Ausbildung und Tradition den politisch einflußreichsten Stand dar.

Ritter (ordo equester)
Die Zugehörigkeit zum Stand der Ritter war mit einem Mindestvermögen von 400 000 Sesterzen verknüpft, jedoch konnte die Zugehörigkeit nicht vererbt werden; in der Praxis aber fiel es dem Sohn eines Ritters leichter als jedem anderen, wieder ein entsprechendes Vermögen nachzuweisen und in den Ritterstand aufgenommen zu werden. Ebenso wie der Senator konnte auch der Ritter, wenn er verarmte, aus seinem Stand absteigen. Anders als die Senatoren betätigten sich die Ritter auch außerhalb des staatlichen Bereichs; sie waren Großhändler und Reeder, Bankiers, Steuerpächter, Unternehmer, am häufigsten aber Grundbesitzer, die Teile ihres Landes an Kolonen verpachtet hatten. Ein Ritter konnte durchaus ein größeres Vermögen haben als ein Senator und dennoch Ritter bleiben, er konnte andererseits mit dem Mindestvermögen in sehr bescheidenen Verhältnissen leben. Die Gruppe der Ritter war insgesamt viel größer als die der Senatoren.

In der Öffentlichkeit erkannte man den Senator an der Toga mit einem breiten Streifen, den Ritter an der Toga mit schmalem Streifen.

Daß gerade Ritter als Reeder und Kaufleute hervortraten, beruhte auf einem Gesetz aus der Zeit der Republik: Im Jahre 218 v. Chr. war den Senatoren jegliche Handelstätigkeit verboten worden. Die politisch Verantwortlichen sollten nach bewährter Tradition als Grundbesitzer auf ihren Gütern leben und sich nicht in riskante Abenteuer stürzen. Dieses Gesetz ermöglichte den Rittern, sich dem Fernhandel zuzuwenden, Schiffe auszurüsten und die vielfältigen Handelsbeziehungen im Mittelmeerraum gewinnbringend zu nutzen.

▼ *Vornehme Dame in einem Metzgerladen. Grabrelief aus Rom, 2. Jh. (Dresden, Albertinum)*

Römische Bürger
Der römische Bürger, der in der Hauptstadt lebte, war gegenüber dem Landbewohner insofern privelegiert, als er in den Genuß ziemlich regelmäßiger Getreideverteilungen kam; unter Augustus gab es ungefähr 320 000 Personen in ganz Italien, die auf diese Rationen angewiesen waren. Schon an der Zahl läßt sich erkennen, daß es für einen großen Teil der Bevölkerung kein regelmäßiges Einkommen aus eigener Arbeit gab. In Rom schlugen sich viele Leute mit Gelegenheitsarbeiten, als Handwerker oder Verkäufer durch. Wer es gar zum Besitz eines kleinen Ladens, einer Garküche oder einer Kneipe gebracht hatte, stand sozial auf einer höheren Stufe als die meisten. Viele Habenichtse lebten auch davon, als *‚clientes'* täglich zu einem reichen Patron zum Morgenempfang zu gehen und für diesen ‚Dienst' ein Geldgeschenk (sportula) zu erhalten

Freigelassene (liberti)
Das Leben der Freigelassenen unterschied sich nicht von dem der freigeborenen Bürger, auch sie gingen den o. g. Erwerbstätigkeiten nach; viele Freigelassene übten Berufe aus, die heute zu den besser bezahlten gehören, zur Zeit der römischen Antike aber als Handwerk angesehen wurden, den des Arztes, des Lehrers, Künstlers oder Ingenieurs. Wie Freigeborene waren auch sie als römische Bürger von Steuerzahlungen befreit. Allerdings bestand oftmals eine lebenslängliche mehr oder weniger persönliche und freundschaftliche Bindung an den ehemaligen Herrn, die sich in fast obligatorischen Geschenken an den Freilasser ausdrückte. Sie wurden eingefordert, weil ja die Freilassung mit einer finanziellen Einbuße verbunden war. Die Kinder eines **libertus** waren freie römische Bürger.

Peregrini und römische Bürger
Dagegen galten die Bürger der außerhalb Italiens liegenden Städte nur in Ausnahmefällen als römische Bürger; normalerweise genossen sie als Fremde (peregrīnī) nicht die Vorteile, die dieser Status vorsah:

- Steuerfreiheit
- Getreidezuteilung (annōna): Die Kinder armer freier Bürger erhielten zeitweilig eine Unterstützung (alimentatio), die vor allem wegen des starken Bevölkerungsrückgangs eingerichtet worden war.
- Besondere Stellung in Gerichtsprozessen: Bekanntester Fall ist der des Apostel Paulus: In Caesarea vor Gericht gestellt, beruft er sich darauf, daß er als römischer Bürger das Recht hat, vor das kaiserliche Gericht in Rom zu kommen, und nicht von einem Provinzstatthalter abgeurteilt zu werden. Wegen seines Status als römischer Bürger trat Paulus seine letzte, die sog. Gefangenschaftsreise nach Rom an.
- Wehrdienst: Nicht zu allen Zeiten und nicht von allen wurde es als Vorteil angesehen, in der Armee zu dienen. Einerseits hatte der Soldat ein sicheres Auskommen, andererseits schätzten viele Bürger ihre Freiheit höher ein. Wenn gerade Mangel an Soldaten herrschte, wurde zwangsrekrutiert; zu solchen Zeiten war es eher ein Nachteil, römischer Bürger zu sein (siehe Kapitel „Das römische Militär").

Z Der Ring des Polykrates

Tradunt Polycratem, Sami insulae tyrannum, suō tempore cunctos homines divitiis superavisse. Amasis autem, rex Aegyptiorum et eius amicus, de illius fortuna sollicitus erat eique scripsit: „Saepe audivi te beatum et tibi magnas divitias esse. Equidem deorum invidiam timeo. Nolunt enim homines nimis beatos esse. Proinde eorum invidiam cave!" Tyrannus, postquam amici litteras legit, diu secum deliberavit; tandem amicis suis anulum, quem maxime diligebat, monstravit eisque dixit: „Anulo, quem maxime diligo, deorum invidiam placare volo." Ubi ea dixit, anulum in undas iecit. Paulo post autem coquus Polycratis muraenam eximia magnitudine ēmit et in culina paravit. Subito exclamavit: „Ecce anulum, amici! Anulus est, quem dominus in undas iecit. Quam beatus est Polycrates!" Statim anulum domino suo reddidit. Is autem multis cum lacrimis: „Actum est de me! Dei donum meum accipere noluerunt." Et paulo post inimici regem interfecerunt.

tradunt „sie überliefern" ≈ man überliefert • **tyrannus** Tyrann, Alleinherrscher • **Sămos** *griech. Insel vor der Küste Ioniens* • **dīvitiae, -ārum** *(Pl.)* Reichtum • **superāre** überragen, überlegen sein • **sollicitus, -a, -um** besorgt • **invidia** Neid • **nimis** *Adv.* zu sehr • **cavēre** *mit Akk.* sich hüten vor jd./etw. • **dēlīberāre** erwägen • **tandem** endlich • **dīligere** schätzen, lieben • **placāre** besänftigen • **unda** Welle • **iacĕre** werfen • **coquus** Koch • **mūraena** Muräne *(schmackhafter Seefisch)* • **eximius, -a, -um** außerordentlich • **māgnitūdō** Größe • **culīna** Küche • **reddere, reddō, reddidī** zurückgeben • **lacrima** Träne • **āctum est dē mē** es ist um mich geschehen • **inimīcus** Feind, Gegner

Die Germanen

42

Am nächsten Tag sind Aurelius und Caecilia bei Pomponius zu Besuch. Spät am Abend trifft ein Bote ein, der Aurelius Flaccus eine Nachricht überbringt. Der Bote hat offenbar einen langen Weg hinter sich – er wirkt übermüdet und erschöpft. Pomponius sorgt dafür, daß er ein Bad und eine Mahlzeit bekommt.

Aurelius öffnet sogleich den versiegelten Brief.

Schlechte Nachricht

CAECILIA: „Quid est? Quis istās litterās mīsit?"

AURELIUS: „C. Aemilius, amīcus noster, Augustae Trēverōrum retinētur. Morbō malō vexātur. Scrīpsit sibi nōn licēre nōs fēriīs Latīnīs vīsitāre."

CAECILIA: „Quam doleō eum aegrōtāre et Augustae Trēverōrum retinērī – in istō oppidō paene barbarō! Nīmīrum commovēris fātō amīcī nostrī."

AURELIUS: „Sīc est. Sollicitor. Certē istō in oppidō nōn bene cūrātur, quod in cōnfīniō barbaricō situm est. Audī, Caecilia, amīcus haec scrīpsit:

»Vōs, hominēs beātī, sōlis calōre recreāminī, sī aegrōtātis; nōs autem ventīs frīgidīs imbribusque vexāmur. Hīs locīs multōs mensēs sōl nōn vidētur.«

Colōnia Augusta Trēverōrum: unter Augustus gegründete Stadt im Gebiet des germanischen Stammes der Treverer, heute Trier; 1984 Zweitausendjahrfeier
fēriae Latīnae: Bundesfest der Städte Latiums, gefeiert für Iupiter. In der Kaiserzeit im Sommer abgehalten. Teilzunehmen hatten alle Beamten Roms und der latinischen Städte (teils deren Priester). Es wurde ein Stier geopfert, dessen Fleisch an die Teilnehmer verteilt wurde.

▲ *Porträt einer Gallierin. Römischer Denar der späten Republik. Staatl. Münzsammlung München*

◀ *Ansicht einer villa rustica in der Gegend von Trier. Wandmalerei, 3. Jh. n. Chr. Landesmuseum Trier*

▲ *Kelte aus Aventicum (Avenches, Schweiz)*

sūcinum: Bernstein, eine der bei den Römern begehrtesten Waren aus Germanien. Das germanische Wort **glaesum** ist unser Wort „Glas“

Als Kaufmann in Germanien

LUCIUS, quī cum Tertiā sorōre haec verba audīverat: „Quis est C. Aemilius? Ubī sita est Augusta Trēverōrum? Quid illō in oppidō agit?“

AURELIUS: „Aemilius mercātor est, Germānōrum gentēs quaerit et multās mercēs emit. Augusta Trēverōrum oppidum in Germāniā situm est. Ibī nōn sōlum servī rōbustī emuntur, sed etiam sūcinum, quod gignitur in īnsulīs ōceanī Germānicī et apud Germānōs „glaesum“ appellātur. Aemilius multa litterīs suīs dē Germānōrum vītā mōribusque nārrat.“

LUCIUS: „Quid dē eīs scrībit?“

Keine Lehrer in Germanien!

AURELIUS: „Scrībit Germānōs hominēs horridōs esse, in eōrum vīcīs nec puerōs nec puellās ā magistrīs docērī.“

LUCIUS: „Nōnne līberī Germānōrum docentur?“

CAECILIA: „Ā magistrīs haud docentur.“

TERTIA LUCIUSque conclāmant: „Heus! Statim in Germānōs mūtārī volumus.“

AURELIUS: „At puerī Germānōrum ā patribus sevērē ēducantur!

„Über den Ursprung, den Siedlungsraum, die Sitten und die Völker der Germanen“ berichtet der Historiker Tacitus (ca. 54 bis ca. 117) in seiner gleichnamigen, meist „Germānia“ abgekürzten Schrift, für uns eine der wichtigsten Quellen über das Leben der Germanen, obgleich man nicht allen Informationen naivtrauen kann

... aber rauhe Erziehungsmethoden

Pomponius sē interposuit: „Audīvī et alia dē Germānōrum mōribus referrī ... horrida: Saepe editur, cantātur, bibitur – quid dīcō – pōtātur apud illōs barbarōs ūsque ad multam noctem. Nōnnumquam patrēs, sī ēbriī sunt, āleā dē lībertāte līberōrum uxōrumque lūdunt.“

TERTIA: „Hoc mihī valdē displicet.“

AURELIUS: „Quamquam in Germāniā caelum plērumque asperum est, cottīdiē prīmā lūce nūdī in flūminibus stāgnīsve aquā frīgidā lavantur.“

LUCIUS: „Ōhē! Satis est. Egō quidem rursus in puerum Rōmānum mūtor.“

43 Ostia – Welthafen vor den Toren Roms

Mane Pomponii Romam relinquunt. Vertagus, servus Gallus et raedarius valde peritus, eos raedā Ostiam vehit. Duabus horis post muri Ostiae aspiciuntur et Pomponii paulo post per portam Romanam vehuntur.

Lucius et Publius stupent multis horreis, quae praeter decumanum maximum videntur. Clamores et voces operariorum et baiulorum audiuntur, qui mercibus onusti horrea aut intrant aut relinquunt.

Tum pater: „In illis horreis“, inquit, „merces reponuntur, penduntur, distribuuntur, quae e provinciis totius imperii importantur aut in ultimas quoque partes orbis terrarum exportantur. Post thea-

horrea: riesige Lagerschuppen
decumānus māximus: decumānus bezeichnet im römischen Vermessungssystem die ost-westlich verlaufenden Linien (die nord-südlichen: cardō). Der d.m. ist die Hauptachse und die breiteste Straße im Straßensystem einer Stadt
bāiulī: Lastenträger

trum, quod modo dextra parte vidistis, magnum aedificium situm est, ubi magnarii et navicularii et ii, qui curatores navium dicuntur, stationes habent."

māgnāriī: Großkaufleute
nāviculāriī: Reeder
cūrātōrēs nāvium: staatliche Aufsichtsbeamte für das Schifffahrtswesen. Diese und andere hatten ihre Verbands- und Büroräume im heute sog. „Haus der Korporationen"

Animi liberorum tenentur varietate et linguarum et vestium et gentium. Videntur Aethiopes, Arabes, Afri, Indi, Britanni, Daci, audiuntur voces Gallorum, Germanorum, Getarum, Persarum. Ubique inveniuntur tabernae, officinae, pergulae, thermopolia. Hic aedificium, quod incendium delevit, a subrutoribus destruitur; illic aedificio, cui iam quattuor tabulata sunt, a structoribus duo insuper adduntur.

Tandem Pomponii ad villam Agathonis adveniunt. Vertagus descendit et ostium pulsat. Quod nemo aperuit, iterum pulsat atque clamat. Nunc ostium aperitur et ostiarius Vertagum increpat:

Getae, Dācī: thrakische Völker im Gebiet des heutigen Siebenbürgen (Rumänien), die von den Römern unterworfen wurden.
Āfrī: Bewohner von (Nord)Afrika

„Quid tibi ante ostium clamor est? Num te ruri esse putas? Hercle, cede ab ostio! Cede rus, rustice! An a me verberari vis?"

Tum Vertagus: „Quid clamas? Quid me increpas? Vae tibi! A te non terreor! Vertagus sum, raedarius M. Pomponii, qui domino tuo amicus est. Exspectamur! Proinde vola atque nuntia nos venisse, nisi a domino tuo verberari vis."

Mercator, quod servorum iurgium audivit, apparet amicosque cognoscit:

„Nisi fallor, amicos video. Salve Pomponi! Ignosce, quaeso, huic ostiario nequam! Intrate, iam exspectamini. Vos itinere defessos esse censeo. Itaque balneum et prandium parari iussi."

▼ *Auf dem Decumanus maximus in Ostia. Rechts das Theater*

PENSA EXERCITANDA

42

T 1

Lest und übersetzt von Text 42 den Abschnitt *Keine Lehrer in Germanien* bis ... educantur. Überlegt, wieso der Satz „Magistri apud Germanos nec pueros nec puellas docent!“ nicht dieselbe Aussage enthält wie der inhaltlich entsprechende Satz in diesem Text.

“Tip” Auch die Wahl von Aktiv oder Passiv schafft eine für den Text spezifische Bedeutung („Konnotation“: siehe Caput XIV).

K 1

a) Gallier plündern einen römischen Tempel. Wie ein Lauffeuer verbreitet sich die Nachricht: „Templum diripitur!“
b) Der Tempelpriester ruft:
„Semper impii fuistis! Nunc oppidum nostrum deletur.“
Welche Information fehlt? Suche Gründe, die Ursache dafür sein könnten, daß diese Information fehlt.

K 2

Se recreant. ≈ Recreantur.
Puellae se delectant. ≈ Puellae delectantur.
Welche Funktion, die in den Sätzen links das (reflexive) Objekt se leistet, wird in den Sätzen rechts durch ein anderes sprachliches Mittel übernommen?

F

Ordne den folgenden Pronomina die entsprechenden Personalendungen zu:
ego / is / nos / vos / eae / tu
-ris / -tur / -or / -mini / -ntur / -mur

S 1

Ceditur. Venitur. Intratur. Appropinquatur*. Curritur. Properatur.
a) Was haben die Verben inhaltlich gemeinsam?
b) Was drückt die lateinische Passivform hier aus? Welche deutsche Übersetzung entspricht dem am besten?

S 2

Vergleiche jeweils a und b sowie 1a mit 2a.
1a) Rustici Lycii a dea Latona in ranas mutantur.
1b) Tempora mutantur.
2a) Ut fama est, vasa* saepe ab elephantis* franguntur*.
2b) Fortuna vitrea* est, tum cum splendet*, frangitur.

Z

Bilde aus folgenden Satzbausteinen Sätze mit passiven Verbformen:

Urheber	*Subjekt*	*Mittel/ Werkzeug*	*Prädikat*
servi seduli	pondera magna	pedes	tollere
pueri	magister	virga (Rute)	verberare
patres	puellae	verba	reprehendere
Germani	vinum	–	bibere
–	–	–	cantare
–	milites	–	lavare

Wh

Was man leicht vergißt

Romāne venisti? Brundisiumne iter facis? Pompeiis manere volo.

W

Gewußt – erklärt!

1) Was heißt in der Mathematik „Zahlen *zusammenzählen*“?
2) Welche Aufgaben haben *Distributivzahlen*?
3) Die Gaststätte ist in *rustikalem* Stil eingerichtet.

Ü

Latein 1834

Aus einem Lateinbuch aus dem Jahr 1834, also aus der Zeit, in der das Gymnasium als Schulform eingerichtet wurde:
a) Ad mala saepe trahimur. Nonnumquam etiam circumvenimur* orationibus hominum malorum.
b) Tu non ab aliis ad mala duceris, sed tua te ducit voluptas*. Ergo reprehenderis.
c) Ego non reprehendor, quod semper didici.
d) Vos laudamini, pueri, qui bene didicistis, vos

autem, pigri, punimini*. Cottidie monemini, at semper ab aliis virtute et diligentia vincimini.

e) Exercentur liberi litteris et artibus.

f) Olim liberi in scholis multa didicerunt. Hodie autem luditur, cantatur, salitur.

Übersetze; was lernst Du aus diesen Sätzen über die Erziehungsziele des damaligen Unterrichts? Was ist heute (vielleicht) anders?

Kommt Dir an Satz f etwas bekannt vor?

T 2

13

Die Qualen des Tantalus

Lampriscus erzählt von Tantalus, dem Sohn des Iupiter und einer Sterblichen....

Olim Tantalus, Iovis e filiis unus, sapientiam deorum temptare voluit et iis corpus filii sui Pelopis, quem interfecerat, cenam apposuit*.

Iuppiter ceterique dei intellexerunt se a Tantalo nefario* falli*. Nihil edebant, cena taetra* eos terrebat. Ceres sola, quae Proserpinam, filiam suam mortuam, maerebat*, umerum Pelopis miseri edit.

Sceleris huius causa Tantalus poena aeterna* afficitur: in Tartarum mittitur, ubi adhuc vehementer vexatur. Media in aqua stat, sed cum bibere vult, aqua statim recedit. Poma* pulchra supra eius caput pendent*, sed cum capere vult, recedunt. Filia Cereris autem a Mercurio e Tartaro ad vitam reducitur, Pelopi vita redditur.

Stelle fest, in welchen Passivsätzen der Urheber der Handlung genannt wird, in welchen nicht. Versuche, die Gründe dafür zu beschreiben. Warum wechseln sich in dem Text Aktiv- und Passivsätze ab? Denke bei Deiner Antwort daran, daß die Sätze eines Textes jeweils dem Leser/Hörer schon bekannten Informationen (Thema) eine neue Information (Rhema) hinzufügen.

Latein und Europa
Germanen – Deutsche

(Aus: Cochlaeus: Brevis Germaniae descriptio)

Um 1500 meinten deutsche Autoren, römische Geschichtsschreiber wie Tacitus hätten in ihren Schriften mit den „Germanen" die „Deutschen" gemeint, und glaubten, sich mit ihnen auseinandersetzen zu müssen, um das Bild eines „kulturlosen" Volkes (vgl. L 15) zu korrigieren:

Sub fide* Christi ... Germani urbes condiderunt* paene innumeras*, magnificis aedibus firmisque* moenibus*, vallis*, fossis*, turribus* firmas, legibus politicisque institutis decoratas* ... Nunc optimo iure Gallis, Hispanis Italiaeque Germania aequiparari* potest.

Römer und Germanen

Als die Kimbern und Teutonen im Jahre 105 v. Chr. nach Südgallien und Italien einfielen, kamen die Römer zum ersten Mal mit germanischen Stämmen in Berührung. Diese hatten wegen Unwetterkatastrophen ihre Heimat Jütland (im heutigen Dänemark) und das Gebiet der Elbemündung (Hamburg) verlassen, um im Süden neues Siedlungsland zu suchen. Schon ihre Anzahl – nach dem griechischen Historiker Plutarch sollen es 300 000 Männer und dementsprechend viele Frauen und Kinder gewesen sein – versetzte die Römer in Angst und Schrecken. Wegen dieser Gefahr aus dem Norden bewaffnete der General Marius entgegen bisherigem römischem Brauch auch mittellose Bürger.

Mit ihren blonden Haaren, blauen Augen, roten Bärten und ihrer stattlichen Körpergröße wirkten die Germanen auf die Römer ausgesprochen exotisch und furchterregend. Hinzu kamen ihr Mut und ihre Kampfkraft. Doch letztlich waren römische Disziplin und kluge Kampftaktik dem konzeptionslosen Ansturm der „Barbaren" weit überlegen. In den Schlachten von Aquae Sextiae (Provence) und Vercellae (Norditalien) endete die Existenz der Kimbern und Teutonen.

Danach kam Caesar, der führende Politiker und General am Ende der römischen Republik, in den gallischen Kriegen (58–49 v. Chr.) mehrmals auch mit Germanen in Berührung. Er schlug das Heer der Sueben unter ihrem Führer Ariovist bei Mühlhausen (Elsaß) und trieb es auf rechtsrheinisches Gebiet zurück. Zunächst bildeten Rhein und Donau hier die Grenze zu den germanischen Stämmen.

Die Germanen waren bei den Römern seit dem Einfall der Kimbern und Teutonen so gefürchtet, daß Caesar

▲ *Römischer Gesichtshelm, gefunden bei Kalkriese an der Stelle der mutmaßlichen Varus-Schlacht*

vor der Schlacht die Angst der Legionäre bekämpfen mußte, so jedenfalls berichtet Caesar selbst. Vielleicht übertreibt er aber auch die Gefährlichkeit der Germanen ein wenig, um seinen Sieg in noch besseres Licht stellen zu können. Caesars Schrift *De bello Gallico* zufolge waren die Germanen ihr Leben lang mit Jagen und Kriegsübungen beschäftigt; sie seien ausgesprochen kriegerisch und somit eine Bedrohung für Rom. Doch wer in Rom hätte diese Informationen überprüfen können?

Eine schwere Niederlage erlitt das römische Heer zur Zeit des Augustus im Jahre 9 n. Chr. in der berühmten *Schlacht im Teutoburger Wald.* Drei Legionen unter dem Feldherrn Varus gingen in den Kämpfen zugrunde. Die Germanen wurden von dem Cheruskerfürsten Arminius angeführt, der zuvor germanische Hilfstruppen in römischen Diensten befehligt hatte. Der Ort der Schlacht liegt neuen archäologischen Funden zufolge im Osnabrücker Raum bei Kalkriese, also nicht im Gebiet des heutigen Teutoburger Waldes.

Um diese Niederlage zu rächen, unternahm Germanicus, der Adoptivsohn des Kaisers Tiberius, in den Jahren 15 und 16 Vorstöße in das unwegsame rechtsrheinische Gebiet, doch auch er konnte keinen endgültigen Sieg erringen.

Die Pläne, die Grenzen des Imperiums bis an die Elbe vorzuverlegen, wurden aufgegeben; statt dessen wurde der römische Machtbereich seit den Kaisern Vespasian, Titus und Domitian (69–96 n. Chr.) kontinuierlich jenseits von Rhein und Donau erweitert. Im Norden bildete weiterhin der Rhein die Grenze, im Süden wurde östlich des Rheines der **Limes** angelegt, zunächst nur ein Palisadenzaun – später durch eine Steinmauer ersetzt – mit Wachttürmen in Abständen, daß Sichtkontakt von einem zum nächsten möglich war. Gab es einen Überfall, so wurde durch Rauch- oder Lichtzeichen vom Wachtturm das nächste Kastell alarmiert, im dem jeweils eine Kohorte (500 Mann) stationiert war. Der Limes verlief streckenweise schnurgerade ohne Rücksicht auf das Gelände. Noch heute ist er an vielen Stellen in Süddeutschland zu erkennen.

In friedlichen Zeiten entwickelte sich zwischen Germanien und dem römischen Gallien ein lebhafter Handelsverkehr. Die Germanen schätzten Produkte der Römer wie Wein, Geschirr aus Glas oder Ton sowie Schmuck und Münzen; solche Produkte fand man in vielen Germanengräbern. Eingetauscht wurden dafür Tierfelle, Bernstein und Sklaven. Auch das lange blonde Haar der Germanenfrauen war, zu Perücken verarbeitet, in Rom zeitweilig sehr gefragt.

Der durch die Niederlage im Teutoburger Wald den Römern aufgezwungene Verzicht auf weiteres germanisches Stammesland hatte zur Folge, daß die Gebiete östlich von Rhein und Limes nicht wie Gallien romanisiert wurden. Wenn auch die Römer von Xanten über Köln, Koblenz, Mainz, Trier bis Straßburg sowie nach Osten über Augsburg bis Regensburg zahlreiche Städte gründeten und so römische Kultur einpflanzten

▼ *Gallier und Römer im Kampf (Relief; Paris, Louvre)*

▶ *Ein Reitertrupp verläßt ein Limeskastell. Diorama Limesmuseum Aalen*
▼▶ *Grenzübergang am rätischen Limes zwischen der provincia Romana und dem freien Germanien. Diorama Limesmuseum Aalen*
▼▼▶ *Germanische Bauern zahlen Tribut an ihren römischen Herrn. Um 200 n. Chr. Trier, Landesmuseum*

(Trier z. B. war zeitweise Residenz römischer Kaiser), war hier der Einfluß nicht so nachhaltig wie anderswo, weswegen z. B. auch die Sprache der germanischen Stämme nur wenig vom Lateinischen beeinflußt wurde. Nicht zuletzt waren zunehmende Überfälle germanischer Stämme auf die Gebiete des römischen Germaniens seit dem 3. Jh. der Grund dafür, daß die Römerherrschaft dort relativ früh endete.

Von den Germanen selbst gibt es keine eigenen schriftlichen Überlieferungen aus dieser Zeit. Was wir über sie wissen, stammt vor allem aus der Arbeit der Archäologen und aus **Tacitus**' Schrift Germania. Dieser römische Historiker ist selbst wohl nie in Germanien gewesen, hat aber die Kenntnisse seiner Zeit sorgfältig verarbeitet. Sein Interesse gilt dem fremdartigen, „wilden", in Römeraugen bedrohlichen, aber auch kuriosen Volk, bei dem es jedoch – anders als bei seinen Landsleuten – noch Sitte und Anstand, z. B. im Gegensatz zu römischen Gepflogenheiten noch Treue unter Ehegatten gebe. Wie Caesar beschreibt er die Germanen als ungemein tapfer im Kriege, doch seien die einzelnen Stämme untereinander so zerstritten, daß sie sich, zum Glück für die Römer, nicht zu größeren Verbänden zusammenschlössen.

44 Lieferung frei Haus

Nachdem die Pomponii im Haus des Kaufmanns Agatho ihr Bad genossen haben, werden sie zu Tisch gebeten.

Dum prandiō dēlectantur, homō rōbustus in hortum mercātōris dūcitur. Prōcūrātor servōrum Agathōnī nūntiat: „Ecce istum servum novum, domine, quem nūper ēmistī. Modo ā mangōne mihi adductus est.“ Agathō hospitibus: „Diū servum validum Rōmae quaesīvī. Quī in catastīs prōpōnēbantur, invalidī malāque valētūdine fuērunt.“
M. Pompōnius stupet: „Istud nōn intellegō. Ōlim quidem ubīque Rōmae mangōnes vidēbantur, quī servōs vendēbant.“
Mercātor respondet: „Rēctē dīxistī. Nunc autem servī rārī māgnōque pretiō sunt. Quem hīc vidēs, ā mangōne mihī nōtō ante aedem Castorum venditus est. Ille mihī dīxit hunc servum linguae nostrae perītum esse.“
Pompōnius: „Quō nōmine appellātur?“
Agathō: „Eō Āfrī nōmen datum est.“
Tum servum interrogat: „Quandō captus es, Āfer? Quae est patria tua?“
Āfer: „Et ego et sociī meī annō proximī in silvīs Āfricānīs captī sumus.“ Pompōnius: „Cēnseō vōs statim trāditōs esse illī mangōnī, quī tē hūc addūxit.“
Āfer: „Hominī istī avārō atque sordidō trāditī sumus.“
Agathō rīdet: „Sōlāciolum tibī praebeō, Āfer: Iam tibī balneum parārī iussum est.“ Et prōcūrātōrī: „Est lectīcārius māgnificus, ut videō.“

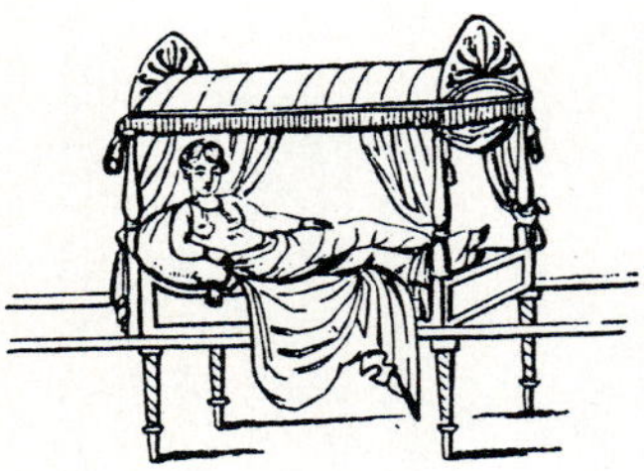

lēcticārius: Sänftenträger; vornehme Römer ließen sich, da Rom tagsüber für Fahrzeuge gesperrt war, in Sänften durch die Stadt tragen.

▼ *Sklavenversteigerung. Links der Verkäufer, rechts der Interessent. Relief aus Capua, 2. H. 1. Jh. v. Chr.*

Das Gespensterhaus

45

Während der Mittagsruhe in den heißen Stunden des frühen Nachmittags stöbern Publius und Lucius in Agathos Bibliothek herum. Publius findet eine griechisch geschriebene Buchrolle, die sein Interesse weckt. Er übersetzt:

Erat Athenis villa magnifica, sed horrida, in qua media nocte sonus ferri audiebatur. Mox idolum apparebat, senex, cui barba longa erat cuiusque capilli horrebant. Catenas gerebat, quibus crepabat.
Homines, qui hanc villam habitabant, cum monstrum audiverant et viderant, noctes vigilabant. Illis noctibus morbus, quin etiam mors successerunt. Nam interdiu quoque, quamquam abscesserat imago, homines memoria illius monstri vexabantur. Postremo villam deseruerunt senique reliquerunt. Villa autem, postquam deserta est, parvo pretio proscripta est.
Forte philosophus Athenas venit, villam proscriptam esse cognovit et causam parvi pretii quaesivit. Villam conduxit, quamquam causa aperta erat.
Ubi nox appropinquavit, philosophus ille sibi lectum sterni iussit; tabulas, stilum, lumen afferri poposcit. Quae postquam allata sunt, animum ad scribendum intendit. Scribendo enim timorem pellere cupivit.
Paulo post catenarum sonum audivit. Deinde sonum crescere, appropinquare, iam in cubiculo esse putavit. Tandem idolum vidit, de quo narratum erat: Senex in cubiculo stabat digitoque philosopho innuebat. Is autem senem neglexit. Monstrum supra eius caput catenis crepuit. Tum demum philosophus lumen cepit et illi, qui antecedebat, successit. Monstrum in hortum deflexit et subito deseruit comitem. Ille loco, quo senex evanuerat, herbas et folia signum posuit. Postridie hunc locum effodi iussit: Inventa sunt ossa, quae catenis vincta erant. Ossa publice sepulta sunt. Ex quo tempore illa villa manibus caruit, quod rite sepulti erant.

īdōlum (griech.): Schatten„bild“ = Seele eines Verstorbenen, daraus: Gespenst

philosophus (griech.): → CIV philosophia

stilus: Griffel aus Metall, Holz oder Horn, mit dem man auf mit Wachs beschichtete Tafeln (tabulae) schrieb, indem man die Buchstaben einritzte. Das Geschriebene konnte durch Glätten der Wachsschicht wieder gelöscht werden.

mānēs: die als göttlich verehrten Seelen der Verstorbenen bei den Römern

◀ *„Senex in cubiculo stabat digitoque philosopho innuebat.“*

▲ *Ladenschild eines Geflügel- und Gemüsehändlers aus Ostia. 2. Jh. n. Chr.*

▲▲ *In einem Thermopolium*

◀▲▲ *Das Theater von Ostia. Im Hintergrund lagen die im Text erwähnten stationes Eingang zu den Horrea Epagathiana*

◀ *Das Forum von Ostia mit dem Jupiter-Tempel*

◀▼ *Ein Lastschiff wird flußaufwärts gezogen. Relief aus Avignon*

▼ *öffentlicher Toilettenraum*

▲ *Blick auf eine Insula*

◀▲ *Straße in Ostia*

▶ *Modell eines Mietshauses (insula)*

▼ *Innenhof einer Insula*

▼◀ *Hauseingang*

▼▼ *Küche in einer Mietskaserne und Treppe zum 2. Stock*

▼▼◀ *Zimmer in einer Mietskaserne*

In Ostia

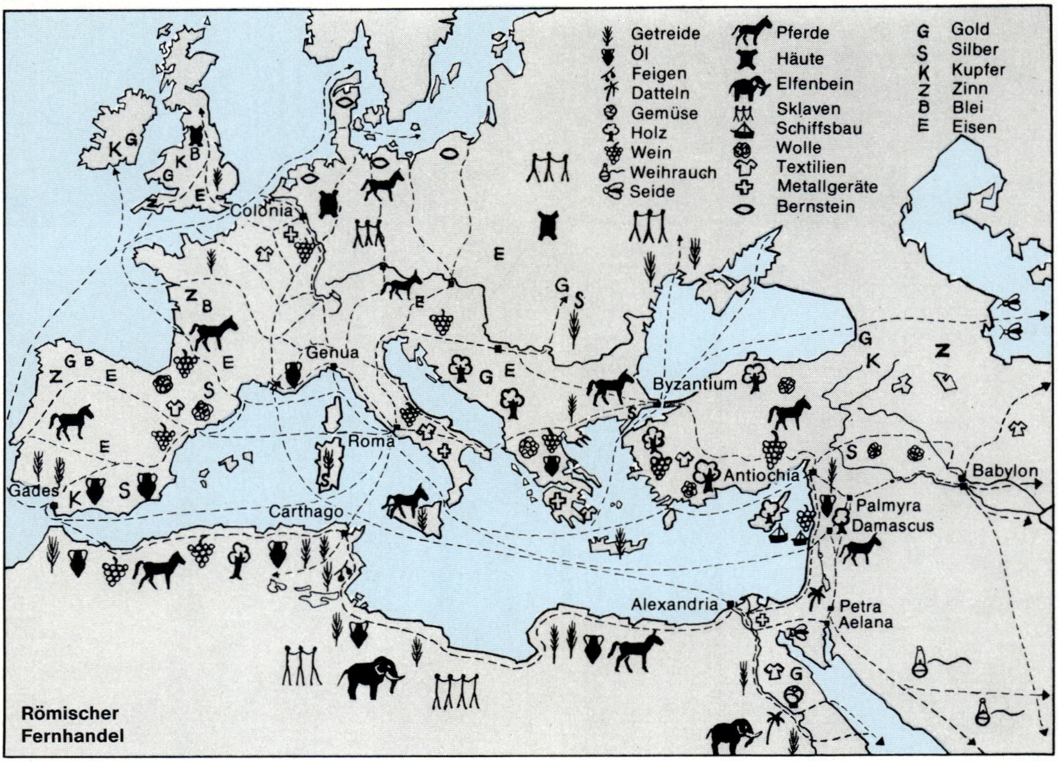

Römischer Fernhandel

Die Hafenstadt Ostia

Ostia – der Name bedeutet Zugang, Eingang; aber auch Mündung, also hier die Tibermündung – war Roms wichtigster Hafen; hier legten Schiffe aus allen Provinzen und aus fernen Ländern an und löschten ihre Ladungen, um den ungeheuren Warenbedarf Roms zu decken. Von hier aus wurden die Güter auf Flußschiffen tiberaufwärts in die römischen Vorratshallen (Emporium) am Tiber transportiert. Für die Versorgung Roms mit Lebensmitteln, Luxusgütern (Seide, Gewürze, Parfums, Weihrauch, Kunstwerke) und Großwild für die Arena (Löwen, Leoparden und andere Exoten) war eine straffe Organisierung der Hafenarbeiter, Schiffer und Lastenträger in Gilden erforderlich.

Anders als das altehrwürdige Rom mit seinen winkligen Gassen war Ostia eine moderne Stadt, die sich erst in der Kaiserzeit aus einem kleinen Ort zur noch heute sichtbaren Größe entwickelte. Ostia verfügte über ein rechtwinkliges Straßensystem mit zwei Hauptachsen, dem decumānus maximus in West-Ost-Richtung und dem cardō in Nord-Süd-Richtung.

Unter Claudius, dem Nachfolger des Tiberius, und nochmals unter Trajan wurde der Hafen modernisiert und erweitert. Man schätzt, daß in Ostia bis zu 80 000 Menschen gelebt haben.

In der späten Kaiserzeit verfiel Ostia. Auch weil das Gebiet malariaverseucht war, verließen die Bewohner die Stadt, die schließlich vergessen wurde, bis sie in unserem Jahrhundert durch Ausgrabungen wieder zum Vorschein kam. Wegen der Verlandung der Tibermündung liegt *„Ostia antica"* heute ca. 5 km landeinwärts.

In dem riesigen Ausgrabungsgelände lernt der Besucher die Welt des antiken Großstädters besser kennen als irgendwo sonst: Ganze Straßenzüge guterhaltener mehrstöckiger Mietshäuser und öffentliche Einrichtungen wie Garküchen, Latrinen, Thermen können dort besichtigt werden. So bildet Ostia, der Welthafen, eine wichtige Ergänzung zu dem mehr mittelstädtischen Pompeji, einer Stadt von Handwerkern und Händlern.

PENSA EXERCITANDA

Wh

Was man leicht vergißt

a) Laudat alauda* deum „tirili tirilaque" canendo*.

b) Scribere scribendo, dicendo dicere discis.

44 **S 1**

Vergleiche die folgenden beiden Texte:

❶ Aliquando lupus magnus persaepe* in agrum Rufii agricolae* invadebat et oves*, qui ibi pascebantur*, rapiebat. Rufius amicos suos convocavit*; gladiis armati oves custodire* constituerunt*. Profecto lupus finem fecit rapiendi ...

Sed fames mala eum vexabat – itaque dolum* invenit. Pellem* ovis induit et noctu* custodibus ovibusque appropinquavit. Amici Rufii lupum ovem esse putabant. Mediis in ovibus lupus nunc iterum oves interfecit et in silvam traxit.

❷ Aliquando oves*, qui Rufii agris pascebantur*, a lupo magno terrebantur – rapiebat rapiebatque oves. Rufius amicos suos convocavit*, qui gladiis armabantur* et oves custodiebant*. Sic finis rapiendi factus est.

Sed lupus fame malā vexabatur – itaque dolum invenit. Pellem* ovis induit, noctu* custodibus appropinquavit – et profecto ab amicis Rufii ovis esse putabatur. Sic denuo* oves interficiebantur et rapiebantur.

Übersetze die beiden Texte; überlege, an welchen Stellen der Text B durch die Passiv-Wendungen einen etwas anderen Sinn erhält.

F 1

geben	(ich) gebe	(ich) gab	gegeben
tun	(ich) tue	(ich) tat	getan
to give	(I) give	(I) gave	given
to do	(I) do	(I) did	done
dare	do	dedi	datum
facere	facio	feci	factum

In welchem Tempus tritt jeweils eine Stammänderung auf? Welche gemeinsame Funktion haben diese Tempora in den drei Sprachen?

F 2

-ba- oder -eba-?

Präsens-stamm	*Imperfekt-signale*	*Personal-endungen*
adduc-	-ba-	-m
ama-	-ba-	-mini
audi-	-ba-	-mur
canta-	-ba-	-mur
ced-	-ba-	-mus
cresc-	-ba-	-mus
erra-	-eba-	-r
interroga-	-eba-	-ris
lauda-	-eba-	-ris
leg-	-eba-	-s
libera-	-eba-	-s
rapĭ-	-eba-	-tis

E

Setze in den folgenden Sätzen die richtigen Endungen ein:

1) Tarquinius Superbus rex patriā puls_ ___.

2) Regem Tarquinium a Bruto puls_ ___ scimus.

3) Polybius narravit: Antiquis temporibus multa oppida Romanorum a Gallis occupat*_ ___.

4) Tum Romani anseribus* magno periculo servat_ ___.

5) Quid tibi nuntiat_ ___?

Z

In den folgenden Sätzen kann man bei der Übersetzung zumindest hilfsweise ein „von" gebrauchen. Welche Übersetzung entspricht aber eher der deutschen Sprachnorm? Beschreibe den lateinischen Ausdruck, der jeweils dem „von" entspricht.

1) Magister nobis de Romanis narravit.

2) Oppidum a Romanis deletum est.

3) Oppidum flammis deletum est.

4) Quis discipulorum piger est?

5) Ab initio didicimus.

6) E villa venio. A foro venisti. De monte cucurri.

7) Romane venisti? Domo veni.

8) Curis te libero.

W 1

Du hast in Lektion 44 validus und invalidus kennengelernt. Was heißt also amicus: inimicus, iniquus: aequus, was heißt incertus, inhumanus, immaturus, ignotus, impiger?
Welche deutsche Vorsilbe entspricht dem lateinischen „in-"?

Ü

Nur optische Täuschung?
(Phaedrus, leicht verändert)

Canis per fluvium*, carnem* dum fert, natat, lympharum* in speculo* vidit simulacrum* suum.
Aliamque praedam ab altero ferri putat,
et eripere voluit ...
sed, quem tenebat ore, dimisit cibum,
nec, quem petebat, potuit attingere*.

S 2

Der römische Agrarwissenschaftler Varro schreibt:
Omnes agri coluntur hominibus servis aut liberis aut utrisque ...
Um was für einen Ablativ handelt es sich hier?
Woran kannst Du erkennen, daß die Handlungsträger vom Autor als Mittel betrachtet werden?

45 **T 1**

a) Überprüft nach der Übersetzung des Lesestücks 45 die Tempusstruktur des Textes. Ordnet die Aussagen in gleichzeitige und vorzeitige Passagen, dann überprüft den Tempusgebrauch in den gleichzeitigen Partien (siehe dazu Stück 12).
b) Welche Mitbedeutung (Konnotation) erhält der Begriff philosophus im Text?
Das Gespenst erhält unterschiedliche Bezeichnungen, die es mal als Menschen, mal als Geist beschreiben. Überlege, ob die Prädikate, die jeweils zu den unterschiedlichen Bezeichnungen treten, etwas mit dieser Variation zu tun haben.

S 3

Übersetze, und stelle die Zeitverhältnisse zwischen Prädikat und Infinitiven fest:
1) Legimus multa aedificia flammis deleta esse.
2) Praefectus vigiles* itineribus angustis valde impeditos esse imperatori rettulit.
3) Traditum est homines nonnullos flammis interfectos esse.
4) Audio flammas a vigilibus nondum exstinctas esse.

S 4

a) Vir medio in foro interfectus est.
M. Pomponius wäre bei diesem Satz nicht klar gewesen, wo der Mord geschehen ist:
hier ✣ oder hier ✣ ?
Welche Übersetzung mußt Du wählen, wenn ✣ zutrifft,
welche, wenn ✣ richtig wäre?
Welche Information fehlt immer noch, falls ✣ gemeint ist?
b) Medio in monte taberna sita est.
Zeichne in Dein Heft zwei Skizzen, die die möglichen Standorte der Wirtschaft verdeutlichen.
c) Medio in monte Vesuvio taberna sita est.
Warum ist diese Aussage eindeutig?

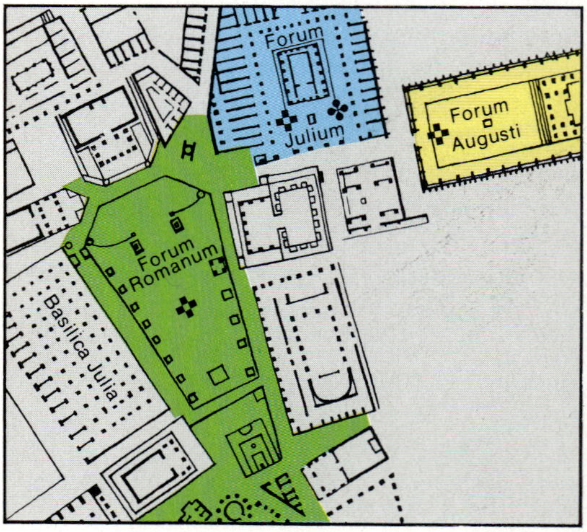

W 2

① Über einem Hoteleingang stand zu lesen: Salve*, hospes! Ein Gast, der sich geärgert hatte, änderte eines Nachts die Inschrift: Solve, hospes!
② Jeder Buchstabe bewirkt ein neues Wort bzw. eine neue Wortform:
liber, libera, liberat, liberato, liberator*, liberatori, liberatoris
③ Ein Lehrer sagte zu seinem Schüler: „Aut disce aut discede!"

W 3

Erkläre die folgenden Fremdwörter:

1) Er ist sehr *robust.*
2) Diese Plattenaufnahme ist eine *Rarität.*
3) Sein *Appell* wurde nicht beachtet.
4) Dieser Skandal darf nicht *publik* werden.

T 2

Nach römischer Auffassung lebten die Seelen der Verstorbenen als „manes" in der Unterwelt weiter. Voraussetzung ist jedoch, daß die Toten auf der Erde ordnungsgemäß bestattet worden sind. Andernfalls finden die Toten keine Ruhe.

① Warum ist der Tote nicht bestattet worden?

② Der Verfasser der Geschichte hat in der Erzählung neben anderen Stilmitteln die **Alliteration** (Gleichklang von Anfangslauten, z. B. **H**aus und **H**of) verwendet. Zeige solche Stellen im Text auf!

T 3

Lies den Text 45 nochmals durch.

1.1 Nenne die Personen des Textes. Welche von ihnen spielen die Hauptrollen, welche nur eine Nebenrolle?

1.2 Mit welchen Merkmalen und Tätigkeiten werden die Hauptakteure eingeführt?

2.1 An welchem Ort finden die Ereignisse statt? Wie wird der Ort charakterisiert?

2.2 Wann und in welcher Zeitstufe spielen die Ereignisse? Lassen sich innerhalb einer Zeitstufe unterschiedliche Zeitabstufungen feststellen?

3. Welche Wörter aus demselben Wort- und Sachfeld, die wiederholt oder variiert werden, bestimmen eindeutig das Textthema (siehe Überschrift)?

4.1 Stelle die auffälligsten Konnektoren des Textes fest: Welche gliedern den Text, welche machen darüber hinaus die zeitliche Abfolge des Textes sichtbar?

4.2 Welche Konnektoren wecken durch ihre Sinnrichtung eine bestimmte Erwartung beim Leser über den nachfolgenden Textverlauf?

5.1 Wie beurteilst Du die Haltung des Philosophen?

5.2 Findest Du den Text belehrend oder unterhaltend oder beides? Begründe Deine Meinung aus dem Text!

6. Wo bzw. wie macht sich Deiner Ansicht nach der Autor im Text bemerkbar?

Z Herren und Sklaven

Scimus dominos Romanos nonnumquam inhumanos in servos suos fuisse. Mirum exemplum Vidius Pollio dedit, unus ex amicis imperatoris Augusti: iussit enim servos, qui mortis damnati erant, in vivaria iaci. Statim miseri piscibus lacerati sunt. Tradunt Vidium eos pisces eximia voluptate edisse. Certum quidem est pisces muraenas fuisse, quas bestias saevas esse non ignoramus.
Sunt et multa exempla, quibus domini honestos et servi fidos se praestiterunt. In eorum numero habetur servus Urbini, qui morte sua dominum servavit. In bello, quod fuit inter cives Romanos, Urbinus proscriptus et capitis damnatus est. Servi dominum in cubiculo occultari sciebant et tacebant. Vicini autem latebras aperuerunt et prodiderunt. Iam milites ad portam stant, iam villam explorant. Summo in periculo unus e servis in lecto domini interfectores exspectat, eis cervices praebet et plagam pro Urbino domino excipit. Interfectores Urbinum mortuum esse putant et discedunt.
Constat Urbinum postea in suam dignitatem restitutum esse et fido servo praeclarum monumentum exstruxisse.

nōnnumquam manchmal • **inhūmānus, -a, -um** ↔ **mīrus, -a, -um** sonderbar • **exemplum** Beispiel • **damnāre** *mit Gen.* verurteilen • **vīvārium** Fischteich • **iacĕre** werfen • **piscis, -is** *m.* Fisch • **lacerāre** zerfleischen • **eximius ,-a, -um** ungemein • **voluptās, -ātis** *f.* Gier, Begierde • **certus, -a, -um** sicher • **muraena** Muräne *(Seefisch)* • **bēstia** Tier • **saevus, -a, -um** wild • **honestus, -a, -um** anständig • **sē praestāre** sich erweisen • **servāre** retten • **prōscrībere** *jmd.* ächten • **capitis damnāre** ≈ **mortis damnāre** • **occultāre** verstecken • **latebrae, ārum** *(Pl.)* Versteck • **prōdere** verraten • **explōrāre** erkunden, durchsuchen • **summum periculum** höchste Gefahr • **lectus** Bett • **interfector: interficere** • **cervīx, -cis** *f., Pl.* Nacken, Hals • **plāga** Schlag, Hieb • **excipere** empfangen, hinnehmen • **cōnstat** es ist bekannt • **posteā** später • **dīgnitās, -ātis** Würde, Ansehen • **restituere** wieder einsetzen • **monumentum exstruere** errichten

46 „Miles gloriosus“

Decimā hōrā illīus diēī mercātor et Pomponius cum fīliīs fīliābusque in Ōstiae portū ambulābant. Tenēbantur aspectū exercitūs, quī in terram expōnēbātur.

Vir eīs īgnōtus accessit: „Multōs annōs in peditātū stipendia fēcī. Nunc veterānus bene meritus sum. Ōlim cum commīlitōnibus multōs barbarōrum impetūs sustinuī. Rēs adversās ā rē pūblicā bonā fide prohibuī. Quam ob rem multās phalerās accēpī.“ Iam manū eās mōnstrāvit. „Vidēte! Hī sunt frūctūs virtūtis fortitūdinisque meae. – Ecce, praefectus venit, quī equitātuī praeest.“ Ardenter manum dextram ad praefectum tōtumque exercitum tetendit et clāmāvit „Macte, praefecte, macte!“ – et in hominum turbam ēvānuit.

Agathō puerīs: „Rēs ineptae! Ille fuit vir garrulus et glōriōsus – ut mīles. Ad nūllam rem prōdest.“

peditātus: das „Fuß“heer; in ihm diente ursprünglich, wer nicht reich genug war, sich ein Pferd mit entsprechender Ausrüstung zu kaufen
equitātus: „Reiter“heer
phalerae (griech.): runde Metallplatten mit getriebenen Reliefs als militärische Auszeichnung; an der Brust getragen
praefectus: Offizier, Kommandant, hier: der Reiteroberst

▼ *Lager eines römischen Heeres von zwei Legionen (schematische Darstellung)*

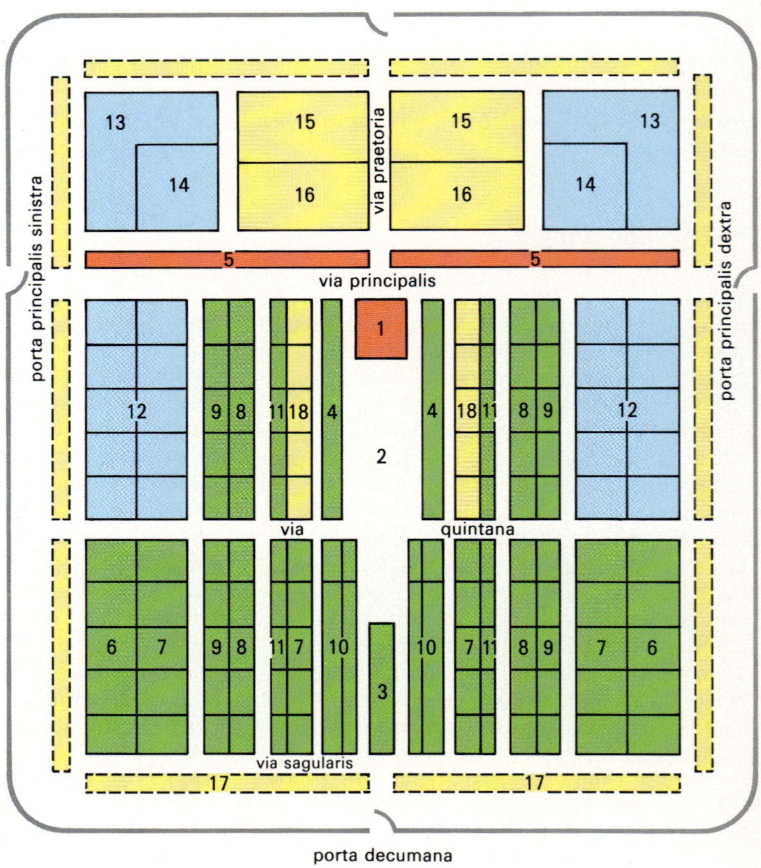

1 praetorium
2 forum
3 quaestorium
4 equites et pedites delecti – evocati (Leibgarde des Feldherrn)
5 praefecti socium – tribuni – legati (höhere Offiziere)
6 pedites (Fußsoldaten)
7 equites (Reiterei)
8 principes (Zweites Treffen)
9 hastati (Lanzenträger)
10 evocati (Wiedereinberufene)
11 triarii (Drittes Treffen)
12 socii (Bundesgenossen)
13 pedites auxiliares (Hilfstruppen zu Fuß)
14 equites auxiliares (Hilfstruppen zu Pferd)
15 equites extraordinarii (zusätzliche Fußtruppen)
16 equites extraordinarii (zusätzliche Reiterei)
17 velites (Leichtbewaffnete)
18 Romani (Römer)

At Pompōnius: „Nōn probō sententiam tuam. Saepe exercitus Rōmānus ultima spēs reī pūblicae fuit. Rōma caput rērum est, quam in rēbus adversīs mīlitēs exercituum nostrōrum servāvērunt. Aciē exercentur, nōn litterīs – ut togātī. Cōnstat rem pūblicam Rōmānam exercitibus nostrīs ē perniciē persaepe servātam esse exercitūsque Rōmānōs reī pūblicae nostrae prōfuisse."

▲ *Römischer Legionär des 1. Jh. n. Chr.*

Lösegeld von Caesar

47

Auf dem Weg zum Schiff, das den Marmor aus Afrika gebracht hat, langweilt Agatho die Kinder mit seinen Ausführungen zur zentralen Bedeutung des Hafens von Ostia für das Imperium Romanum und über dessen weitgespannten Handelsbeziehungen. Da wird er von Domitilla unterbrochen:

„Nonne pericula tempestatum aut piratarum metuis?" – „Tempestates quidem semper metuimus, Domitilla, nostrā memoriā autem metu piratarum vacamus. At memoriā maiorum mercatores piratas metuerunt, qui raptu aut mercium aut vectorum sibi victum divitiasque comparabant. Ne C. Iulio Caesari quidem pepercerunt." – „Quid de hoc Caesaris eventu?" –

„C. Iulius Caesar aliquando Rhodum navigavit – praeceptorem artis oratoriae clarum audire cupiebat, puto. Circa insulam quandam a piratarum manu captus est, qui tum classibus magnis maritimos commeatus regebant.

Magnā laetitiā, scilicet, praedones affecti sunt e raptu illo, quia spe pretii ampli ducebantur: „Da nobis talenta viginti – et abi et discede!" Quod Caesar specie summae indignationis reppulit: „Num viginti me aestimatis talentorum? Me, qui habeor in numero virorum optimorum senatus Romani? Quinquaginta saltem quaerite talenta, si me discedere vultis!"

Mansit apud eos prope quadraginta dies cum uno servo et cubiculariis duobus, ceteros e comitatu suo dimiserat pecuniam comparandi causa.

Diebus illis Caesar piratis imperabat tamquam eorum dux, sine ullo metu eis illudebat: Modo famis facie fructus arborum postulavit, modo otii molestiā versus fecit et, cum admiratione non afficiebantur praedones, barbaros incultos hos ille arguit. Saepe risu ioco supplicium pro scelere eis denuntiavit: „Pro fide mea! Iste dies, quo me rapuistis, non saluti vobis fuit!" Cuius rei fidem praedones non cognoverunt, immo Caesarem scurram esse putabant.

Ubi pretium allatum et numeratum est, piratae in litore exposuerunt Caesarem. Hic statim Miletum properavit, ibi naves longas ornavit, praedones in insula illa cepit, talenta sua et alias divitias recuperavit. Quos ceperat, Pergamum abduxit. Illic crucibus iussu Caesaris affixi sunt, antea autem eos iugulari iusserat."

▼ *Römisches Kriegsschiff, Modell*

PENSA EXERCITANDA

Wh
Störenfriede!

carmini	ibi	morum	itinerum	asper*
domini	heri	laborum	miserum	frater
flumini	domi	murum	iterum	mater
nomini	ei	itinerum	puerum	iter

T
a) Lest zunächst den Text 46, und nennt die Handlungsträger.
b) Übersetzt den Text. Innerhalb des Textes findet sich ein Themaabbruch: Wodurch wird er eingeleitet?
c) Überlegt nach der Übersetzung, welcher Meinung Ihr Euch anschließt – der des Pomponius oder der des Agatho.

“Tip” Texte können „geschlossen“ sein, also klar die Meinung ihres Autors vorbringen, oder offen. Offene Texte laden zu Diskussionen ein; sie sind oft „oppositionell“ angelegt, d. h. sie zeigen verschiedene (aber nicht unbedingt gegensätzliche) Meinungen.

46 **F 1**
Lege eine Tabelle an mit Spalten für Substantive, Verben und sonstige Wörter. Ordne die folgenden Wörter ein:
fructibus – victoribus – portui – rapui – agris – militis – legitis – diem – salutem – vir – cur – pes – spes – impetum – paratum – equum – iterum – seni – posui – argenti – militi – plebi – pleni – puellis

E
Politisches Streitgespräch
Aurelius diskutiert mit seinem Freund, dem Buchhändler:

AURELIUS: „Cicero, ille orator praeclarus, re_ public_ Roman_ permultis* in orationibus defendebat*. Pernicie_ enim liber_ re_ public_* imminebat. Multi tum de re_ nov_* cogitabant. Inter eos erant Catilina et Caesar. Non pauci viri praeclari iis temporibus re_ public_ causa vitam suam amiserunt. Quin etiam Cicero, homo vere honestus*, proscriptus* et interfectus est.“

LUCIANUS: „Non tibi consentio*! Liber_ ill_ re_ public_ nominas? Libera divitibus solis! Populi sp_ erat in Catilina illis temporibus, Ciceronis autem amici re_ public_ pernici_ fuerunt! Itaque r_ nov_ non sunt eaedem atque r_ advers_!“
Setze die fehlenden Endungen ein, und übersetze. Kannst Du ein Wortspiel bei Lucianus entdecken?

F 2*
Was paßt zusammen?

1) ad portum	a) dextra
2) contra exercitum*	b) liberorum
3) manu	c) angustum
4) impetu	d) parvos
5) adventui	e) Graeco
6) fructus	f) hostium

F 3
Die meisten Substantive der u-Deklination sind vom PVP-Stamm eines Verbs gebildet. Wenn Du also die Stammformen eines Verbs beherrschst, kannst Du die Bedeutung solcher Substantive oft erschließen, z. B. aspectus, us *m.* von aspicere: Anblick.
ascensus – casus – cursus – motus – ornatus – pulsus – risus

F 4
Lautet der Genitiv auf -oris, -eris, -i oder -us?
amicus – campus – corpus – deus – exercitus* – fructus – ludus– pondus – portus – tempus

W 1
Was für Sachen?
Ordne die Attribute dem Bezugswort nach der vorgegebenen Bedeutung zu:

familiares
navalis
gestae
divinae
rustica
pecuaria
RES
secundae
adversae
militaris
bonae
novae
frumentaria

Familienangelegenheiten • Leckerbissen • Glück • Unglück • Kriegswesen • Getreideversorgung • Landwirtschaft • Viehwirtschaft • Taten • Gottesdienst • Seewesen • Änderung der Verhältnisse, Umsturz •

S 1

Relativpronomen, relativischer Anschluß oder Interrogativpronomen?

❶ Iphigenie

Agamemno in silva cervam* interfecerat. Quae bestia Dianae deae sacra est. Achivi, qui in Aulidis portu ventis adversis* retinebantur – Troianis enim bellum inferebant* –, sacerdotem quendam interrogaverunt: „Qua re deam placare* possumus? Dianam iratam esse constat." Sacerdos nuntiavit deam filiam Agamemnonis sacrificari* iussisse. Qua de causa Agamemno filiam Iphigeniam deae immolabat*. Diana autem virginem* eripuit et sacerdotem fecit.

❷ Frosch und Ochse

In stagno parvo rana quaedam habitabat, quae aliquando bovem* magnum conspexit. Statim pellem* suam rugosam* inflavit*, quod bovis magnitudini valde invidebat*. Vocavit socios: „Videte, certe iam tam magnus sum quam bos iste!" Ii negaverunt et sociae illuserunt. Quae, quod bovem magnitudine superare* studebat, se inflare perrexit* ... et tandem dissiluit.

❸ Gelehrter Neid

Alexander, rex Macedonum, aliquando morbo duro laborabat. Unus inter medicos*, nomine Philippus, remedia* promisit*. Cui quod ceteri medici invidebant, Alexandro epistulam* tradiderunt, in qua scriptum erat: „Philippus proditor* est. Quod promittit, profecto non est medicamen*, sed venenum!" Quam epistulam Alexander Philippo tradidit – medicus litteras legit, Alexander autem eum, dum legit, diligenter observavit. Ut eum securum* esse conspexit, medicamen sine metu bibit et tribus diebus post revaluit*.

W 2

Worträtsel

Welches lateinische Wort hat ebenso viele Buchstaben wie der von ihm bezeichnete Gegenstand Finger hat?

W 3

Viele lateinische Ausdrücke sind im Deutschen als Redewendungen gebräuchlich:

1) Weißt Du jetzt, was eine Schwiegertochter in spe ist?
2) Der Redner ging sofort medias in res.
3) Geld war zu allen Zeiten der nervus rerum.

W 4

Sprichwörter

1) Amore, more, ore, re probantur amicitiae* (os, oris n. Mund).
(Was wird mit ore bzw. re umschrieben?)
2) Manus manum lavat.
3) Dies diem docet.

W 5

Als Tourist unterwegs

① Wonach fragt der Tourist bei einer Zimmerbestellung in **Paris:** *le prix*; **Rom:** *il prezzo*; **Buenos Aires** und **Madrid:** *el precio*; **Rio de Janeiro** und **Lissabon:** *preço*; **Bukarest:** *pret*?

② Wonach verlangt ein müder Tourist in **Paris:** *le lit*; **Rom:** *il letto*; **Madrid:** *el lecho*; **Lissabon:** *leito*?
Wie lauten jeweils die lateinischen Wörter?

③ Wohin gelangt der Tourist mit der Zielangabe in **Paris:** *le port*; **Rom:** *il porto*; **London:** *the port*; **Barcelona:** *el puerto*; **Rio de Janeiro:** *porto*?

④ Der Wetterbericht meldet für die **Côte d'Azur:** *tempête*; **Adria:** *tempesta*; **Mallorca:** *tempestad*; **Azoren:** *tempestade*; **Nordsee:** *tempest*. Warum bleiben die Touristen im Hotel?
Nenne die zugrundeliegenden lateinischen Wörter.

W 6

O diese Fremdwörter!

① *Aspekt* bedeutet
a) Gelatine aus Kalbsknochen
b) Sehweise
c) eine nicht brennbare Mineralfaser

② *Usus* bezeichnet
a) eine Unterorganisation der UNO
b) einen Auerochsen
c) einen Brauch, eine Gewohnheit

③ *Manual* ist
a) ein männlicher Vorname

b) die Tastatur einer Orgel

④ *Exerzieren* heißt

a) üben

b) den Teufel austreiben

c) einen Auszug aus einem Buch machen

W 7

Die Germanen übernahmen viele Wörter aus der lateinischen Sprache. Wichtige Entlehnungen im Militärbereich sind vom Lateinischen abzuleiten:

pilum → Pfeil

draco → Drache (Abzeichen)

Welches Wort ist entstanden aus:

vallum – castellum – strata – milia (passuum) – campus („er" fand „dort" statt)?

Latein und Europa

Mundus Novus

Die ersten Nachrichten über die „Neue Welt" erhielten die Europäer in auf Latein abgefaßten Berichten – diese Sprache wurde überall (von den Gebildeten!) verstanden. Amerigo Vespucci, nach dem Amerika benannt wurde, schrieb 1503:

Tantam in illis regionibus gentis multitudinem invenimus, quantam* nemo numerare* poterat. [...] Omnes incedunt* nudi, nullam partem* corporis* operiunt*. Ut ex ventre matris prodeunt*, sic usque ad mortem vadunt*. Corpora enim habent magna, quadrata*, colore ad rubidinem* [...] Habent et comam* amplam* et nigram* [...] Perforant* sibi genas* et labra* et nares* et aures* [...] Vivunt secundum* naturam.

2 De canum fide egregia

Domi militiaeque canes hominibus fidi sunt. Constat Colophonios etiam cohortes canum habuisse, quae primae in acie pugnabant neque umquam recedebant.

Canes defenderunt, postquam eorum domini interfecti sunt, Cimbrorum domus, quae plaustris impositae erant.

Postquam Lycius Iason dominus interfectus est, canis eius cibum capere noluit inediaque consumptus est.

Alius canis etiam flammis rogi se iniecit, quibus Lysimachi domini corpus crematum est.

Magna populi turba nuper unicam fidem canis observavit. Imperator Nero Titum Sabinum et eius servos capitis damnaverat, quorum unus canem possedit, qui nec a servo, dum in carcere est, nec a cadavere servi, postquam interfectus est, abigi potuit. Quin etiam, ubi servi corpus in Tiberum flumen abiectum est, canis cadaveri innatavit et maestos ululatus edidit.

Canes soli dominum noverunt, soli sua nomina, soli vocem domesticam agnoscunt. Itinera quamvis longa memoriā tenent. Praecipua eorum sagacitas in venatu est: vestigia investigant, dominum loro ad feras trahunt, praedam primum cauda, deinde latratu significant. Ducunt etiam homines aut senectute defessos aut caecos aut invalidos.

domī mīlitiaeque „in Frieden und Krieg" • **canis, -is** *m.* Hund • **cōnstat** es ist bekannt • **cohors, tis** *f.* Kohorte • **aciēs, ēī** *f.* Schlacht • **pūgnāre** kämpfen • **umquam** jemals • **recēdere?** • **dēfendere** verteidigen • **domus, ūs** *f.* Haus • **inedia** Nahrungsverweigerung • **cōnsūmere** verbrauchen, *hier (Pass.):* umkommen („sich verzehren") • **rogus** Scheiterhaufen • **sē inicere** sich in/auf etw. werfen • **cremāre** verbrennen • **nūper** *(Adv.)* neulich, vor kurzem • **ūnicus, -a, -um** einzigartig • **capitis damnāre** zum Tode verurteilen • **possīdēre** besitzen • **carcer, -ris** *m.* Gefängnis • **cadāver, -ris** *n.* Leichnam • **abigere: ab, agere** • **abicere: ab, iacere** • **innatāre** *mit Dat.* auf etw. schwimmen • **ululātus, -ūs** *m.* Gejaule • **sōlus, -a, -um** allein • **nōvisse** *(Pf.)* kennen • **domesticus, -a, -um** vertraut • **agnōscere** erkennen • **quamvīs** („wie du willst") gleich wie • **praecipuus, -a, -um** ausgezeichnet • **sagācitās, ātis** *f.* Spürkraft • **venātus, ūs** *m.* Jagd • **vestīgium** Spur • **investīgāre** aufspüren • **lōrum** Leine • **fera** Wild • **trahere, trāxī, tractum** ziehen • **praeda** Beute • **cauda** Schwanz • **latrātus, ūs** *m.* Gebell • **sīgnificāre** anzeigen • **senectūs, ūtis** *f.* Alter • **caecus, -a, -um** blind

Das römische Militär

In seinem *Tatenbericht* (Res gestae) rühmt sich Kaiser Augustus, daß der Ianustempel, der seit Gründung der Stadt (753 v. Chr.) erst zweimal geschlossen war, unter seiner Regierung dreimal geschlossen wurde. „Den Ianustempel schließen" (Iānum Quirīnum clūdere) bedeutete, daß im ganzen Römischen Reich Friede herrschte.

Diese Aussage macht deutlich, daß in der Antike Krieg die Regel und Frieden die Ausnahme war: Die Römer führten permanent Kriege und eroberten ein Gebiet nach dem anderen; das römische Heereswesen besaß also eine sehr lange Tradition. Im Laufe der Jahrhunderte bildete sich eine äußerst erfolgreiche Organisation des Heeres heraus: Die Soldaten, die jeweils für einen Feldzug rekrutiert wurden, waren in Legionen zusammengefaßt. Eine Legion bestand zur Zeit der frühen Republik aus jeweils 3000 Schwerbewaffneten, 1200 Leichtbewaffneten und 300 Reitern. Je zwei Legionen wurden von einem Konsul befehligt – in der Republikzeit leiteten jeweils zwei für ein Jahr gewählte Konsuln den Staat –, so daß in der Regel vier Legionen für einen Feldzug ausgehoben wurden. Reichte diese Truppenstärke nicht aus, wurden weitere Legionen rekrutiert, die dann von Militärtribunen (Offizieren) befehligt wurden. Zwischen dem Oberbefehlshaber und dem einfachen Soldaten gab es zwei bis drei weitere Führungsebenen. Die Soldaten waren römische und italische Bauern, wehrtaugliche Männer im Alter zwischen 17 und 46 Jahren. Im Idealfall dauerte ein Feldzug von März bis August, das ist die Zeitspanne zwischen der Aussaat und der Ernte, so daß die Landwirtschaft nicht vernachlässigt werden mußte. Dauerten die Feldzüge länger, was seit den Punischen Kriegen (siehe *Hannibal*) häufig geschah, bedeutete das oft den wirtschaftlichen Ruin für die zurückkehrenden Bauern, da sie ihr Land unbebaut vorfanden und sich, um überleben zu können, verschulden mußten.

Bis zur Zeit des Augustus gab es weder Berufssoldaten noch ein stehendes Heer, die Bürger wurden nur, wenn ein Feldzug bevorstand, einberufen. Waffen und Ausrüstung brachten die Soldaten mit: Sie bestanden aus Helm, Schild, ledernem Brustpanzer, Schwert und Lanze oder Wurfspießen. Auf ihrem Marsch mußten sie außer diesen Gegenständen noch einen Getreidevorrat und einen Topf, Säge, Spaten, Beil sowie 2–3 Schanzpfähle tragen, insgesamt ca. 30 kg Gepäck. Diese Belastung bedingte, daß eine Legion täglich in ca. 5–6 Stunden nicht mehr als 15 km marschierte. Nach dem Marsch wurde allabendlich ein befestigtes Lager aufgebaut. Dafür wurde um einen quadratischen Platz ein Graben ausgehoben und die Erde zu einem Wall aufgeschüttet, wobei die Platzgröße von der Anzahl der Legionen abhing. Dann wurde der Platz des Feldherrenzeltes (praetorium; 60 x 60 m) sowie zwei Lagerstraßen, die via praetoria und die via principalis, nach einem Schema festgelegt, als letztes wurden die Zelte, die aus Fellen bestanden, aufgestellt, jeweils eins für 10 Mann. Je eine Kohorte (= 1/10 einer Legion) pro Legion schob Wache an den Lagertoren, zusätzlich standen Wachtposten auf den Wällen, die alle drei Stunden (vigilia) abgelöst wurden.

Zum Heer gehörte außerdem eine technische Truppe, bestehend aus Handwerkern für den Brückenbau, den Bau von Belagerungsmaschinen, die, zu schwer für einen langen Transport, jeweils vor Ort konstruiert wurden. Notwendig war auch ein Troß (impedīmentum), bestehend aus Pferde- und Maultiergespannen für den Transport von Zelten, Verpflegung und Verwundeten.

Die Organisation des römischen Heeres mit seiner besonderen Disziplin, für die der Lagerbau nur ein Beispiel ist, wurde auch in der Kaiserzeit im wesentlichen beibehalten. – Der Hauptunterschied seit Augustus bestand darin, daß die Anzahl der Legionen auf 28 vergrößert worden war, wovon jede 6000 Mann umfaßte; es gab keine Armee mit Wehrpflichtigen mehr, sondern ein stehendes Heer mit Berufssoldaten. In die Armee trat mehr oder weniger freiwillig ein, wer sich dazu durch wirtschaftliche Not gezwungen sah. Er diente 20 Jahre und wurde im Alter von 40–50 Jahren entlassen. Während der Dienstzeit erhielten die Soldaten einen festen Sold (stipendium), hinzu kamen besondere Geldgeschenke, z. B. beim Regierungsantritt eines neuen Kaisers, sowie bei der Entlassung ein größerer Geldbetrag oder ein Stück Land. Während der langen Dienstzeit war es den Soldaten nicht erlaubt zu heiraten; sie hatten aber durchaus Lebensgefährtinnen und Kinder. Da die Soldaten meist für die gesamte Dienstzeit an einem Ort blieben, lebten ihre Partnerinnen und die Kinder in der Nähe des jeweiligen Römerlagers, wo sich binnen kurzem Dörfer bildeten; erst nach der Entlassung konnte der Soldat seine Lebensgefährtin heiraten.

Die Einführung der Berufsarmee brachte viele einschneidende Veränderungen, die die gesamte Gesellschaft betrafen. So mußten diese Soldatenmassen (28 Legionen mit je 6000 Soldaten entsprechen ca. 170 000 Mann) bezahlt, versorgt und untergebracht werden. In Italien war dies völlig unmöglich, auch viel zu gefährlich, zudem gegen die Gesetze; so war es nur konsequent, die Legionen an den Reichsgrenzen, vor allem am Rhein, zu stationieren und dort auch dann mit Arbeiten zu beschäftigen, wenn gerade kein Feldzug unternommen wurde. In Rom selbst stand nur eine Legion zum besonderen Schutz des Kaisers, die Prätorianergarde.

48 Der Kleiderdieb

M. Pomponius Marcellus war mit dem angebotenen Marmor hoch zufrieden. Agatho kümmerte sich nun darum, daß die benötigte Menge nach Pompeji gelangte. Pomponius hatte auch seine übrigen Geschäfte erledigt, und alle waren nach Pompeji zurückgekehrt. Für die Kinder begann wieder das Alltagsleben.

Dazu gehörte es auch, daß Lucius eines Tages den Wunsch äußerte, mit seinem Freund Quintus die öffentlichen Thermen zu besuchen. Natürlich hatten die Pomponii ihre private Badeanlage, aber in den öffentlichen Bädern in der Stadt war viel mehr los!

Die Mutter allerdings ist nicht so sehr dafür: Schließlich tummelten sich in diesen öffentlichen Bädern eine Menge Diebe und Betrüger. Letztlich willigt sie aber ein: Unter der Begleitung des Polybius dürfen die Kinder losziehen.

Amīcī laetī ad balneās pūblicās Pompēiōrum contendērunt. Iam procul turbam hominum vidēbant et clāmōrem audiēbant. Subitō virum aspexērunt, quī ē balneīs abducēbātur. Māgnā vōce clāmābat: „Adeste mihī! Sum culpā vacuus!“ Tum Lūcius cūriōsus ūnum ē turbā, quī circumstābant, interrogāvit: „Quid est? Cūr ille vir abdūcitur?" Hīc autem rīsit: „Iste? Vir est „trium litterārum“ – F U R. Abdūcitur in furtō comprehēnsus.“ Ille autem resistēbat atque clāmāre perrēxit: „Culpā vacuus sum. Mē furtī nōn convictum abdūcitis. Prō Iuppiter!“

Hominēs rīdēbant, dum haec clāmat, et custōdēs eum vinctum abdūxērunt.

▶ **Aufrißzeichnung der Stabianer Thermen:**
① Haupteingang ② Westeingang ③ Umkleideraum ④ „Boccia“bahn ⑤ Büro des Bademeisters ⑥ Eingang zum Nordteil ⑦ öffentliche Toiletten ⑧ Wasserreservoir und Tretmühle ⑨ flaches Badebecken ⑩ Schwimmbecken ⑪–⑮ **die Männerbäder** ⑪ Eingangshalle ⑫ Umkleideraum ⑬ Kaltwasserbad ⑭ Warmraum ⑮ Heißraum ⑯ Heizraum ⑰ Heißwassertank ⑱ Warmwassertank ⑲ Kaltwassertank ⑳ Hauptofen ㉑ Ofenfeuer ㉒ Warteraum für die Diener ㉓–㉘ **die Frauenbäder** ㉓ Westeingang ㉔ Osteingang ㉕ Umkleideraum ㉖ Kaltwasserbecken ㉗ Warmraum ㉘ Heißraum

▶ *Die sog. Stabianer Thermen in Pompeji, Apodyterium. In der Wand Nischen zur Ablage der Kleidung, die Vitrinen enthalten Gipsabgüsse von durch den Vesuvausbruch überraschten Besuchern der Thermen*

In den Thermen

49

Tandem puerī balneās intrāvērunt. Balneātōrēs eōs salūtābant officia sua offerentēs. Multī ad balneās venientēs perfundī vel fricārī volēbant, illī autem prīmum palaestram petivērunt. Haec plēna erat virōrum puerōrumque currentium, salientium vel pilīs ludentium. Ubīque venditōrēs clāmābant: „Emite pōma! Emite vīnum! Crūstula! Placentās! Farcīmina fūmantia!

Deinde amīcī in apodytērium iērunt, tunicās exuērunt et vestēs exūtās Polybiō in apodytēriō manentī mandāvērunt. Nūdī ad piscīnam prope palaestram sitam cucurrērunt. Lūcius quidem frīgidam aquam horrēns fugiēbat, sed Quīntus eum comprehendēns in aquam iēcit. Ille iocōsē hunc increpuit; per thermās cucurrērunt et postrēmō in tepidārium undīque tumultū resonāns invāsērunt.

Iam ūnus ē balneātōribus huius tumultūs causā ab aliquō advocātus advolāverat; sed amīcī eum effūgērunt māgnō cum strepitū in piscīnam salientēs et sub aquā natantēs. Ille postquam irritus discessit, cēterōs lavantēs aquā ē tubīs effluente spargēbant...

palaestra (griech.): Sportplatz

apodytērium (griech.): Auskleidehalle; dort wurden in Nischen die Kleider abgelegt
piscīna: Fischteich und (hier:) Schwimmbecken (auch: natātiō)
tepidārium: Raum mit „lauer" Temperatur

50 Menschen, Tiere, Sensationen

Eine Gladiatorenveranstaltung in der Hauptstadt Rom war etwas ganz anderes als in der provinziellen Campania, etwa so voneinander verschieden wie ein kleiner Zirkus von einem Großzirkus. In Pompeji wurde bei der venātiō in der Arena meist Wild aus der Umgebung gejagt – Hasen, Eber, Hirsche, auf dem Höhepunkt gab es einen Stierkampf. In Rom dagegen wurden exotische Tiere aufgeboten, Löwen, Bären, Tiger usw. Das war natürlich viel spannender! Also mußte Publius seinen Freunden in Pompeji gleich von seinem Erlebnis in Rom berichten.

Cavea spectatorum iam plena erat, cum amphitheatrum intravi. Ubi consedi, duo homines hydraulo cornuque canentes initium spectaculi indicaverunt. Dum canunt, gladiatores longo agmine harenam inierunt. Spectatores eis applauserunt ad editoris sedem prodeuntibus. Ante editorem muneris constiterunt salutantes. Ille autem salutatus eos dimisit et munus incipi iussit.

Primum tigris et asinus immissi sunt. Hic timore captus illam fugiebat. Bestia autem fugientem cito corripuit et laceravit. Sanguis harenam rubefecit.

Deinde tres bestiarii cum urso introducti venationem coeperunt. Ursus lacessitus a bestiario veste alba induto adversarium petivit et humi oppressit. Statim ceteri eum adiuverunt bestiam loris a commilitone pellentes.

Nunc bestiarius veste rubra indutus ursum petivit. Pars spectatorum huic bestiario favens „habet" atque „iugula" clamabat. Profecto bestia ab eo iugulata est. Tum duo gladiatores baculis lorisque se verberantes caveam delectaverunt.

Quibus gladiatoribus bestiarius alius successit, qui pantheram hasta transfigens interfecit. Frustra bestia dentibus hastam e corpore trahere studuerat.

Duo gladiatores alter in alterum magno impetu accurrentes primam partem muneris finiverunt. Retiarius tridente, pugione, reticulo, secutor scuto, galea, gladio armatus de vita sua pugnaverunt. Primus retiarius secutorem reticulo petebat. Iamiam supra caput adversarii erat, sed hic gladio huc illuc feriens impetum avertit. Altero impetu retiarius magno tridentis ictu adversarium in arenam coniecit et reticulo cito involvit. Ille victus humi iacebat, putabam eum iam mortuum esse... Sed spectatores benigne „mitte" clamabant. Deinde editor populi voci parens pollicem erexit, victor victum vivum ex harena misit.

▲ *Zugang zum Amphitheater von Pompeji*

cavea: („Höhlung":) Zuschauerränge im Theater und Circus
hydraulus: Wasserorgel, um 150 v. Chr. von dem griech. Techniker Ktesibios erfunden

ēditor: der Veranstalter öffentlicher Feste usw.
bēstiārius: Tierkämpfer; → Kap. „Die Gladiatoren"
venātio: „Jagd"; Tierhetze im Circus und Amphiteather; Bestandteil einer Gladiatorenvorführung

rētiārius (Netzkämpfer): ein mit Dreizack (tridēns), Dolch (pūgiō), Netz (rēticulum) bewaffneter Gladiator; sein Gegner war der **secūtor** (Verfolger < sequī), der mit Schild (scūtum), Helm (galea), Schwert (gladium) bewaffnet war

So oder so

(M. Valerius Martialis VIII, 74)

Oplŏmăchus nunc es, fuerās ophthalmicus ante.
Fēcistī mĕdicus, quod făcis oplŏmăchus.

oplomachus *(griech. Wort)* (schwerbewaffneter) Gladiator(entyp)
ophthalmicus *(griech.)* Augenarzt

Musikanten

①

Tiger und Esel

②

Bären-tanz

③

Peitschen-kämpfer

④

Erlegter Panther

⑤

⑥

Kämpfende Gladiatoren mit Schiedsrichter

Die Gladiatorenkämpfe

Wie die Wagenrennen (lūdī circēnsēs), so gehen auch die Gladiatorenkämpfe (mūnera gladiātōria) auf einen alten Brauch der Etrusker zurück. Bei Bestattungen vornehmer Bürger traten bewaffnete Kriegsgefangene zu einem Kampf auf Leben und Tod gegeneinander an. Der Gladiatorenkampf als Bestandteil der Bestattung hielt sich noch bis in spätrepublikanische Zeit. Die Kosten für ein munus trug der Erbe des Verstorbenen, meist der Sohn, galt doch in Rom für Reiche und damit politisch Einflußreiche die Verpflichtung, die Allgemeinheit am Reichtum teilhaben zu lassen.

In der Kaiserzeit wurden Gladiatorenkämpfe in Rom ausschließlich Sache des Kaisers; sie wurden jetzt aber unabhängig von Bestattungen veranstaltet. Der Umfang der Darbietungen war gewaltig; so kämpften ca. 10 000 Gladiatoren bei den vier Monate dauernden Feierlichkeiten unter Trajan aus Anlaß des Triumphs über die Daker. – Auch Augustus hat seinem „Tatenbericht" zufolge insgesamt acht munera ausgerichtet, bei denen etwa 10 000 Menschen kämpften. Veranstaltungen dieser Größenordnung kosteten Unsummen. Nur der Kaiser, der mächtigste und reichste Mann im Staate, hatte das Vermögen, solche mūnera auszurichten.

Erst spät erhielt Rom ein steinernes Amphitheater. Das unter Vespasian (69–79) errichtete *Amphitheatrum Flavium*, seit dem Mittelalter *Colosseum* genannt, stellt alle anderen (z. B. in Verona oder Capua) weit in den Schatten. 70 000 Menschen faßte der Zuschauerraum; der Grundriß entspricht einer Ellipse mit einer Längsachse von 188 m und einer Querachse von 155 m. Das Amphitheater hatte ein Untergeschoß: hier wurden Löwen, Leoparden und Bären in Käfigen gehalten, bis sie zu ihrem Auftritt mit Aufzügen in die Arena befördert wurden.

Gladiatoren auszubilden und auftreten zu lassen war eine teure Sache. Es wäre unbezahlbar gewesen, daß bei Zweikämpfen der Unterlegene grundsätzlich sein Leben verloren hätte. Gute Gladiatoren waren bestrebt, den Gegner nur zu besiegen und nicht zu töten. Jedoch mußte jeder Gladiator damit rechnen, im Kampf getötet zu werden oder, falls besiegt, durch das Votum der Zuschauer unbewaffnet den Todesstoß zu erhalten. Die Unerschrockenheit gegenüber dem Tode, die die Gladiatoren zwangsläufig auszeichnete, imponierte den Römern aller Schichten außerordentlich.

Die Gladiatoren erhielten ihre Kampfausbildung in speziellen Gladiatorenschulen. Sozial waren sie nicht angesehen, wenn auch einzelne zu Lieblingen des Publikums, insbesondere der Frauen, aufstiegen. Sklaven, Schwerverbrecher, Kriegsgefangene, aber auch Freigeborene, sie alle konnten Gladiatoren werden. Neben ihren Aufgaben in der Arena taten sie häufig noch Dienst als Leibgarde. Die Versuchung der Politiker, die eine solche bärenstarke Truppe unterhielten, sie für innenpolitische Ziele einzusetzen – so geschehen im Bürgerkrieg zwischen Caesar und Pompeius –, war sehr groß. Auch deshalb ist es verständlich, daß bereits der erste römische Kaiser, Augustus, die Gladiatorentruppen der Hauptstadt unter seine Kontrolle brachte und fortan selbst die munera in Rom veranstaltete.

Der Kampf zweier gleichwertiger bewaffneter Gegner war beim Volk die mit Abstand beliebteste Vorstellung. An zweiter Stelle der Beliebtheit eines munus stand die Tierhatz (venatio). Hierfür ausgebildete Gladiatoren (bestiarii) – es gab auch weibliche bestiariae – versuchten, ein wildes Tier (Löwe, Tiger, Bär, Stier) zu erlegen; auch sie gingen hierbei ein hohes Risiko ein, denn ihre Kleidung, eine kurze tunica, schützte sie nicht vor den Zähnen oder Pranken des Tieres. Für eine venatio wurden in der Arena Kulissen mit Hügeln, Wäldern und Felsen aufgebaut.

Nicht so sehr diese beiden Darbietungsarten haben die römischen Gladiatorenkämpfe bei uns in den Ruf besonderer Grausamkeit gebracht, sondern öffentliche Hinrichtungen, die ebenfalls in der Arena stattfanden: Staatsfeinde und Mörder wurden manchmal dazu verurteilt, sich im Zweikampf nach Gladiatorenart gegenseitig zu töten; das Ende beider war von vornherein besiegelt. Eine andere, noch grausamere Hinrichtung bestand darin, daß der „ad bestias" Verurteilte ohne Waffen gegen hungrige Raubtiere antreten mußte, damit diese ihn zerfleischten. Als Staatsfeinde galten zeitweise auch die Christen: Weil sie sich weigerten, dem römischen Kaiser zu opfern, um so seine Autorität anzuerkennen, starben nach christlicher Überlieferung viele von ihnen auf diese schreckliche Weise in der Arena, und diese Überlieferung wurde dann wieder in Romanen wie *„Quo vadis?"* und Filmen aus Hollywood ausgemalt.

◀ **S.125:** *Bildfelder aus dem Mosaik der Villa von Nenning (zwischen Trier und Metz). 1. H. des 3. Jh. n. Chr.*

① *Musikanten*
② *Tiger und Esel*
③ *Bärentanz*
④ *Peitschenkämpfer*
⑤ *Erlegter Panther*
⑥ *Kämpfende Gladiatoren mit Schiedsrichter*

PENSA EXERCITANDA

Wh

a) Vibia laeta est.
b) Hodie laete cantat.
c) Laeta cum Quinto amico ad Pompeiorum thermas* contendit.

Welches Satzglied wird jeweils durch Formen von „laetus" gebildet? Wodurch unterscheiden sich die Aussagen der damit gebildeten Satzglieder untereinander?

48 S 1

1a) Lucius, quamquam reprehensus est, ridet.
  b) Lucius reprehensus ridet.
2a) Lucius, quod reprehensus est, flet*.
  b) Lucius reprehensus flet.

Vergleiche in 1 und 2 jeweils die Sätze a und b. Warum sind die verkürzten b-Sätze von der Sinnrichtung her beinahe so eindeutig wie die a-Sätze, die die Sinnrichtung durch einen Konnektor deutlich signalisieren?

3) Lucius reprehensus ad portam stat.

Aus dem Kontext heraus ist eine Sinnrichtung nicht klar erkennbar. Mit was für einem Gliedsatz kannst Du also hier das Partizip wiedergeben?

S 2

a) Bestia vulnerata est.
b) Bestia vulnerata in silvam fugit.

Wie viele sinnvolle Übersetzungen sind – je nach Kontext – für den zweiten Satz möglich?

49 T

Die lateinische Sprache überläßt dem jeweiligen Leser häufiger als die deutsche einen Teil des Textverständnisses.

Überprüft im Text 49 diese Behauptung an den folgenden Stellen:

Me furti non convictum abducitis und
Abducitur in furto convictus.

"Tip" Im Sinn offene Formen wie Partizipien kann man nur aus ihrem Kontext heraus mit dem speziellen Sinn füllen. Du mußt also erst den Text als Einheit verstanden haben, ehe Du die Partizipien sinnentsprechend übersetzen kannst. Im Zweifelsfall übersetze zunächst temporal.

F 1

Bilde aus den folgenden Bestandteilen Partizipien:

-nt-	-as	-e-		ag-
-nt-	-es	-e-		capi-
-nt-	-i			lauda-
-nt-	-ia	= Sprech-		terri-
-nt-	-īs	vokale		muta-
-t-	-is			nata-
-t-	-ium			responde-

F 2

Unterscheide:

1) Agatho venit cenandi causā. Cenanti Chremylus vinum apportavit.
2) Paratine estis ad lavandum? Clamor lavantium iam auditur.

S 3

a) Milites Romani reliquerunt oppidum **ardens*** (ardere: brennen).
b) Milites Romani reliquerunt oppidum **deletum**.

Beide Partizipien machen eine Aussage über die Stadt zu dem Zeitpunkt, an dem sie verlassen wird.

Was drücken die unterschiedlichen Zeitverhältnisse aus?

S 4

Convivae adsunt. Multas horas iam cenant. Laeti de itineribus suis narrant.

Die hervorgehobenen Sätze sollen zu einem einzigen Satz verbunden werden; dazu wird *ein* Verb zum Partizip gemacht. Unterscheide zwischen Haupt- und Nebenhandlung!

S 5

a) Quintus Luciusque in tepidarium* **undique** resonans* currunt.
b) Balneator* eos **tepidarium clamore magno** intrantes reprehendit.
c) Pueri delectantur aqua **e tubis*** effluente*.

Zu welcher Verbform gehören die hervorgehobenen Satzglieder als Erklärung? Behält der Satz b) seinen Sinn bei folgender Wortstellung: Bal-

neator pueros tepidarium intrantes magno clamore reprehendit?
Woran erkennst Du Satzglieder, die zu einem Partizip gehören? (Beachte die Stellung im Satz!)

S 6
Opfer der Kritik

Poeta quidam, qui magni ingenii se esse putabat, versus suos homini quodam docto recitavit*. Sibi conscius* huic dixit: „Puto hos versus a me non modo bene factos, sed etiam optime recitatos esse! Cur me non laudas? En! Alios quoque versus in sinu* meo mecum porto. Quos iamiam recitare volo...!"
Homo doctus autem eum interrumpens: „Hoc operae* pretium* non est", dixit, „maxime enim diligo tuos versus – non recitatos!"
Welche unterschiedliche Funktion hat jeweils das Partizip recitatos? Welche Zeitverhältnisse kommen in ihnen jeweils zum Ausdruck?

W 1

Jens versucht sich an lateinischen Bezeichnungen für moderne Gegenstände. Was meint er wohl mit folgenden Ausdrücken?
duae rotae pedibus motae
plaustrum sine equis motum
machina* vestes lavans
Und das hätte er gern:
machina vocabula docens

Latein und Europa
Benimmregeln aus einem Dialogbuch des 17. Jahrhunderts

Es spricht der Vater bei Tisch:
Video vos male edere. Accipite ergo mores edendi!
Sedete recti!
Nolite in mensam* incumbere* – sicut rustici faciunt!
Nolite primi edere vel bibere!
Nolite nasos* fodere*!
Non interrogati tacete, interrogati autem breviter* respondete!
Satiati surgite, deo gratiam agite!"

- Übersetze, beachte dabei die Zeitverhältnisse von interrogati und satiati zu den Prädikaten.
- An welcher Stelle erkennst Du die soziale Einstellung des Sprechers?
- Welchen Vorteil hatte es (vielleicht), daß Lateinschüler sich auch über ihre eigene Lebenswelt auf lateinisch ausdrücken konnten?

W 2

① Im Deutschen findest Du häufig lateinische Partizipien – teils direkt aus dem Lateinischen gebildet, teils aus romanischen Sprachen übernommen. In der folgenden Aufstellung haben sich aber auch einige „unechte Lateiner" versteckt!
Bilde zunächst das zugrundeliegende Partizip (bis auf die „unechten Lateiner"), und erkläre dann die wörtliche und die jetzige Bedeutung:
Dozent – Erratum – Impressum – Faktum oder Fakt – Ignorant – Fabrikant – Student – Laborant – Elaborat – Ignorant – Lieferant – Manuskript – Bummelant
② Suche selbst mit Hilfe des Vokabulars nach solchen Wörtern. Zuweilen ist dabei die Endung weggefallen (Faktum – Fakt).
③ con-fluere*: Aus dem Partizip der Gleichzeitigkeit dieses Verbs ist der Name einer deutschen Stadt entstanden. Findest Du ihn heraus?

Eine Villa am Meer

51

Der Anbau des Peristyls, verbunden mit einigen weiteren Renovierungsarbeiten am Pompeianum der Pomponii, steht kurz vor der Fertigstellung. Ein großes Fest soll die Einweihung krönen, die Einladungen sind schon erfolgt.

L. Caecilius Iucundus, Bankier (nummulārius) in Pompeji (und übrigens Bruder der Caecilia in Rom), hat M. Pomponius aufgesucht, um ihm mitzuteilen, daß er wegen einer Geschäftsreise nicht an der Feier teilnehmen kann. Pomponius führt ihn durch den renovierten Teil seiner Villa und zeigt ihm dabei auch die neuen Wandgemälde. Darunter befindet sich das Bild einer vīlla maritima – Traum vieler Römer. „Warum läßt du dir ein solches Haus nur malen?“ fragt Caecilius. „Ich habe da ein günstiges Angebot an der Hand!“

Cōmiter Caecilius amīcum alloquitur: „Forte vīllam maritimam, nunc vēnālem, elegantem, iuxtā mare sitam, ūnō verbō: casam dulcem cōgnōvī.“

Multīs et gravibus verbīs L. Caecilius dē domō loquitur, quam vendere vult – ōrātōrī sollertī nōn dissimilis.

„Equidem reor, Pompōnī, tibi ūtile esse rēs tuās in domō collocāre. Est illa vīlla ūsibus omnibus capāx neque sūmptuōsa. Habet ātrium satis grande, peristȳlium eleganter exstrūctum, porticum spectābilem et litteram D imitantem. Ante omnia autem admīror illud triclīnium, quod in mare excurrit. Itaque, cum mare ventō agitātur, flūctibus maris iam frāctīs lēniter adluitur. Undīque domuī fenestrae sunt et ā lateribus et ā fronte, arbitrāris quasī tria maria prōspectāre. Ā tergō peristȳlium, porticum, ātrium, silvās et longinquōs montēs tuēris. Valdē mirābilis est hortus marī propinquus cuique etiam mirābilis piscīna inest: Inde, cum natās, aspicis sōlis occasūs vel undās maris ...“

Tum Pompōnius iocāns: „Nōnne trium marium undās contemplārī possum?“ Caecilius: „Semper iocāris, Pompōnī. Nunc ad turrīs ...“

Pompōnius: „Rēctēne suspicor tē nunc dē turrium pulchritūdine singulārī loquī ...?“

Caecilius: „Mē irrīdēre vidēris, Pompōnī! – Domus duās turrīs habet. Ab alterā, dum caelum serēnum est, etiam Capreae vidērī possunt; alteram architectus prūdēns sōlāriō contēxit. Huic turrī adhaeret piscīna grandis, cuī animalia marium mīrābilia īnsunt.“

Pompōnius: „Iam satis mihi est. An mē piscīnārium esse arbitrātus es?“

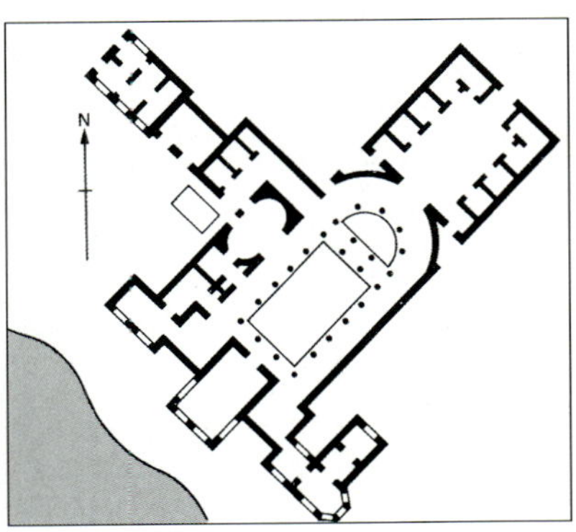

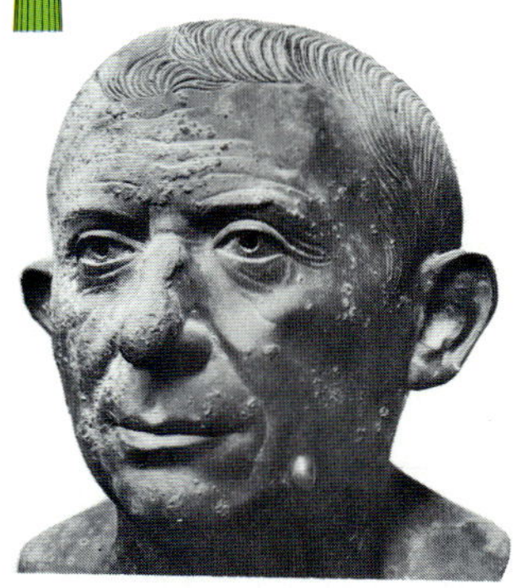

vīlla maritima: → Kap. „Wie die Römer wohnten“

porticus: Wandelgang mit Säulen an einer Seite, privat meist zum Garten hin; sehr oft an öffentlichen Plätzen; **peristȳlium** (griech.): von Säulengängen umschlossener Hof; **triclīnium** (griech.): Gruppe von 3 Liegen zum Speisen, für 3 und mehrere Personen; auch der Raum mit diesen Speiseliegen
hortus: der Garten war für den Römer eine wichtige Einrichtung

Capreae: die Insel Capri; dort hatte Tiberius eine riesige vīlla maritima; guterhaltene Reste sind noch zu sehen
sōlārium: Sonnenschutzdach (anders heute!)

▲ *Porträt des L. Caecilius Iucundus aus seinem Haus in Pompeji*

◀ *Plan und Zeichnung einer villa maritima nach Plinius d. J. (vgl. Text)*

Wie die Römer wohnten

Je nach Stand und Vermögen lebten die Bewohner Roms in sehr unterschiedlichen Häusern; der arme Mann wohnte in der dunklen Mansarde eines sechsstöckigen Hauses zur Miete; der reiche Patrizier dagegen besaß über das Land verteilt mehrere Landhäuser (vīllae rūsticae) und darüber hinaus vielleicht noch eine Villa am Meer ohne landwirtschaftliche Nutzung (vīlla maritima), ein wahres Lustschloß. Die Lage am Meer hatte viele Vorzüge gegenüber der Stadtwohnung; im Sommer wehte immer eine frische Brise, man genoß eine herrliche Aussicht, und jeden Abend gab es abwechslungsreiche Fischgerichte.

Der Römer hätte allerdings keinen Spaß daran gehabt, im Meer zu schwimmen oder sich am Strand in der Sonne bräunen zu lassen: zum Baden bevorzugte er seine eigene piscīna, die Sonne hielt er sich durch Baumpflanzungen und porticūs vom Leibe, in deren Schutz er spazieren zu gehen und dabei mit Freunden zu diskutieren pflegte.

Zwischen diesen beiden Extremen liegt das normale Stadthaus, das Atriumhaus, das aus Pompeji und Herculaneum wohlbekannt ist: Die Räume gruppieren sich um das atrium, eine Halle mit rechteckiger Dachöffnung, der ein Auffangbecken für das Regenwasser im Fußboden entspricht. An den Längsseiten liegen Schlafkammern, gegenüber dem Eingang das tablīnum (Salon) und Eßzimmer. – Als ein zweites Zentrum besaßen reichere Häuser ein Peristyl, einen von Säulenhallen umgebenen Garten. Je nach Grundstücksgröße lagen hier eventuell weitere Wohnräume. In diesem Grundplan des Atriumhauses sind unzählige Gestaltungsmöglichkeiten enthalten, so daß jedes Haus schon im Grundriß individuelle Merkmale hat.

▲ *Atrium (Herculaneum, Casa del Tramezzo di Legno)*

Diese Hausformen standen jedoch nur den Städtern zur Verfügung. Man muß annehmen, daß ein großer Teil der Bevölkerung des römischen Reiches – einfache Bauern und Handwerker – in schlichten Holz- und Lehmhütten (casae) wohnte, von denen keine Spuren erhalten sind.

▼ *Villa maritima. Wandbild aus dem Haus des Menander in Pompeji*

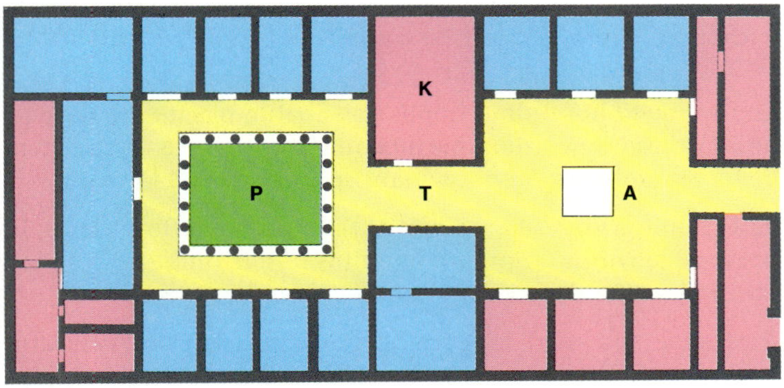

Legende auf S. 132

52 Die Sintflut

Auf einem weiteren Wandgemälde in Pomponius' Haus ist die Geschichte von Deukalion und Pyrrha dargestellt. Sie erinnert stark an die Sintflut des Alten Testaments. Diese griechisch-römische Sintflutgeschichte wurde u.a. von dem Dichter Ovid in Versen erzählt.

Nach der Überlieferung vieler Völker, auch der Griechen und Römer, lebte das älteste Menschengeschlecht im *Goldenen Zeitalter,* einer sagenhaften Zeit des Friedens und des Glücks; die Menschen waren fromm und redlich. Ihm folgten das *Silberne* und das *Bronzene Zeitalter,* in denen die Menschen nach und nach immer schlechter wurden, so daß Jupiter beschloß, sie wegen ihrer Verruchtheit zu vernichten.

Tum Iovi, quod hominibus impiis irascebatur, placuit omne genus mortalium audax nefariumque ingenti imbre perdere. Et brevi tempore ingens imber ex omni caelo missus, tellus mare facta est.

Omnia flumina vires suas per vias et agros et vicos effundebant. Ingenti vi rapiebantur omnis arbor, omnis homo, omne animal. Iam mare ingens tecta domorum et summos montes tegebat.

Turres altae sub mari latebant. Brevi terra non iam videbatur: Omne mare fiebat et mari litora deerant. Ubi modo cerva gracilis herbas ederat, ibi phoca corpus grave ponebat. Lupus rapax una cum ove rapta undis rapacibus trahebatur. Delphinus in silvis natabat. Vires maris vehementer leones fortes vehebant. Non iam apro forti vis, non iam cervo fugaci pes celer utiles erant. Aves summa vi alis utebantur, sed, postquam frustra terram quaesiverunt, volando defessae in mare cadebant.

Hic homo frustra tumulum ascendebat: Vim vehementem undarum non effugit. Illic alius per maria navigio vehebatur, quae modo agri fuerant: Neque vero navigium celere ei fugienti utile erat; cibis egens post breve tempus mortuus est. Alii in arboribus sedentes ab animalibus marium lacerati sunt. Sub mari Nereides celebrium operum ruinas admirabantur.

Nĕrēïdes: Töchter des Meergreises Nereus, mit dem zusammen sie in den Tiefen des Meeres wohnen

Sic mortales impii tum multas miserabiles mortes passi sunt. Fere omnes perierunt, nisi duo, qui Iovis iram crudelem effugerant: Deucalion, vir pius ac innocens, et Pyrrha, eius fidelis ac pia uxor.

◀ **Abb. S. 131** *(von oben nach unten und von links nach rechts):*
- *Querschnitt durch ein Atriumhaus mit Peristyl (Modell)*
- *Grundriß eines ähnlichen Atriumhauses mit Peristyl: Wohn-/Schlafräume; Gänge, Hallen, Höfe; Garten; Wirtschaftsräume;* **A** *Atrium;* **K** *Küche;* **T** *Tablinum;* **P** *Peristyl*
- *Schrank mit Kohlebecken, Nachbildung (Rom, EUR)*
- *Schlafzimmer (cubiculum) mit Bettgestell*
- *Wanddekoration im Tablinum des Hauses de M. Lucretius Fronto in Pompeji, augusteische Zeit*
- *Haus des Loreius Tiburtinus (Pompeji): Laubengang*

Mythen

In vielen Mythen, so in der Erzählung von der Göttin Latona und den lykischen Bauern oder in der Geschichte von der Sintflut, wird erzählt, daß Götter mit Menschen in Konflikt geraten, über ihre Fehler zornig werden und sie bestrafen. – Man kann sagen, daß in solchen Erzählungen, denen oft historische Erfahrungen oder historische Personen zugrundeliegen, der Versuch vorliegt, sich das Unverständliche zu erklären, vor allem die Frage zu beantworten, warum und wieso Menschen Schicksalsschläge erleiden, warum Naturkatastrophen vorkommen, anders: sie sind der Versuch, sich die Geheimnisse von Natur und Umwelt zu erklären. Alles geschieht, so die Antwort der Mythen, weil die Menschen mit den Göttern in Konflikte geraten, Konflikte, die mal unbeabsichtigt und unvermeidbar sind und mal durch schuldhaftes Handeln heraufbeschworen werden.

Wie vieles andere haben die Römer auch die Mythen von den Griechen übernommen; die erste griechische Dichtung, Homers *Ilias* und die *Odyssee* mit ihren bekannten Götter- und Heldensagen, entstand bereits im 8./7. Jh. v. Chr. Die beiden Epen bildeten eine feste Grundlage griechischer Religiosität.

Die Dichter der augusteischen Zeit, darunter Ovid und Vergil, die ungefähr 700 Jahre nach Homer lebten, haben die alten mythischen Stoffe ihrem Zeitgeist entsprechend geformt, wie es 500 Jahre vor ihnen schon die großen griechischen Dichter *Aischylos, Sophokles* und *Euripides* taten.

Mythen sind wandelbar, bis heute werden sie wieder und wieder neu interpretiert und bearbeitet, wobei der Kern, die „Story", jeweils einen anderen Schwerpunkt erhält. Aktualität und Lebendigkeit zeichnen die griechischen Mythen aus, sie sind anpassungsfähig und veränderbar, weil sie keine endgültig festgelegten Texte sind.

Mythische Erzählungen sind in erster Linie interessante und unterhaltende Geschichten; darüber hinaus geben sie uns eine Vorstellung vom religiösen Denken der Griechen und Römer:

Wie Latona vom Göttervater Zeus die Zwillinge Apollo und Diana (griechisch: Apollon und Artemis) empfängt, so sind alle Götter Kinder eines älteren Göttergeschlechts. Die Götter werden aber auch in ihren übrigen Eigenschaften wie Menschen vorgestellt – sie essen, schlafen, haben eine Wohnung, lachen und sind zornig – mit dem Unterschied, daß sie Macht über alle Menschen haben, sich immer im selben Alter befinden und unsterblich sind. An ihrer Menschenähnlichkeit übten die Griechen schon früh Kritik. So schreibt der Philosoph *Xenophanes* im 6. Jh. v. Chr.:

Alles haben Homer und Hesiod den Götter aufgebürdet, was bei den Menschen Schimpf und Schande ist – stehlen, ehebrechen und einander betrügen.

Die Menschen glauben, Götter würden geboren und hätten ihre Kleidung und Stimme und ihr Aussehen. Die Äthiopier sagen, ihre Götter seien stumpfnasig und schwarz, die Thraker blauäugig und rothaarig.

Wenn aber die Rinder und Pferde und Löwen Hände hätten oder malen könnten mit den Händen und Kunstwerke vollenden wie die Menschen, dann würden Pferde pferdeähnliche und Rinder rinderähnliche Göttergestalten malen und solche Statuen bilden, wie sie jeweils selbst ihr Aussehen hätten.

In der Religion und im täglichen Leben des einfachen Volkes haben die meisten Gestalten des Mythos so gut wie keine Rolle gespielt; sicher lebten auch in seiner Vorstellungswelt z. B. die zwölf „Olympischen Götter", deren Palast auf dem Berg Olymp lag, doch bis auf Demeter (lat. Ceres, die „Mutter Erde") war das Volk mehr örtlichen Gottheiten verbunden.

▼ *Dionysos reicht Demeter einen Weinpokal; die Göttin hält Ähren in der Hand. Griech. Terrakottarelief, um 460 v. Chr.*

PENSA EXERCITANDA

Wh

Disput über das Bild der Welt

(Fiktives) Gespräch zwischen Melanchthon und Kopernikus (um 1500):

COPERNICUS: „Iam Aristarchus mathematicus* Alexandrinus dixit terram circum* solem moveri!“

MELANCHTHON: „Quantam stultitiam*! Terra medio in caelo stat et numquam movetur. Quem enim eam movere vis?“

COPERNICUS: „A Deo movetur, qui omnia movet!“

Achte auf die Bedeutung der Aktiv- und der Passivformen.

51 F*

Sieh Dir nochmals Text 51 an, und achte auf die Wörter, die auf -is und -i ausgehen.

- Kann man sagen, daß diese Endungen *für sich* eine Bedeutung haben?
- Was muß man zunächst wissen, damit Endungen beim Textverstehen hilfreich sein können?

W 1

Stelle aus den folgenden Adjektiven Wortpaare mit gegensätzlichen Inhalten zusammen.
brevis – crudelis – durus – grandis – humanus – lenis – longus – parvus – prudens – similis* – stultus – varius

W 2

Welche Bedeutung des **Suffixes -bilis / -ilis** kannst Du aus folgenden Beispielen erschließen? Ordne den Adjektiven Dir bekannte Verben zu.
poeta laudabilis: der lobenswerte Dichter
homo mutabilis – manus agilis – orator probabilis – iter facile – vix credibilis – uxor amabilis – clamor terribilis – lingua mobilis (<* movibilis) – fortuna fragilis (frangere) – amicus stabilis
Im Deutschen findet sich das Suffix z. B. in *stabil* oder *Immobilien*. Oft findet man es auch in einer aus dem Französischen eingedeutschten Form *-(a)bel: miserabel*. Neubildungen sind z. B. *spendabel, rentabel*.

W 3

a) Leite von den Substantiven in Klammern jeweils das verwandte Adjektiv auf **-alis** (Neutrum: **-ale**) ab. Du findest es nach folgendem Muster:
princeps, principis
Stamm: princip- + -alis: principalis*
Setze das so gefundene Adjektiv im richtigen Genus ein, und übersetze den ganzen Ausdruck:
corpus ___ (mors), bellum ___ (navis), domus ___ (hospes), periculum ___ (caput), adverbium ___ (locus), vis ___ (vita), portus ___ (natura)
-alis kommt im Deutschen sehr oft vor als *-al* oder unter französischem Einfluß als *-ell*, z. B. *formal – formell*

b) Suche das entsprechende lateinische Wort: *dezimal, kontinental, total, Filiale, Initiale, Lokal, Moral, Pedal, Quartal, Signal*

W 4

Die Kenntnisse in der Wortbildungslehre sind für Dich auch in anderen Fächern hilfreich, so z. B. in der Biologie. Biologen bezeichnen weltweit Tiere und Pflanzen mit lateinischen Namen. Die Bezeichnungen bestehen meist aus zwei Nomina, von denen das zweite als Attribut den Verbreitungsraum, den Lebensraum, die Verhaltensweise oder das Aussehen angeben kann. Identifiziere die folgenden Tiere:
alligator mississipiensis – rhinocerus unicornis – ursus horribilis* – bombus (Hummel) terrestris
Wer kann weitere lateinische Bezeichnungen für Tiere oder Pflanzen nennen und erklären (z. B. Aufschriften in Zoos)?

T

① *Zu 51:*

a) Die Masse der Römer lebte auf dem Lande, wovon wiederum die meisten in primitiven Behausungen wohnten. Wie beurteilst Du es, wenn der Bankier Caecilius die villa als „casa dulcis“ preist?

b) Piscinarii (Fischteichbesitzer) werden nach einem Zeugnis Ciceros die neureichen Villenbesitzer genannt. Wie ist also der Schluß der Geschichte zu verstehen?

② *Zu 52:*

a) Deukalion und Pyrrha überleben die Flut, weil

ihr Schiff am Parnaß (Berg in Griechenland), der die Flut überragt, landet. Zeige Parallelen zur Sintflutgeschichte des Alten Testaments.

b) Bei der Beschreibung der Sintflut nennt der Dichter Vorgänge, die wir als *paradox*, d.h. als etwas, das wider Erwarten geschieht und daher nicht zusammenpaßt, bezeichnen. Welche „Ungereimtheiten" enthält der Text?

52

T 2

a) Lest zunächst den Vorspann zu Text 52, der zusammen mit der Überschrift das Textthema angibt. Welches Vorwissem bringt Ihr zu diesem Thema mit?

b) Lest den Text vor dem Übersetzen durch. Wörter aus einem bestimmten Sinnfeld (semantischem Feld) fallen auf, vor allem, wenn man mit dem Vorwissen „Sintflut" an den Text herangeht.

c) Der dritte Abschnitt setzt Bilderreihen anstelle einer sachlichen Beschreibung. Suche Übersetzungserleichterungen durch sprachliche Gegenüberstellungen *(Oppositionen)*:

Sie sind z.T. sprachlich gekennzeichnet (ubi... ibi... / rapax... rapta...) oder werden durch den Widerspruch in den Bildern selbst deutlich, z.B. in silvis natare. Suche solche Widersprüche zur „normalen Wirklichkeit" in dem ganzen Text.

“Tip” Texte können dem Wirklichkeitssinn widersprechende Bilder enthalten. Sie sind dann nur dadurch zu verstehen, daß man beim Lesen die Bilder zunächst für sich nimmt: delphinus natat ..., und dann die widersprechende (z.B. paradoxe) Aussage hinzufügt: in silvis.

W 5
Wortspielereien

① Sunt puerī puerī: puerī puerīlia trāctant. (trāctāre ≈ agere)

② Vī vehemēns ventī vīllās vīcōsque vibrāvit*.

S 1

Was bedeutet die folgende Inschrift auf einem Tintenfaßdeckel: Usus operi!

S 2
De camelis
(nach Plinius d. Ä.)

In oriente* cameli* reperiuntur*; aliis in regionibus non nascuntur. Horum animalium differuntur* duo genera: Alterum duo tubera* gerit, alterum unum. Utrumque genus caret superiore* ordine* dentium, sicut boves*.

Cameli omnes hominibus usui sunt: Alii* camelis utuntur baiulis*, alii* eis in proelia* vehuntur.

Cameli, animalia magna celeritate*, etiam equos celeritate superant.

Magnā sunt continentiā*, nam quattuor dies inopiam* aquae patiuntur. Fruuntur* semper aquā, cum possunt. Imprimis gaudent aquā sordidā*. Vivunt quinquaginta* annos, nonnulli etiam centum.

a) Achte bei der Übersetzung dieser Angaben auf die Funktion der Ablative.

b) Wenn Du die Angaben mit denen eines modernen Biologiebuches vergleichst, wirst Du Unterschiede feststellen und Ähnlichkeiten sowohl in der äußeren Form als auch in der Sprachführung und in der Sache.

W 6
fieri: Wie sagt man auf deutsch?

- Iussu imperatoris pons e ratibus* trans* flumen fit.
- Cicero una cum* Antonio Hybrida consul factus est.
- Di quoque carminibus, si fas* est dicere, fiunt. *(Ovid)*

W 7
Sententiae

1) In der Kürze liegt nicht immer die Würze
Brevis* esse laboro, obscurus fio. *(Horaz)*

2) Was du nicht willst .... *(Alexander Severus)*
Quod tibi fieri non vis, alteri noli facere.

3) Ein Rechtsgrundsatz
Volenti non fit iniuria. *(Ulpian)*

4) Die Geschichte bestätigt es immer wieder
Concordiā* parvae res crescunt, discordiā maximae dilabuntur. *(Sallust)*

Midas – Gold kann man nicht essen

(nach Ovid, Metamorphosen VIII, 655 ff.)

Phrygien: Gebiet in der heutigen Westtürkei

▼ *Der sagenhafte König Midas auf einer griechischen Vase des*

Midas, der König von Phrygien, hatte dem Gott Dionysos einen großen Gefallen getan und durfte sich deshalb etwas von ihm wünschen. Sein Wunsch lautete: „Ich wünsche mir, daß alles, was ich berühre, zu Gold wird." Der Gott stimmte dem zu – wenn er sich auch einen klügeren Wunsch erhofft hatte. Doch Midas geht glücklich über dieses schlimme Geschenk davon und probiert sofort aus, ob der Gott ihm seinen Wunsch auch wirklich erfüllt hat. Und tatsächlich: Ein Zweig, den er von einem Baum abreißt, wird sogleich golden, ein Stein, den er vom Boden aufhebt, wird zu einem Klumpen Gold, ein Apfel, den pflückt, verwandelt sich in einen goldenen Apfel, kurz: Alles, was er berührt, wird zu Gold. Midas ist glücklich.
Als ihm seine Diener aber ein üppiges Mahl servieren, lernt er die andere Seite seines Geschenks kennen: Der Wein, den er trinken will, wird in seiner Kehle zu flüssigem Gold, das Brot, das er essen will, wird ebenfalls zu Gold. Midas begreift, daß er reich und arm zugleich ist: An seinem furchtbaren Reichtum wird er zugrundegehen. Er betet zu Dionysos und bittet um Vergebung für seinen törichten Wunsch. Der Gott zeigt sich gnädig und verzeiht dem König. Er trägt ihm auf: „Geh zum Fluß Pactōlus, tauche deinen Körper ganz ins Wasser – dann wird die Kraft des Goldes ins Wasser übergehen." Midas tut, was der Gott ihm gesagt hat, und wird so von seinem unglückseligen Geschenk befreit. Der Pactōlus soll seit dieser Zeit goldhaltiges Wasser führen.

53 Eine Pantomime über Midas

Die Pomponii überlegen, was sie ihren Gästen bei der großen Feier zur Einweihung ihres neuen Peristyls bieten können. Etwas Besonderes muß es sein!

pantomīmus: Aufführung, bei der ein Schauspieler die Handlung ohne Worte, ausschließlich mit Mimik und Gestik darstellte, ein oder mehrere andere die Darbietung musikalisch untermalten

„Audī, Aurēlia", āit Pompōnius, „duōrum pantomīmōrum bene meminī, quī Rōmae applausū ingentī rēgis Mīdae fābulam ēgerant!"

Aurēlia: „Dīxistīne duōs? Quis ēgit Midam, quis eius servōs, quis Bacchum deum?"

Pompōnius: „Ēgērunt invicem variās partēs. Mūtātīs persōnīs alter modo Midās ipse, modo servus fuit, modo Midae amīcus, modo Bacchus deus. Nōnnumquam spectātōribus scaenam apertam spectantibus partēs commūtāvērunt – cōram pūblicō! Nunc hōc cantante ille ea imitātus est, quae cantābantur, nunc illō agente hic spectantibus exposuit eās rēs, quae in scaenā fīēbant."

Pūblius: „Numquam egō tālia vīdī!"

Pompōnius: „Spectāculum māgnificum, numquam molestum, māgnā arte compositum! Audī hoc tantum exemplum: Cibō ā Midā tāctō, saxō humō sublātō, Midā ipsō in aquā lavante subitō tōta scaena pulvere aureō sparsa erat – nesciō quā arte!"

Tertia: „Nunc fābulam cōgnōscō: Midās rēx īnfēlīx fame labōrāvit omnī cibō in aurum mūtātō, sitīvit aquā vel vīnō in aurum mūtātīs!“

Pūblius: „Nōn ita! Midā stultum mūnus optante Bacchus tamen benīgnus erat et Midae miserēns dōnum inūtile resolvit. Posteā Midās vērē īnfēlix factus est auribus in asinī aurēs mūtātīs.

Pompōnius: „Haec nōn imitātī sunt illī, ut putō, fābulam Rōmae agentēs! Nihilōminus spectāculō fīnītō applausus ingēns tōtā in caveā factus est, sed, ut ipse reor, omnibus āctōrēs admīrantibus atque applaudentibus tamen pantomīmīs mercēdula tantum praebita est…“

Aurēlia: „Proinde tū ipse Bacchum imitāre et…“

Pūblius: „… mūtā eōrum artem in aurum, pater!“

54

Cena Pomponii

Das Fest zur Einweihung des Peristyls ist ein großer Erfolg, ganz Pompeji und Umgebung sprechen davon. Aurelia berichtet darüber in einem Brief an ihre Verwandten nach Rom, die verhindert waren, an der Feier teilzunehmen.

Aurelia Aurelio Caeciliaeque s.

Si valetis bene est. Nos valemus!

Ut scitis, Idibus Octobribus amicis nostris cenam splendidam dedimus – peristylio novo ab architecto nobis tandem dedito.

Īdūs Octōbrēs: → CG Anhang

Non modo peristylium imaginibus horum temporum exornatum exstruximus, sed etiam vetus vestibulum novo opere tessellato ad praesentia exempla accomodavimus: Cane vivido mordacique vehementer latrante nunc domum nostram intrare videris – vel potius ingredi fortasse non audes!

◀ *„Vorsicht vor dem Hunde!“ Mosaik im Vestibulum des Hauses des Tragischen Dichters von Pompeji*

▲ *Wandgemälde mit Nillandschaft: Pygmäen kämpfen gegen ihre „Erzfeinde", Krokodile und Nilpferde (aus Pompeji; Neapel, Nationalmuseum)*

Aurelia beschreibt eingehend die Veränderungen an der Villa: das Peristyl, den Wasserbrunnen, die üppig blühenden Bäume und Blumen, die neu erworbenen Statuen, die herrlich kühle Porticus.

Pictores peristylium vere admirabilibus et arte factis operibus decoraverunt. Imprimis decori est illa pictura, qua Pygmaei aliqui locis Niloticis cum hippopotamis crocodilisque pugnantes effinguntur.

Dextrā parte tres Pygmaei crocodilum funibus fere domuerunt nanno alio in illius tergo sedente et bestiam incitante. Supra hos alius invicem manus pusillas ad caelum tollit socio ab hippopotamo – ore ingenti! – de naviculo aliquo erepto. Eodem tempore animum bestiae illius Niliacae hōc modo saevientis alius Pygmaeus, qui in hippopotami tergo ingenti stat, avocare contendit hastā clunes percutiens.

Mediā parte aedes amoena aspicitur arboribus viridibus quasi concamerata, sinistrā autem grue aliquā ad aliam aedem volante alter crocodilus uni soli Pygmaeo imminet. Qui gladio atque clipeolo armatus arcet adhuc inimicum suum immanem.

Mira pictura, quae animos nostros in Aegyptum, illam terram miraculorum plenam, vagari facit! Nemo convivarum non hōc opere stupuit.

Spectatione finitā, admiratione non desitā mensas egregias afferri iussi, quas coquus noster nuper emptus paraverat.

Aurelia lobt die Kochkünste ihres neuen Kochs in den höchsten Tönen und beschreibt die raffinierte Speisenfolge.

Dum ferculis his lautissimis adhuc delectamur omnes, pantomimi duo producti sunt, de quibus in urbe certe audivistis. Ibi enim spectacula dabant – totā Romā applaudente – fabulam de Mida rege agentes magna cum arte.

Quam doleo vos eo ipso festo non interfuisse! Itaque his rebus novis cognitis necesse est vos celeriter Pompeios proficisci et ipsos inspicere cum illud tessellatum tum peristylium atque illas picturas admirabilis.

Venite, videte, tuemini!

Valetudinem vestram curate diligenter!

Dabam Pompeiis pridie Kal. Nov

GLIRES

GUSTUM DE HOLERIBUS

OVA SPONGIA

PATINA DE APUA FRICTA

ANAS E RAPO CUM IURE SUO

LOCUSTA ASSA

PATINA DE PIRIS

TYROPATINA

VINUM FALERNUM

Gefüllte Haselmäuse
Vorspeise von geschmorten Zwiebeln
*
Omelette
Geröstete Spieslinge in der Pfanne
Ente mit Rettich in Soße
Gegrillte Langusten
*
Birnenomelette
Eiermilchcreme
*
Falernerwein

◀ *Ende eines Gelages. Wandgemälde aus Pompeji, ca. 60 n. Chr.*

▲ *Sommertriclinium im Hause des Neptun-Amphitrite-Mosaiks in Herculaneum*

M. Gavius Apīcius commendat* – Kochen nach altrömischer Art

Man kann ein Volk auch dadurch näher kennenlernen, daß man probiert, was es gern aß und trank. Wir haben dazu die Möglichkeit, denn aus der römischen Antike ist ein Kochbuch erhalten, das wohl auf den berühmten Schlemmer und Feinschmecker M. Gavius **Apīcius** zurückgeht, der zur Zeit des Tiberius gelebt hat. Das Buch wurde nach seinem Tode vielfach verändert und vor allem erweitert, so daß wir ein recht umfangreiches Werk zur Hand haben, aus dem man geeignete Rezepte auswählen kann.

Die Rezepte, die hier vorgestellt werden, wurden mehrfach ausprobiert. Die Zubereitungsweise, die uns am gelungensten erschien, wird hier beschrieben. Dabei mußten wir die Mengenangaben zu den Gewürzen durch Ausprobieren feststellen: Im Kochbuch werden die Gewürze zwar genannt, aber nicht die Menge, die man nehmen soll. Hier hast Du also freie Hand – doch Vorsicht: nur im richtigen Maß schmecken die Gewürze.

Zu den Gewürzen
Nicht mehr bekannt ist das Gewürz „lāsar" oder „lāser". Man kann die dazugehörige Pflanze zwar biologisch bestimmen, aber als Gewürz ist lāsar nicht zu bekommen.
Liquāmen gibt es auch nicht mehr; man kann es aber gut mit Sardellenpaste ersetzen.

Alle anderen Gewürze sind – auf jeden Fall in Apotheken – zu bekommen.

1 Eine Hühnersuppe: Pullum ēlixum ex iūre suō

Zutaten:
Hühnerbrühe (nicht würzen, nur salzen);
Pfeffer (gemahlen); Kümmel; Thymian; Fenchel; Minze; Raute; Lasar; Essig; Datteln; Honig; Sardellenpaste; Olivenöl

Zubereitung:
Herstellen der Würzmischung:
Pfeffer, Kümmel, Fenchel, Minze (notfalls Pfefferminze), Raute (beim Apotheker erhältlich) mit Essig übergießen (eine Vierteltasse je Huhn).

---
* commendat: empfiehlt

Dann drei bis vier zerstoßene Datteln (wieder je Huhn) hinzugeben. Diese Mischung durchrühren. Die Würzmischung wird in die Brühe getan.

Herstellen der zweiten Würzmischung:

Zwei Eßlöffel Honig mit wenig Essig, Sardellenpaste und Öl vermischen und erwärmen. Dann wird auch diese Würze in die Brühe gegeben.

Die Brühe rührt man gut durch. Zum Schluß fügt man die Fleischteile des Huhnes hinzu, die sich beim Herstellen der Hühnerbrühe gelöst haben und die man herausgenommen hat.

Tere piper, cuminum, thymi modicum, feniculi semen, mentam, rutam, laseris radicem, suffunde acetum, adice caryotam et tere! Mel, acetum, liquamen, et oleum tempera. Pullum siccatum mitte!

Reibe Pfeffer, Kümmel, etwas Thymian, Fenchelsamen, Minze, Raute, Laserwurzel; gieße Essig darüber. Füge Datteln hinzu und reibe (mische)! Vermische das mit Honig, Essig, liquamen und Öl, trage das Hühnchen – abgetrocknet – (also die Soße gesondert) auf.

2 Schweinebraten mit Weinsoße: Porcellum oenococtum

Zutaten:
Schweinefleisch, das als Braten geeignet ist;
Olivenöl, Wein, süßer Wein (etwa Madeira), Porree, Koriander, Sardellenpaste, Pfeffer (gemahlen), Liebstöckel, Kümmel, Origano oder wilder Majoran, Sellerie, Mehl und dēfrutum: Das ist eingedickter Most. Man kann ihn bereiten, indem man (möglichst roten) Traubensaft durch Kochen eindickt.

Zubereitung:
Das Fleisch salzen und Porreepflanzen an den Stellen durch Anbinden am Fleisch befestigen, die nicht im Topf unten aufliegen (die Pflanzen verkohlen sonst). In einen Bratentopf gibt man außer Wasser Wein (etwa 4 Liter auf drei Pfund Fleisch), außerdem eine halbe Tasse Olivenöl. Auf den Braten streut man etwas Koriander, falls man nicht Koriander*pflanzen* zur Hand hat, die man ähnlich wie den Porree aufbindet.
Der Braten wird jetzt in den Bratofen getan. Nach etwa einer halben Stunde begießt man ihn mit dem dēfrutum; eine Tasse mindestens sollte dabei verwendet werden.

Während des Bratens wird eine **Gewürzmischung** hergestellt:
Pfeffer (je nach gewünschter Schärfe der Soße reichlich oder nicht, aber nicht mehr als einen gestrichenen Teelöffel); Liebstöckel kann reichlich gegeben werden; Kümmel ähnlich wie Pfeffer; Sellerie (eigentlich sollen Selleriesamen gegeben werden; da er sehr teuer ist, verwenden wir Sellerieknollen oder Blätter: Diese Zutaten müssen dann aber in einem Mixer zerkleinert werden); wilder Majoran etwa in derselben Menge wie Kümmel. Das alles wird – eventuell in dem Mixer – vermischt, dann wird liquāmen daraufgegossen (Zubereitung: Rezept 1): etwa ein bis zwei Teelöffel Sardellenpaste. Die vom Braten ausfließende Brühe schöpft man ab und gibt sie hinzu ; die Soße wird mit Wein und Süßwein (nicht zuviel Süßwein nehmen) soweit aufgefüllt, wie man sie in Menge und Würzstärke haben möchte. Hat man Sellerie*samen* genommen, muß man die Soße (mit Mehl) andicken; die Sellerie*knolle* dickt schon allein genügend.

Den Braten bestreut man mit etwas Pfeffer und gießt die Soße darüber.

▼ *Zubereitung und Verzehr eines Mahles. Grabpfeiler der Secundinii in Igel bei Trier, Mitte 3. Jh. n. Chr.*

Porcellum praedura, orna. Adice in caccabum oleum, liquamen, vinum, aquam, obliga fasciculum porri, coriandri; media coctura colora defruto. Adice in mortarium piper, ligust{, careum, origanum, apii semen, laseris radicem; frica, suffunde liquamen, ius de suo sibi; vino et passo tempera; obliga amulo, porcellum compositum in patina perfunde, piper asparge et infer!

Anmerkung: Das Rezept gilt für ein ganzes Schwein; daher am Anfang und Schluß Anmerkungen, die für einen Braten unsinnig erscheinen.

Du läßt ein kleines Schwein (gut) abhangen und machst es zurecht (z. B. durch Salzen). Füge in einen Topf Öl, liquāmen, Wein; Wasser; umwickle es mit Porreestangen und Koriander. In der Mitte des Kochvorganges übergieße es mit dēfrutum. In einen Mörser füge Pfeffer, Liebstöckel, Kümmel, wilden Majoran, Sellerie(samen), Laserwurzel. Zerreibe das, gieße liquamen darauf und Soße vom Schwein selbst. Mische das mit Wein und Süßwein (etwa Sherry). Binde (die Soße) mit Mehl. Setze das (zusammengefügte: s. o.) Schwein in eine Pfanne, übergieße es dort (mit der hergestellten Soße), streue Pfeffer darauf und trage es auf!

3 Gemüsebeilage (Hŏlĕra)

Zutaten:
Porreestangen, Sellerieknollen mit Blättern, Honig, Pfeffer, Sardellenpaste.
Mengen:
Auf vier Stangen Porree eine Sellerie (bei mittleren Größen); eine Prise Pfeffer, zwei Teelöffel Honig, ein halber Teelöffel Sardellenpaste – Salz nach Geschmack.

▼ *Herd mit Kochgeschirr; Küche im Haus der Vettii, Pompeji*

▲ *Stilleben mit Pfirsichen, Wandmalerei, 1. Jh. n. Chr., Archäologisches Nationalmuseum Neapel*

Zubereitung:
Die Sellerie soll ein bis zwei Tage trocknen. Dann wird sie in Salzwasser gekocht, bis sie gar ist (mit Blättern). Von den Porreepflanzen kocht man die weißen Pflanzenteile so lange, bis das dazugegebene Wasser auf ein Drittel der ursprünglichen Menge zusammengekocht ist.

Würzmischung:
Die angegebenen Gewürze werden vermengt, Honig und Sardellenpaste löst man in etwas Wasser auf.

Die Sellerie nimmt man aus dem Wasser; sie wird nicht mehr verwendet, sondern nur das Wasser, in dem sie gekocht worden ist. Dieses Wasser gießt man auf die Würzmischung und ergänzt dann mit dem Selleriewasser die von dem Porree verkochte Wassermenge: Man gießt es also auf das Porreegemüse.

Apios virides cum suis radicibus lava et sicca ad solem. Deinde albamen et capita porrorum simul elixa in caccabo novo. Ex tribus eminis aquae una remanet. Tere piper, liquamen et aliquantum mellis humore tempera et aquam apiorum decoctorum cola in mortario; superfunde porris.

Wasche grüne Sellerie samt den Wurzeln und trockne sie an der Sonne. Das Weiße und den unteren Teil von Porreepflanzen siede in einem anderen Topf. Von drei Teilen Wasser bleibt einer übrig.

Reibe Pfeffer; mische in Flüssigkeit liquāmen und eine nicht zu kleine Menge Honig; gieße das Wasser, in dem die Sellerie gekocht hat, durch ein Sieb; übergieße damit den Porree.

4 Süßspeise: Tȳrŏpătĭna

Zutaten:
Milch, Honig, 5 Eier (oder 3), Pfeffer; ein Tongefäß für einen halben Liter Milch:
Die Milch wird mit Honig gut vermischt; dann rührt man 5 rohe Eier in die Flüssigkeit hinein (für einen Viertelliter nur 3). Die Mischung muß „wie ein Körper" aussehen, soll also glatt sein. Dann rührt man alles durch ein Sieb in eine feuerfeste Auflaufform (o. ä.) und läßt die Masse im Backofen backen, bis sie steif ist. Damit ist sie zum Essen fertig. Zum Schluß soll etwas Pfeffer darüber gestreut werden; es ist aber besser, Ihr probiert das Essen erst einmal ohne diese Zutat!

Accipe lac, tempera lac cum melle quasi ad lactantia. Mitte ova quinque ad sextarium. In lacte dissolve, fac unum corpus. In cumana cola et igni lento coque. Ducit ad se; piper adsparge et infere!

Nimm Milch, mische die Milch mit Honig, wie für eine Süßspeise. Tu fünf Eier auf den halben Liter. Löse (die Eier) in der Milch auf, laß eine einzige Masse entstehen. In eine Pfanne gieße die Masse durch ein Sieb und koche bei mäßigem Feuer. Es gerinnt. Bestreue es mit Pfeffer, und trage es auf!

5 Rosenwein: Vīnum rŏsātum

Folias rosarum vino infunde; septem dies in vino esse oportet. Post septem dies rosas de vino tolle, et alias folias rosarum immitte. Similiter et tertio fac! Rosas exime, vinum cola, adde mel.

Übergieße Rosenblätter mit Wein. Sie müssen sieben Tage im Wein bleiben. Nach sieben Tagen nimm die Rosen aus dem Wein, gib andere Rosenblätter hinzu. Mach das noch ein drittes Mal. Nimm die Rosen heraus, siebe den Wein durch, füge Honig hinzu!

Wie die Texte dieses Buches mit der Cena Pomponii enden, können die vorstehenden Rezepte vielleicht eine Anregung für Euch sein, zumindest einzelne davon bei einem Klassenfest auszuprobieren, mit dem ihr den Abschluß dieses ersten Bandes von OSTIA feiert!

▼ *Schulfest mit Farcimina Lucanica (lukanischen Würstchen) nach Apicius*

PENSA EXERCITANDA

Wh 1

Wie in Caput VIII sind bei den folgenden Fragmenten von Inschriften Buchstaben zu ergänzen. Bei den unvollständigen Wörtern handelt es sich um Partizipien.

Wieder gilt: Zu ergänzende Buchstaben werden durch Punkte markiert; ein Punkt auf halber Höhe zeigt eine Wortgrenze an.

① INCOLAE · FORTVNAM · VARIAM ·
TIM . . . . . · DONVM · DANT ·
HERCVLI · SEMPER · IVVAN . .

② TEMPLVM · HERCVLI · IVVA . . .
DAMVS · VOTVM · NOSTRVM
SOLVENT . .

votum solvere: ein Gelübde einlösen

③ FALISCI · IN · SARDINIA · HABIT . . . . .
IOVI · IVNONI · MINERVAE · DONVM
DEDERUNT

④ A · POMPEIO · PATRONO ·
INCOLAE · ITERVM · SERV . . .
MONVMENTVM · EXSTRVVNT

A: Aulus (Vorname)
patronus: Schutzherr

⑤ L · SVLPICIVS · Q · F ·
HIC · SITVS · EST ·
VIR · AB · OMNIBUS ·
LAV . . . . .

Q = Kürzel für Quintus (Vorname)
F: filius

④ HERCVLI · MAGNO · DONO · DAT ·
SERVATI · SVMVS

Vestigia et initia

Generatio spontanea: „Urzeugung"

Die Annahme, daß Lebewesen aus unbelebter Materie entstehen, war lange Zeit weit verbreitet. Erst Pasteur (geb. 1822) widerlegte die Meinung; von Virchow stammt der um 1850 geprägte Satz: Omnis cellula e cellula (cellula: biologische Zelle).

Plinius d. Ä. überliefert in seinem Werk „Naturalis historia" folgende scheinbaren Beobachtungen zur „generatio spontanea":

1) In Graecia serpentes* reperiuntur*, quos e terra nasci et e terra fieri viri docti dicunt.
2) Multa insecta* e rore* fiunt. Inde vermiculus* parvus nascitur et paulo post nympha*, quae adiectis diebus crescit. Tandem papilio* fit.
3) Quaedam salamandrae* gignuntur ex non genitis vel fiunt e non factis: sine ulla* origine* subito generantur*.

T 53

Textthema und Einzel-Erzählschritte

a) Stellt – mit Hilfe der Überschrift und einer vorläufigen Lektüre des Textes – das Textthema fest. Ist kein Themaabbruch vorhanden, müssen alle Einzelaussagen des Textes zu diesem Thema passen.

"Tip" Ist das nicht der Fall, liegt – außer bei Themaabbruch – immer ein Verständnisfehler vor.

b) Überprüft nach dem Übersetzen, wie ein solches Textthema von Schritt zu Schritt durchgeführt wird:

➢ Wie wird jeweils von einem Satz zum andern ein Hinweis auf die Folge-Information gegeben?
➢ Sind diese Hinweise eindeutig, oder wären mehrere Folge-Informationen denkbar?

Stelle am Schluß dieser Reihe von Anregungen zur Texterschließung noch einmal die wichtigsten Textverküpfungselemente zusammen, und zwar

➢ die **äußeren Textverknüpfer** wie Pronomina, Adverbien,
➢ die **Tempuswahl** als Anzeiger von Folgeinformationen in zeitlicher Ordnung oder Hintergrundinformationen außerhalb dieser Ordnung,
➢ die **innere Aussagestruktur,** also die innere Verknüpfung von Aussage zu Aussage.

Stelle dann fest, wie innerhalb eines Textes – z. B. durch Wahl von Passiv oder Aktiv – „mitschwingende" Bedeutungen geschaffen werden.

Wh 2

Was man leicht vergißt!

Ein Kasus für viele „Fälle":

Servi multā diligentiā laborant. Dominus enim cum amico meridie* Roma revenit*. Iam adest. Multis locis consistit et servorum opera* spec-

tat. Severis verbis dicit: „Me Romae negotia gerente vos non sedulo* laboravistis!“
Bestimme die Ablative nach ihrer Bedeutung!

S 2

Welche Fortsetzung stimmt?

1) Convivae* veniunt	Pomponia dormiens Pomponiā dormiente
2) Convivae adsunt	omnibus rebus paratis omnes res paratae

S 3

Angstträume

Pomponia in atrio* relicta dormit et somniat*: Servis se verberantibus convivae iam adveniunt ... Garo* deficiente coquus* fugit ... Pantomimis* Midae fabulam agentibus omnes convivae dormiunt ... Convivis domum intrantibus servae in atrio iacent et bibunt ... Gladiatore* robusto duce Pomponius in villam currit et pugnare vult ... Convivis in triclinio* cenantibus tigris* asinusque super mensam saliunt ... Pomponio auctore convivae e villa portantur.

S 4

Aus dem Protokoll eines Strafverhörs aus dem Jahre 1674/75

In dieser Zeit findet man in offiziellen Dokumenten oft deutschen mit lateinischem Text gemischt vor.
Versuche, aus dem Zusammenhang des Textes die lateinischen Wendungen zu übersetzen. Das kann Dir auch gelingen, wenn Du den Ablativus absolutus noch nicht ganz verstanden hast.
Vergleiche die Länge Deiner Übersetzung mit der Länge der entsprechenden lateinischen Wendung.
(Die alte Schreibweise des Deutschen ist beibehalten.)

Warburg, 1675, Februar

Der Inhaftierte und peinlich Verstrickte soll allein Rede und Antwort stehen remoto* advocato* et procuratore* suo. **Das Verhör soll balde geschehen, denn der Verhörte hat in der Frühe sich selbst eine Wund beigebracht, daß die Eingeweide daraus hengen thete.** Reo* ad custodiam* ducto **nahmen darum die Inquisitores die Inquisition baldigst auf. Der Gefangene hat gebeten, man möge ihn, wenn er die Wahrheit gesagt, dimittieren. Hat aber nach Aussetzung der Tortur alles geleugnet.** Tortura* repetita, **und zwar so, daß die Schrauben bei Verharren der Halsstarrigkeit beide angelegt und etwas angezogen, sagte er aus. Aber als er** sex horas tortus* **ist er alß in Gegenwart großer Kälte** dimissus; expressa* tamen hac reservatione*, **daß man die Tortur auff andere Zeit continuieren werde.**

W

In der Musikstunde

Wenn Du Latein kannst, wirst Du sehr viele Fachausdrücke verstehen, die die Musiker gebrauchen. Der Grund dafür ist, daß viele Fachausdrücke aus dem Italienischen international übernommen worden sind.

① Manche Komponisten geben Hinweise darauf, wie bestimmte Melodien im Ausdruck zu spielen sind. Suche die zugrundeliegenden lateinischen Wörter!
amabile – cantabile – dolce – con dolore – feroce – grave – rustico – vivo

② Auch Anweisungen zur Lautstärke und zum Tempo verstehst Du jetzt eher:
accelerando – crescendo – forte

③ Der *Dirigent* erwähnt in der Probe oft *Intervalle*, die zu beachten sind. Du kennst sicher deren Namen: *Sekunde, Terz, Dezime.* Wenn Du auf diese Weise die lateinischen Ordinalzahlen wiederholt hast, kannst Du auch sagen, wie viele Musiker in einem *Nonett* und wie viele in einem *Sextett* mitspielen.

Z

Aufgepaßt!

1) Alius venit. Alterius adventum exspectaveram.
2) Alii clamant, alii tacent. –
Alii non credo.
3) Tanta in multitudine soli sumus. –
Tibi soli totus in amore sum. –
Soli vitam debemus.
4) Duae amicae mihi sunt: Altera Lucia vocatur, alteri Paula nomen est.

5) Iupiter olim • hominibus totius terrae
• toti fere generi hominum
perniciem paravit.

6) Nullius gratiam exspecto, nemini gratiam debeo. Semper mihi uni confisus / -a sum.

7) Nihil timeo, nullā rē opprimor, nulli periculo cedo.

S 5

Ein treuer Hund

Pyrrhus rex in itinere incidit* in canem, qui interfecti corpus hominis custodiebat.
✿ haec audivit: „Canis iam tres dies ad cadaver* sedet – ✿; ne momentum* quidem temporis a corpore discessit.“ ✿ milites hominem humaverunt*, canem deduxerunt*, diligenter curaverunt. Paucis diebus post lustratio* militum habita est. Transibant* milites singuli* ✿. Canis quoque aderat. Quietus* tacitusque* agmen tuebatur – ✿ autem procurrit* furens*. Non modo rex, sed omnes, qui aderant, de his militibus suspicabantur*. ✿ rex canem laudavit, qui dominum suum ultus est*.

iudicio* de eis facto • sedente rege in solio* • Pyrrho iubente • omni cibo denegato* • hominibus praesentibus interrogatis • militibus quibusdam transeuntibus*

• Übersetze den Text erst ohne die Ablativkonstruktionen; dann setze sie an den bezeichneten Stellen ein.
• Achte auf die Zeitverhältnisse dort, wo die grammatische Form des Partizips und der Kontext sie erfordern.
• Übersetze in einem zweiten Durchgang die Ablativi absoluti dort, wo es möglich ist, im Deutschen mit einer adverbialen Bestimmung.

Z Tigerjagd

Antiquis temporibus tigres in Italiam importari non licuit. Nostrā autem memoriā ludis in circensibus nonnumquam tigres videntur.
India terra tigrim gignit, animal celeritatis horrendae et iis imprimis notae, qui tigris capiunt.
Venator equo celeri tigris cubili appropinquat; ubi vidit matrem catulorum praedandi causa cubile reliquisse, statim totum fetum, qui semper numerosus est, e cubili rapit et cum toto fetu rapto avolat.
Mox tigris ad cubile revenit et catulos omnibus locis quaerit. Tandem odore raptoris vestigia investigans incredibili celeritate raptori fugienti appropinquat. Is autem bestiam accurrere videns unum e catulis humum abicit. Reperit eum mater et diligenter ore captum in cubile portat.
Nunc denuo vestigia investigans raptori appropinquat et alterum catulum ab eo prudenter abiectum reperit. Dum tigris catulum in cubile reportat, venator navem suam petit – tigris autem ad litus stat mugitus edens.

antīquus, -a, -um alt • **tigris**, is *m./f.* Tiger • **importāre** einführen, importieren • **circēnsis**, -e Zirkus- • **celeritās**, -ātis *f.* Schnelligkeit • **horrendus**, -a, -um schrecklich, erstaunlich • **venātor** Jäger • **cubīle, -is** *n.* Lager • **catulus** Junges • **praedārī** Beute machen • **fētus**, -ūs *m.* Wurf • **numerōsus**, -a, -um zahlreich • **revenīre** zurückkehren • **tandem** endlich • **ōdor** Geruch • **raptor:** rapere • **vestīgium** Spur • **investīgāre** nachspüren • **incrēdibilis, -e:** crēdere • **abicere:** ab, iacere • **reperīre** wiederfinden • **ōs**, ōris *n.* Maul • **dēnuō** Adv. von neuem • **prūdens**, -tis klug, besonnen • **mūgītus**, -ūs *n.* Gebrüll

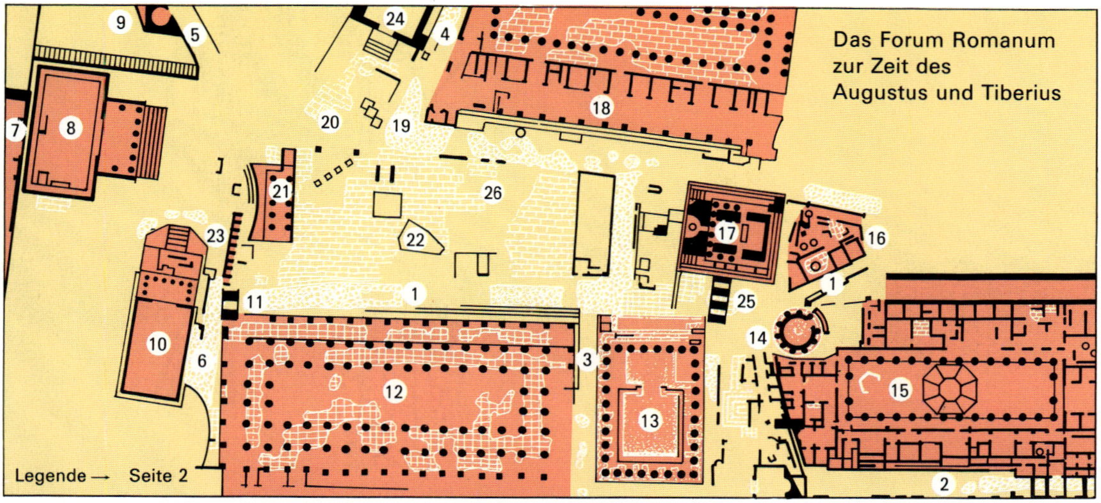
Das Forum Romanum
zur Zeit des
Augustus und Tiberius
1
2
3
4
5
6
7
8
9
10
11
12
13
14
15
16
17
18
19
20
21
22
23
24
25
26
Legende → Seite 2

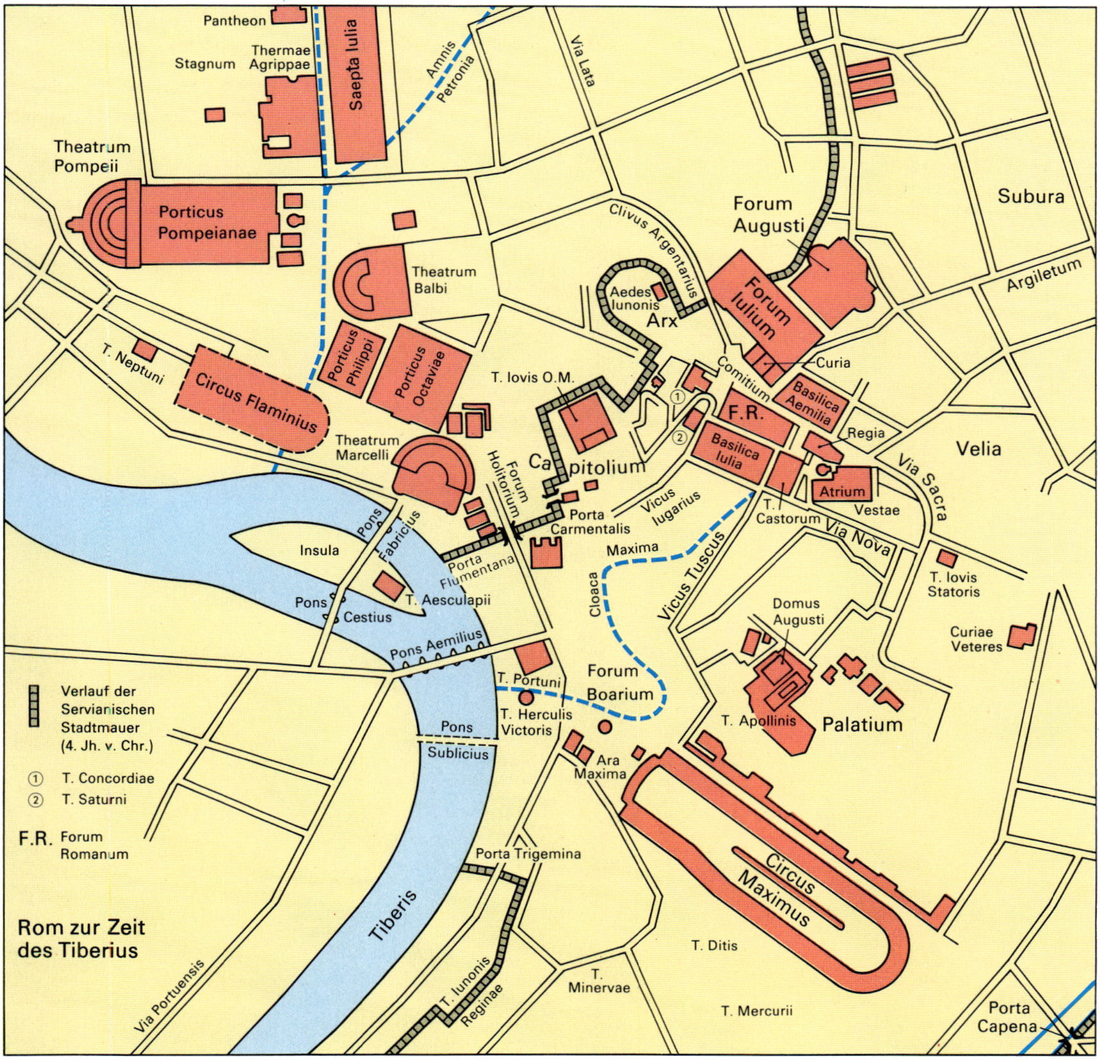
Pantheon
Stagnum
Thermae
Agrippae
Saepta Iulia
Amnis
Petronia
Via Lata
Theatrum
Pompeii
Porticus
Pompeianae
Theatrum
Balbi
Clivus Argentarius
Forum
Augusti
Subura
Forum
Iulium
Argiletum
Aedes
Iunonis
Arx
T. Neptuni
Porticus
Philippi
Porticus
Octaviae
Circus Flaminius
T. Iovis O.M.
Comitium
Curia
Basilica
Aemilia
F.R.
Regia
Velia
Basilica
Iulia
Theatrum
Marcelli
Forum
Holitorium
Capitolium
Via Sacra
Atrium
Vestae
Pons
Fabricius
Porta
Carmentalis
Vicus
Iugarius
T.
Castorum
Via Nova
Insula
Porta
Flumentana
Maxima
Cloaca
Vicus Tuscus
T. Iovis
Statoris
Pons
Cestius
T. Aesculapii
Domus
Augusti
Curiae
Veteres
Pons Aemilius
T. Portuni
Forum
Boarium
Verlauf der
Servianischen
Stadtmauer
(4. Jh. v. Chr.)
T. Herculis
Victoris
T. Apollinis
Palatium
Pons
Sublicius
Ara
Maxima
① T. Concordiae
② T. Saturni
F.R. Forum
Romanum
Porta Trigemina
Circus
Maximus
Rom zur Zeit
des Tiberius
Tiberis
T. Ditis
T.
Minervae
T. Iunonis
Reginae
Via Portuensis
T. Mercurii
Porta
Capena

Der Limes
Germanien und die Donauprovinzen
Legionslager
Kastell
Stadt
Lugduno (Leiden)
Batavi
Noviomagus (Nimwegen)
Vetera (Xanten)
Bructeri
Amisia (Ems)
Lupia (Lippe)
Cherusci
Visurgis (Weser)
Marsi
GERMANIA INFERIOR
Ubii
Novaesium (Neuss)
Rhenus (Rhein)
Colonia Agrippinensis (Köln)
Aduatuca (Tongern)
Aquae (Aachen)
Bonna (Bonn)
Mosa (Maas)
Chatti
Hermunduri
Tungri
Confluentes (Koblenz)
Limes
Marcomanni
Moenus (Main)
Treveri
Bingium (Bingen)
Mogontiacum (Mainz)
Augusta Treverorum (Trier)
Borbetomagus (Worms)
Lopodunum (Ladenburg)
Noviomagus (Speyer)
Castra Regina (Regensburg)
Limes
Mediomatrici
GERMANIA SUPERIOR
Aquae (Baden-Baden)
BELGICA
Argentorate (Straßburg)
Suebi
Castra Batavia
Sumelocenna (Rottenburg)
Nicer (Neckar)
Augusta Vindelicum (Augsburg)
Mosella (Mosel)
Danuvius (Donau)
RAETIA
Bedaium
Lingones
Cambodunum (Kempten)
Lacus Venetus (Bodensee)
Ponsaeni (Rosenheim)
Brigantium (Bregenz)
Arbor Felix (Arbon)
Augusta Raurica (Kaiseraugst)
Vindonissa (Windisch)
Turicum (Zürich)
Helvetii
Clunia (Feldkirch)
Teriolis (Zirl)
Aenus (Inn)
NORICUM
0
100 km

Aufgenommen sind insbesondere die Namen, die auch für die Lektüre lateinischer Literatur wichtig sind. Du kannst also das folgende Verzeichnis wie ein Lexikon benutzen. Ein Pfeil ↗ verweist auf Stellen mit Erläuterungen, Verweise in [ ] *geben weitere Fundstellen an.*

Folgende Personen der fiktiven Texte sind als reale Personen belegt:
M. Pomponius Marcellus, Q. Postumius Modestus, Umbricius Agathopus, L. Memmius Regulus, L. Munatius Plancus, C. Indutius Sallustianus, M. Holconius Priscus, Vatia, Ampliatus, Celadus, C. Cuspius Pansa, L. Pomponius Bassus, P. Stallius Agatho, L. Caecilius Iucundus, Cn. Alleius Nigidius Maius.

Abkürzungen der gebräuchlichsten Vornamen

A.	Aulus
App.	Appius
C.	Gāius
Cn.	Gnaeus
D.	Decimus
K.	Kaesō
L.	Lūcius
M.	Mārcus
M'.	Mānius
Mam.	Mamercus
N./Num.	Numerius
P.	Pūblius
Q.	Quīntus
Ser.	Servius
S.	Sextus
Sp.	Spurius
T.	Titus
Ti(b).	Tiberius

Actium, Vorgebirge im westl. Griechenland. Hier errang Octavianus, der spätere Kaiser ↗ Augustus, 31 v. Chr. den Seesieg über ↗ Antonius. [↗ S. 34]

Aegyptus, -ī *f.*, Ägypten ↗ S. 7

L. Aemĭlius Paullus, Konsul 182 u. 168 v. Chr. ↗ S. 29

Aethĭŏps, -ŏpis *m.* (griech.: *„mit verbranntem Gesicht"*), „Äthiopier" (Schwarzafrikaner) [S. 103]

Āfer, Āfrī, Bewohner von (Nord-)Afrika [S. 103]

Agamemnō(n), -ōnis, König von Mykene, oberster Führer der Griechen im Trojanischen Krieg. Er opferte seine Tochter Iphigenie der Artemis. [S. 118]

Aischylos, lat. Aeschylus, ältester (6./5. Jh. v. Chr.) der drei bedeutendsten attischen Tragiker (↗ Sophokles, ↗ Euripides), von seinen insgesamt etwa 90 Dramen sind sieben erhalten. [S. 133]

Alexander d. Gr. (356–323 v. Chr.), König von Makedonien, eroberte ein Riesenreich, das bis nach Asien reichte; viele Städte trugen seinen Namen. [S. 63, 70]

Allia, kleiner Nebenfluß des ↗ Tiber nordöstl. Roms. Hier erlitten die Römer 387 n. Chr. eine vernichtende Niederlage durch die Gallier.

Amāsis, griechenfreundlicher König Ägyptens (570–526 v. Chr.). ↗ Polycrates. [S. 100]

Antōnius, M. Antōnius (82–30 v. Chr.). Als Mitkonsul ↗ Caesars kämpfte er lange gegen dessen Mörder zusammen mit Octavianus (↗ Augustus). Bei der Verteilung der Beute erhielt A. den Osten, Octavianus den Westen. Unstimmigkeiten führten zum Krieg zwischen beiden Machthabern, der mit dem Sieg bei ↗ Actium für Octavianus endete (31 v. Chr.). [S. 34]

Apīcius, M. Gāvius A. ↗ S. 140

Apollō, -inis *m.*, (griech. Apollon) Gott des Bogenschießens, des Ackerbaus, der Heilkunde, der Weissagung, der Künste und Wissenschaften; anderer Name ↗ Phoebus. [S. 48]

Aquae Sextiae, Heute Aix-en-Provence, berühmt durch ↗ Marius' Sieg über die ↗ Teutonen (102. v. Chr.) [S. 105]

Argentārius, clīvus A., ↗ S. 79

Ariovistus, König der ↗ Sueben, wurde von ↗ Caesar 58 v. Chr. im Elsaß besiegt. [S. 105]

Armĭnius, Fürst des Germanenstammes der ↗ Cherusker. Er überfiel 9 n. Chr. drei röm. Legionen unter ↗ Vārus im Teutoburger Wald. Die Römer wurden völlig aufgerieben. [S. 106]

Athēnae, -arum *f.*, Athen

Augusta Rauricōrum, Kaiseraugst, Stadt bei Basel, von ↗ Augustus gegründet. [S. 62]

Augustus, erster röm. Kaiser (63 v. Chr. bis 14 n. Chr.). Er hieß eigentlich C. Octavius. Als er nach dem Tode seines Vaters von Caesar adoptiert worden war, nannte er sich C. Iūlius Caesar Octāviānus. Aus den Bürgerkriegswirren am Ende der Republik ging er schließlich als Sieger gegen ↗ Antonius in der Schlacht bei ↗ Actium 31 v. Chr. hervor. Nach der blutigen Beseitigung seiner politischen Gegner war er Alleinherrscher, unter dem Schein der Aufrechterhaltung der republikanischen Staatsform. Im Jahre 27 v. Chr. erhielt er vom Senat den Ehrentitel Augustus („der Erhabene"). Ziel seiner Innenpolitik war die Wiederherstellung des inneren Friedens durch Propagierung traditioneller Werte, die Außenpolitik zielte auf die Sicherung der Grenzen. Er förderte daneben bedeutende zeitgenössische Dichter wie ↗ Vergil.
Von seinem Namen sind abgeleitet Städtenamen wie *Augs-burg* oder *Saragossa* (aus Caesarea Augusta); ↗ Colōnia Augusta Trēverōrum (Trier) wurde unter seiner Herrschaft gegründet. – Der Monatsname (↗ CG 20 Anhang) August wurde nach ihm benannt, weil er in diesem Monat sein erstes Konsulat angetreten hatte. [S. 34; 66, 90, 106, 121]

Aventīnus, Hügel Roms [S. 74]

Bacchus, (griech. Dionysos) Gott des Weines. Sein Kult mit ausschweifenden Feiern wurde ca. 200 v. Chr. in Rom eingeführt. Der röm. Staat schritt allerdings 186 v. Chr. streng dagegen ein: Die meisten von 7000 angeklagten Anhängern wurden hingerichtet. Trotzdem lebte der Kult wieder auf. [S. 87 *(Abb.)*, 136]

Biās, Biantis *m.,* Politiker aus Priēne (Kleinasien), einer der Sieben Weisen, lebte in der Mitte d. 6. Jh. v. Chr. [S. 71]

Brennus, ↗ [S. 60, 65]; ↗ Allia

Brundĭsium, Hafenstadt in Süditalien, wichtigster Überfahrtsort Richtung Griechenland und Ägypten; heute: Brindisi. [S. 49]

Caesar, -aris *m.,* C. Iūlius Caesar (100–44 v. Chr.), der mächtigste römische Politiker und Feldherr am Ende der Republik, unterwarf in den Gallischen Kriegen (58–49 v. Chr.) Gallien und verleibte es als Provinz dem Römischen Reich ein. Nach dem Beinamen Caesar trugen alle folgenden Herrscher den Titel, aus dem unser Wort „Kaiser" entstand. [S. 85, 105, 117]

Camillus, M. Fūrius Camillus. Eroberer von ↗ Vēiī (396 v. Chr.) und ↗ Fălĕrīī (394 v. Chr.). Sieger über die Gallier (390 v. Chr.) [S. 76].

Campānia, Landschaft in Mittelitalien, besonders die Ebene um Capua; fruchtbares Land [S. 39; 50, 124, 144]

Cannae, -ārum *f.,* Dorf in Apulien (Süditalien). Hier brachte ↗ Hannibal 216 v. Chr. den Römern eine vernichtende Niederlage bei. Ca. 50 000 Römer fielen, 20 000 gerieten in Gefangenschaft. [S. 50, 65]

Capitōlium, ↗ S. 54

Capreae, -ārum *f.,* ↗ S. 129

Castor, Bruder des ↗ Pollux [S. 19]

Catō, -ōnis *m.,* M. Porcius C. (234 –149 v. Chr.), heftiger Verfechter einer nationalrömischen, antigriechischen Haltung im Leben und in der Literatur. Sein Werk *„Über den Ackerbau"* (dē agrīcultūrā) ist erhalten. [S. 29]

Cerēs, griech. Demeter, Göttin der Fruchtbarkeit [S. 133]

Cimbrī, -ōrum, Kimbern; germanischer Volksstamm an der Unterelbe. Sie zogen mit den ↗ Teutones nach Süden und wurden nach einigen Siegen gegen die Römer 101 v. Chr. von den röm. Heeren aufgerieben. [S. 105]

Circus Māximus, ↗ S. 74 f.

Clĕŏpatra, die letzte Königin von Ägypten, von griechischer Abstammung, war im Gegensatz zur verbreiteten Meinung keine große Schönheit. Geliebte von ↗ Caesar und ↗ Antonius, beging 30 v. Chr. Selbstmord. [S. 85]

Clūsium, ↗ S. 60

Colōnia Augusta Trēverōrum, ↗ S. 101

Colophōnius, Einwohner von Kolophon, einer Stadt in Kleinasien zwischen Smyrna und ↗ Ephesus. [S. 120]

Cūmae, -ārum *f.,* älteste griech. Kolonie in der ↗ Campānia, [S. 47]

Cȳrus, ↗ S. 93

Dācus, Daker, Einwohner von Dakien (heute Rumänien und Teile Ungarns) ↗ S. 103

Deucaliōn, D. und seine Gattin Pyrrha entkamen als einzige Menschen einer Sintflut, weil ihm sein Vater Promētheus geraten hatte, einen Kasten (arca = „Arche") zu bauen. [S. 132]

Diāna, von den Römern mit der griech. Artemis gleichgesetzt, Schützerin der Tiere, Göttin der Jagd, Schwester des Apollō ↗ S. 48

Dionȳsidōros, Grieche, Erdvermesser von der griech. Insel Mēlos. Die Frage nach der Größe der Erde beschäftigte ihn bis ins hohe Alter. Seine Lebenszeit fällt zwischen ca. 240 und 25 v. Chr. Die Geschichte mit dem Brief wird von ↗ Plinius d. Ä. berichtet. [S. 94]

Dionysos, ↗ Bacchus

Domitiānus, T. Flāvius Domitiānus, röm. Kaiser 81–96 n. Chr. Er organisierte die Gebiete des linken Rheinufers als Provinzen, die oberrheinischen Gebiete sicherte er durch den Limes. [S. 106]

Drūsus Germānicus, Adoptivsohn des Kaisers Tiberius (15 v. Chr.–19 n. Chr.). Berühmt wurde er durch drei Feldzüge in Germanien (14–16 n. Chr.). Er bestattete die Toten der ↗ Varus-Schlacht und besiegte ↗ Arminius. [S. 106]

Ephĕsus (Ephesos), alte Küstenstadt in Cāria/Kleinasien, einer der bedeutendsten Hafenplätze der Antike. In der Nähe lag der berühmte Tempel der Artemis (↗ Diāna), den Herostratos 356 n. Chr. in Brand steckte, um durch diese Tat berühmt zu werden. Der Tempel wurde bald neu errichtet und als eines der sieben Weltwunder bestaunt. [S. 29]

Erātŏsthĕnēs, -is, (ca. 275–195 v. Chr.), Leiter der berühmten Bibliothek von ↗ Alexandria/Ägypten. Seine Hauptverdienste erwarb er sich in der Geographie. So bewies er die Möglichkeit der Erdumsegelung, schuf für seine Erdkarte eine Einteilung in Vierecke und bestimmte den Erdumfang mit im Altertum unübertroffener Genauigkeit. [S. 94]

Esquiliae, -ārum *f.,* (Adj. Esquilīnus) der größte Hügel Roms; ursprünglich als Begräbnis- und Richtstätte benutzt; später in eine Parkanlage umgewandelt. [S. 81]

Euripidēs, der jüngste der drei bedeutendsten attischen Tragiker (ca. 480 bis 388 v. Chr.) [S. 133]

Faleriī, -ōrum *m.,* ↗ S. 76

Falernus, falernisch. Das Falernerland liegt an der Grenze ↗ Lătiums und Kampaniens (↗ Campānia). Es ist bekannt für exzellenten Wein. [S. 33]

Faliscī ↗ S. 76

Flāminīnus ↗ S. 67

Gallus, Gallier, gallisch (= Kelten). ↗ S. 105

Gellius, Aulus Gellius, röm. Schriftsteller, lebte um 150 n. Chr. Sein Werk sind die Noctēs Atticae, anekdotenhafte Aufzeichnungen aus verschiedensten Wissensgebieten. [S.76]

Germānus, der Germane ↗ S. 105

Germānia, Germanien ↗ S. 7

Getae, -ārum *m.,* die Geten, thrakisches Reitervolk im Gebiet der heutigen Ukraine. [S. 103]

Gracchī, die Brüder Tib. Semprōnius Gracchus (162–133 v. Chr.) und C. Semprōnius Gracchus (153–121 v. Chr.) wollten gegen erhebliche Widerstände in führenden Kreisen Roms eine gerechtere Verteilung der Bodennutzung (zu-

gunsten Ärmerer) und ein Getreidegesetz einführen, durch das der Bevölkerung verbilligtes Getreide zugewiesen wurde. Mit ihrem Wirken lösten sie ein Jahrhundert voller polit.-sozialer Kämpfe aus. Tib. wurde ermordet, C. beging Selbstmord. [S. 66]
Graecia, Griechenland

Hannibal, -alis, ↗ S. 65, 67
Herculāneum, Stadt in Kampanien (↗ Campānia), wurde beim Ausbruch des Vesuvs 79 n. Chr. wie Pompeji von einer meterhohen Ascheschicht begraben [S. 42]
Hēliopolis, Stadt in Unterägypten [S. 74]
Hesiod, griech. Dichter (um 700 v. Chr.), schuf bedeutende Verserzählungen [S. 133]
Hippō ↗ S. 68
Hispānia (griech. Ibēria), Spanien [S. 66]

Homērus, ↗ S. 22, 133
Horātius, Q. Horātius Flaccus (65 bis 8 v. Chr.). Horaz gilt als einer der größten Lyriker Roms. [S. 29]
Iānus, Janus, röm. Gott der Tordurchgänge, des Ein- und Ausgangs, Anfangs und Endes. Er wird oft als doppelköpfig dargestellt. Das Ianustor auf dem Forum wurde nur in Friedenszeiten geschlossen. ↗ S. 121
Indus, Inder [S. 103]
Īphigĕnīa, Tochter des ↗ Agamemnon [S. 118]
Iugurtha ↗ S. 68
Iūlius, Name einer patrizischen gēns, aus der z. B. Iūlius ↗ Caesar stammte.
Iūnō, -ōnis, altital. Göttin, nach der der Monat Juni heißt. Später der griech. Göttin Hera gleichgesetzt und damit Gattin ↗ Jupiters. [S. 54, 55, 88]
Iūpiter, *Gen.* Iovis, Jupiter; ursprüngl. der Gott des Himmelslichts, später dem griech. Zeus gleichgesetzt und damit König der Götter. [S. 54, 55, 132]
Karthāgō, -ginis *f.*, Kolonie der Phönizier/ Punier (↗ Poenī) in der Gegend des heutigen Tunis (Nordafrika), gegründet, um die Handelsschiffahrt nach ↗ Hispānia zu sichern; 146 v. Chr. von den Römern zerstört. [S. 66, 67]
Korinth, berühmte Handelsstadt an der Meerenge (Isthmus) zwischen dem griech. Festland und der Halbinsel Peloponnes; 146 v. Chr. von den Römern zerstört als Zentrum römerfeindlicher Kräfte. [S. 66]
Latīnī, -ōrum, Latiner, Bewohner Latiums (Volksstamm in Italien). [S. 11]
Lătium, Gebiet an der Tibermündung, Heimat der ↗ Latiner. [S. 29]
Lātōna, ↗ S. 48, 133
Līvia, dritte Ehefrau des ↗ Augustus ↗ S. 90
Lycia, ↗ S. 48
Lycius, Einwohner von Lykien
Macĕdŏnēs, Bewohner von Makedonien, einer Landschaft im Norden Griechenlands [S. 63, 70]
Mărius, C. Mărius (156 - 86 v. Chr.), siebenmal Konsul, Gegner ↗ Sullas. Der berühmte röm. Heerführer vernichtete die ↗ Cimbrī und ↗ Teutŏnēs bei ↗ Aquae Sextiae und wurde so zum Retter Roms. Als Konsul in wirren Zeiten aber übte er eine Schreckensherrschaft aus. [S. 105]
Mĕgără, -ōrum, Hauptstadt der Landschaft Megaris zwischen ↗ Korinth und Attika [S. 57]
Midās, ↗ S. 136
Mīlētus, Stadt an der kleinasiatischen Küste (in der heutigen Türkei) [S. 117]
Minerva, Göttin der Handwerker, Künstler, Ärzte und Lehrer, der griech. Athene gleichgesetzt [S. 54, 55]
Minotaurus, („Stier des Königs Minos"), in der griech. Sage ein Ungeheuer mit Stierkopf auf menschlichem Körper. Der König Minos hielt ihn in einem Labyrinth in Knossos auf der Insel Kreta gefangen, bis ihn Theseus aus Athen tötete. [S. 62]
Mīsēnum, Stadt am Golf von Neapel; seit Augustus Kriegshafen für die kaiserl. Westflotte; heute: Miseno. [S. 50]
Nērēidēs, die 50 Töchter des ↗ Nēreus, schöne Meernymphen, die den Menschen freundlich zugetan sind. [S. 132]
Nēreus, ein weissagender Meeresgott, der mit seinen 50 Töchtern, den ↗ Nereïden, in der Tiefe des Ägäischen Meeres wohnt. [S. 132]
Nĕrō, Nerōnis, geb. 37 n. Chr., fünfter römischer Kaiser 53–68 n. Chr. [S. 120]
Numĭdia, Gebiet von Tunis und Ostalgerien, bewohnt von Berberstämmen. [S. 68]
Ōstia, ↗ S. 111 f.
Ovĭdius, P. Ovĭdius Nāsō, einer der größten Dichter des augusteischen Zeitalters (43 v. Chr. – 17 n. Chr.) [S. 132, 133]
Palātium, Palatin, Hügel in Rom südl. des Forums. Auf ihm stand die älteste Siedlung. Seit Augustus erheben sich dort die Kaiserpaläste. Das deutsche Wort Palast leitet sich von P. ab; Adj.: Palatīnus. [S. 58]
Pĕlops, Sohn des ↗ Tantalus [S. 105]
Persae, -ārum *m.*, die Perser [S. 103]
Phoebus, anderer Name für ↗ Apollō [S. 48]
Plautus, T. Maccius Plautus, gestorben 184 v. Chr., röm. Komödiendichter; eines seiner bekanntesten Stücke ist der Mīles glōriōsus [S. 86, 91]
Plīnius, ① C. Plīnius Secundus d. Ä. (23 – 79 n. Chr.). Neben seiner Tätigkeit als kaiserlicher Beamter (u. a. Flottenkommandant von ↗ Misēnum) war er ein bekannter Schriftsteller. Bei seiner Lektüre fertigte er stets Auszüge an, Grundlage seiner „Nātūrālis Historia" *(Naturkunde)*, eines Sammelwerks in 37 Büchern. Er fand beim Ausbruch des Vesuvs den Tod. [S. 93, 98]
② C. Plīnius Secundus d. J. (62 bis ca. 113 n. Chr.) Neffe und Adoptivsohn von ①. Wir besitzen von diesem kaiserlichen Statthalter der Provinz Bithynien im nordwestl. Kleinasien 120 Briefe, die ein Bild der vornehmen Gesellschaft zur Zeit des Kaisers ↗ Trajan vermitteln. [S. 41]
Plūtarchus, Plutarch, griech. Schriftsteller (≈ 45–125 n. Chr.), bekannt u. a.

durch Biographien berühmter Griechen und Römer (↗ Caesar). [S. 105]

Poenī, Punier = Karthager. Hauptstadt: ↗ Karthāgō in Nordafrika. Die Punier beherrschten um 600 v. Chr. den Handel im westl. Mittelmeer, kamen durch Ausweitung ihres Herrschaftsgebiets in Konflikte mit den Römern. Im Zeitraum 264–146 v. Chr. fanden drei sog. Punische Kriege statt, die mit der Zerstörung Karthagos und der Versklavung der überlebenden Einwohner endeten. ↗ Hannibal. [S. 65]

Pollūx, -ūcis, (griech. Polydeukes) Bruder des ↗ Castor, Söhne Jupiters; sie wurden in Rom in einem Kult verehrt. [S. 19]

Pŏlўcrătēs, -is, Tyrann von ↗ Sāmos (ca. 537–522 v. Chr.). Seine Flotte brachte ihm, vor allem durch Seeraub, großen Reichtum. Er führte eine glänzende Hofhaltung, pflegte Künste und Wissenschaften, ließ Wasserleitungen, Befestigungen etc. bauen. Schillers Ballade *„Der Ring des Polykrates"* geht (wie unser Text) auf eine Erzählung des Griechen Herodot zurück. In ihr ist das historisch belegte Bündnis mit dem Ägypterkönig ↗ Amāsis angesprochen. [S. 100]

Pompēiī, -ōrum ↗ S. 39–41

Prūsias ↗ S. 67

Pūblīlius Sўrus, ↗ S. 85

Pŭtĕŏlī, -ōrum, Stadt nordwestlich von Neapel, heute Pozzuoli [S. 50, 95]

Pyrrha, ↗ Deucaliōn [S. 132]

Pyrrhus, König von Epīrus in Westgriechenland ≈ 319–272 v. Chr. Er wollte ein Weltreich gründen, wurde aber schließlich nach einigen Siegen von den Römern 275 geschlagen. (Seine Siege waren so verlustreich, daß er ausgerufen haben soll: *„Noch ein solcher Sieg und ich bin verloren"* – sog. Pyrrhussieg) [S. 96]

Rĕmus, Bruder von ↗ Rōmŭlus. [S. 7]

Rhēnus, Rhein [S. 62]

Rhŏdos, -ī *f.*, *(„Roseninsel")*, Insel vor der Südwestküste Kleinasiens. Zur Erinnerung an eine erfolglose Belagerung der Insel durch die Athener stellten die Rhodier um 300 v. Chr. eine ca. 30 m hohe Kolossalstatue des Sonnengottes Helios (lat. Sōl) auf. Sie stürzte 227 v. Chr. bei einem Erdbeben um. (Die Freiheitsstatue in New York ist 46 m hoch.) [S. 29]

Rōmŭlus, nach der Sage mit seinem Zwillingsbruder Rĕmus (Vater: Mārs) im Tiber ausgesetzt und von einer Wölfin gesäugt. Er gründete auf dem ↗ Palātium die älteste Siedlung Roms. Als Remus höhnisch seine – sehr niedrige – Mauer übersprang, erschlug ihn Romulus. [S. 7, 58]

Rōstra, -ōrum *n.* ↗ S. 53

Samnītēs, -ium, kriegerisches Gebirgsvolk, über Mittel- und Süditalien verbreitet, von ↗ Sulla planmäßig ausgerottet. [S. 65]

Sămos, -ī *f.*, fruchtbare Insel vor der kleinasiatischen Küste, bekannt durch ihren Weinbau (↗ Polycratēs). [S. 100]

Scīpiō, ↗ S. 67

Sĭbylla, ↗ S. 47

Sĭcĭlia, Sizilien, die größte Insel im Mittelmeer. Sie war Roms erste Provinz und eine seiner „Kornkammern" [S. 29, 66]

Sophoclēs, (496–406 v. Chr.) einer der drei bedeutendsten griech. Tragödiendichter [S.133]

Spartăcus, thrakischer Gladiator, der 73 v. Chr. aus einer Gladiatorenschule in Căpŭa (nördl. von Neapel) ausgebrochen war, sammelte ein Heer aus geflohenen Sklaven (ca. 60 000 Mann) und siegte zunächst über die gegen ihn eingesetzten römischen Legionen; erst 71 v. Chr. konnte er besiegt werden. Der Anführer des größten antiken Sklavenaufstandes fiel. Die Reste seiner Armee besiegte ↗ Pompēius, der 6000 Gefangene entlang der via Appia (Straße von Rom nach Capua, später bis Brindisi) kreuzigen ließ. [S. 66]

Spartiātae, -ārum *m.*, Einwohner Spartas, eines griech. Stadtstaates auf der Peloponnes [S. 93]

Subūra, ↗ S. 81

Suēbī, -ōrum, westgerm. Stamm in der Maingegend, der 58 v. Chr. von Caesar besiegt wurde. Später schlossen sie sich mit anderen Germanen als „Alemannen" zusammen. In den „Schwaben" lebt ihr Name heute noch fort. [S. 105]

Suētōnius, C. S. Tranquillus aus ↗ Hippō Regius (1. Hälfte des 2. Jh. n. Chr.) schrieb Biographien der röm. Kaiser. [S. 90]

Syēne, Stadt in Ägypten, heute Assuan [S. 94]

Tăcĭtus, röm. Historiker ↗ [S. 107]

Tantalus, Sohn Jupiters mit einer Sterblichen, versuchte die Götter zu täuschen, indem er ihnen seinen eigenen Sohn ↗ Pelops zum Mahl vorsetzte; dieses Frevels wegen wurde er zu ewigem Hunger und Durst in der Unterwelt verdammt [S.105]

Tarquĭnius Superbus ↗ S. 76

Teutŏnēs, -um, german. Volk an der Ostsee, das mit den ↗ Cimbrī nach Süden zog, von ↗ Marius 102 v. Chr. bei ↗ Aquae Sextiae vernichtet. [S. 105]

Tĭbĕrĭs, -is *m.*, Hauptfluß Etruriens, heute: Tiber (ital. Tevere). Zwischen ↗ Ōstia und Rom lebhafter Schiffsverkehr. [S. 110]

Tĭbĕrius, Tĭb. Claudius Nĕrō (42 v. Chr. bis 37 n. Chr.), zweiter röm. Kaiser (14–37). [S. 9, 55, 81]

Tĭtus, T. Flāvius Sabīnus Vespasiānus, röm. Kaiser (79–81 n. Chr.), in seine Regierungszeit fällt der Ausbruch des Vesuvs und die Fertigstellung des Colosseums [S. 106]

Trāiānus, M. Ulpius Trāiānus (52 –117), Kaiser 98–117. Zu seiner Zeit hatte das röm. Reich seine größte Ausdehnung. [S. 51]

Trēverī, -ōrum, kelt.-german. Mischvolk an der Mosel; Hauptstadt: Trier (↗ Augustus). [S. 101]

Varrō, -ōnis, M. Tĕrentĭus Varrō, 116–28 v. Chr., aus Rĕātĕ im Land der Sabiner (nördl. von ↗ Lătium), heute Rieti; ein vielseitiger Gelehrter und Schriftsteller, der in einem großen Werk (Antīquitātēs rērum hūmānārum et dīvīnārum, etwa: *Menschen und Götter in der alten Zeit*) alles Wissenswerte über die Römer gesammelt hat. [S. 114]

Vārus, P. Quīntīlius Vārus, Statthalter in Germanien; er reizte den german. Fürsten ↗ Armĭnius durch seine rücksichtslose Romanisierung zum Widerstand und stürzte sich nach einer für die Römer entsetzlichen Niederlage 9 n. Chr. im Teutoburger Wald ins Schwert. [S. 93, 106]

Vēiī, etrusk. Stadt, nördl. von Rom, 396 v. Chr. von Camillus erobert [S. 76]

Vercellae, -ārum, Stadt in Oberitalien (heute: Vercelli), neben ↗ Aquae Sextiae bekannt durch den röm. Sieg über die ↗ Cimbrī 101 v. Chr. [S. 105]

Vergilius, P. Vergĭlius Mărō (70–19 v. Chr.) berühmt durch sein Epos (Verserzählung) „Aeneis", in dem die Friedenspolitik des ↗ Augustus als gottgewollt dargestellt wird, was er anhand von Sagen und Mythen aus Roms Vorgeschichte nachzuweisen trachtet. [S. 133]

Vespasiānus, T. Flāvius Vespasiānus (9–79 n. Chr.), röm. Kaiser (69–79). Neuordnung von Finanzen, Justiz und Militär, Erweiterung des röm. Senats um die Aristokratie aus den Westprovinzen; die Provinzen förderte er durch Straßenbau; in Rom erbaute er mit dem Amphitheātrum Flāvium (seit dem Mittelalter Colosseum genannt) für 50 000 Zuschauer das erste steinerne Amphitheater (48,5 m hoch) für Tier- und Gladiatorenkämpfe. [S. 126]

Vesŭvius, ↗ S. 47

Vitrūvius, ↗ S. 80

Xenophanēs, griech. Philosoph (6. Jh. v. Chr.) [S. 133]

Zama, ↗ S. 66

Dieses **Lernvokabular** enthält diejenigen Wörter aus den Lesestücken und Übungen, die Du im Laufe des Lehrgangs lernen sollst. Du brauchst dieses Vocabularium also nur zu diesem Zweck. Ein Pfeil → vor einem Wort bedeutet, daß Du dieses Wort schon kennst und daß das davorstehende Lernwort damit zusammenhängt. So wird Dir die neue „Wörterwelt" nach und nach immer durchsichtiger werden.
Die **fetten** Zahlen **1** bis **54** neben den Spalten bezeichnen das Lesestück, die normalen Ziffern verweisen auf die Zeilen des jeweiligen Lesestücks (die Wörter erscheinen in der Reihenfolge, wie sie in den Texten vorkommen).
Die Wörter ab dem Zeichen **PE** stehen in den Übungen (Pensa exercitanda); sie sind hier *alphabetisch* aufgeführt.

Am Fuß jeder Seite findest Du in einem grauen Kasten Wörter aus dem **D**eutschen, **E**nglischen oder **F**ranzösischen, die auf lateinische Wörter zurückgehen. Untersuche
➢ zu welchem lateinischen Wort (auf derselben Seite) diese Wörter jeweils gehören;
➢ wie sich ihre Bedeutung zu der angegebenen Bedeutung des lateinischen Wortes verhält (ist sie gleich, verengt, erweitert, verändert?).

caput: *(hier)* Kapitel (Grundbedeutung: *Kopf)*
pēnsum: Aufgabe
pēnsa exercitanda: Übungen
cursus grammaticus: Grammatikkurs (Begleitgrammatik)
vocābulārium: Vokabular, Wörterverzeichnis

Caput primum

1	**cantāre**	singen
	rīdēre	lachen
	et	und, auch, und tatsächlich
	Rīdet et Pūblius.	Auch Publius lacht.
	Et venit Āfra.	Und Afra kommt tatsächlich.
	clāmāre	(laut) rufen, schreien
	tacēre	schweigen
5	**nōn iam** *(Adv.)*	nicht mehr, noch nicht
	autem	aber, jedoch
	saevīre	wütend sein
	atque, ac	und, sowie
	nōn	nicht
9	**iam** *(Adv.)*	schon, gleich
	iūrgāre	(sich) zanken, streiten
	venīre	kommen
	dīcere	sagen, sprechen, meinen, bezeichnen
	quis?	wer?
10	**sed** → autem	aber; sondern
	maledīcere	schimpfen
	semper *(Adv.)*	immer
13	**deinde** *(Adv.)*	darauf
	dĕcet	es gehört sich, ist in Ordnung
	neque	und nicht, auch nicht, aber nicht
	tandem *(Adv.)*	endlich
	lūdere	spielen
15	**iuvat**	es macht Spaß
	Lūdere iuvat.	Spielen macht Spaß.

2 *Zur Wiederholung*
clāmāre, lūdere, venīre
et, iam, nōn, sed, tandem

1	**ubī?**	wo?
	est	‚ist'
	dominus	Herr, Hausherr
	vīlicus	Verwalter (eines Landguts)
	servus	Sklave, Diener
4	**tum** *(Adv.)*	da, dann
	caelum	Himmel
	obscūrus, -a, -um	dunkel; *(auch im Sinn von:)* unverständlich
	sunt	‚sind'
5	**-que** *(angehängt)*	und
	Tertia Lūciusque	Tertia und Lucius
	serva	Sklavin, Dienerin
	cūr?	warum?
	labōrāre	arbeiten, sich anstrengen, leiden

1
D Kantate
E chant, to claim
F chanter, rire, et, se taire, non, venir, dire, qui?, maudire

2
D obskur
E obscur
F où, le ciel, obscur, labourer

	subitō *(Adv.)*	plötzlich
8	**inquiētus**, -a, -um	unruhig, beunruhigt
	interrogāre	fragen
	plaustrum	Karren, Wagen
	frūmentum	Getreide
	enim	denn, nämlich
	mātūrus, -a, -um	reif
	quoque	auch
	domina	Herrin, Dame
	puella	Mädchen
	ecce	(sieh) da!
10	**etiam**	auch, sogar
	immō (vērō)	im Gegenteil, vielmehr
	cūnctī, -ae, -a	alle
	adesse	dasein
	Selēnus iam adest.	Selenus ist schon da.
	onustus, -a, -um	beladen, belastet
13	**dēfessus**, -a, -um	erschöpft, müde
	iterum *(Adv.)*	wiederum, zum zweiten Mal
	nunc *(Adv.)*	jetzt, ‚nun'
	laetus, -a, -um	fröhlich
	salvus, -a, -um	gesund, heil, unbeschädigt

Caput secundum

3 *Zur Wiederholung*
clāmāre, interrogāre, labōrāre, venīre
frūmentum, plaustrum, vīlicus
cūnctī
autem, et, neque, nōn, quis?, sed, tum, ubī?

2	**quid?** → quis?	was?
	esse	‚sein'
	respondēre	antworten
	quem? → quis? quid?	wen?
	inquit	sagt er, sagt sie
	quaerere	suchen, aufsuchen
	velle	‚wollen', verlangen
5	**vocāre**	rufen; bezeichnen
	Lūcius Lampriscum asinum vocat.	Lucius nennt Lampriscus einen Esel.
	eum *(Akk. Sg.)*	ihn
	audīre	hören
	vidēre	sehen
	eās *(Akk. Pl. f.)*	sie
8	**accipere**	annehmen, erhalten, (z.B. Stimme) vernehmen
	apportāre	herbeitragen, mitbringen
	complēre	(an-)füllen
10	**onerāre** → onustus, -a, -um	be-, aufladen
	id *(Nom./Akk. Sg. n.)*	es
	contentus, -a, -um	zufrieden
	dĕesse → esse	abwesend sein; fehlen
	eōs *(Akk. Pl. m.)*	sie
	adiŭvāre *(mit Akk.)*	helfen, unterstützen
	Amīcum adiŭvō.	Ich helfe dem Freund.

4 *Zur Wiederholung*
adesse, apportāre, clāmāre, venīre
serva
enim, eōs, iam

1	**accurrere**	herbeilaufen, -eilen
	procul *(Adv.)*	von weitem
	posse	können
	itaque	und so, daher, deshalb
	nōndum *(Adv.)*	noch nicht
3	**rŏta**	Rad
	petere	verlangen
	stultus, -a, -um	dumm
	nōmināre	nennen, bezeichnen
	Āfra Flāvum stultum nōminat.	Afra bezeichnet Flavus als dumm.
5	**eam** *(Akk. Sg. f.)*	sie *(f.)*
	dēbēre	müssen
	stătim *(Adv.)*	sofort
	dīmittere	losschicken
PE	**numerāre**	zählen; auszahlen

5 *Zur Wiederholung*
accurrere, dĕesse, esse, labōrāre, posse, rīdēre, vidēre, vocāre
rŏta, servus
onustus
autem, eās, eōs, eum, itaque, nunc, quis? quid?
quoque, sed, stătim, subitō, tandem, ubī?

2
D Interrogativ-
E sudden, unquiet, mature, safe
F inquiet, interroger, mûr, la dame, sauf, -ve
3
D Vokativ, Auditorium (Hörsaal); Audio, Video, akzeptieren, apportieren, komplett
E to respond, to accept, complete
F répondre, vouloir, voire, accepter, apporter, complet, content, aider qn
4
D rotieren, nominieren, numerieren
E to nominate, to enumerate
F pouvoir, nommer, devoir, énumérer

1 **regere**	lenken, leiten
iūmentum	Zugtier, Ochse
incitāre	antreiben, in Bewegung setzen
nam → enim	denn
spectāre	betrachten, (an)schauen
3 **frāctus**, -a, -um	zer‚brochen', kaputt
prope *(beim Akk.)*	(nahe) bei
Stāgnum est prope Pompeiānum.	Ein Teich ist nahe beim Pompeianum.
prope *(Adv.)*	in der Nähe
Servī prope labōrant.	Sklaven arbeiten in der Nähe.
5 **iŭvāre** *(mit Akk.)* → adiuvāre	unterstützen, helfen
Tertia amīcum iuvat.	Tertia hilft dem Freund.
improbus, -a, -um	schlecht, unredlich
7 **īnstrūmentum**	Werkzeug
vīlla	Gutshof, Landhaus
diū *(Adv.)*	lange
exspectāre → spectāre	warten auf, erwarten
10 **īrātus**, -a, -um	erzürnt, zornig
increpāre	beschimpfen, anfahren
asinus	Esel
verberāre	schlagen, verprügeln
cēterī, -rae, -ra	die übrigen
PE **portāre**	tragen

Caput tertium

6 *Zur Wiederholung*
adesse, dēbēre, esse
domina, iūmentum, serva, servus, vīlicus
et, nōn, semper

1 **mānĕ** *(Adv.)*	früh, in der Frühe
excitāre	antreiben,(auf-)wecken
eīs *(Dat. Pl.; m./f./n.)*	ihnen
negōtium	Tätigkeit, Arbeit
dăre	geben
aqua	Wasser
2 **praebēre**	gewähren, (an-)bieten
eī *(Dat. Sg.; m./f./n.)*	ihm, ihr
adesse *(mit Dat.)* → esse; adesse *dasein*	dasein, helfen
Pūblius amīcae adest.	Publius hilft seiner Freundin.
iūcundus, -a, -um	angenehm; interessant
tamen	trotzdem, dennoch
pārēre	gehorchen
5 **poena**	Strafe, Buße
imminēre	drohen
Poena imminet.	Strafe droht.
cui?	wem?
imperāre *(mit Dat.)*	befehlen, herrschen über
Rōmānī multīs populīs imperant.	Die Römer herrschen über viele Völker
7 **parāre**	(vor-, zu-)bereiten, sich bereitmachen
ōrnāre *(mit Abl.)*	schmücken, ausstatten
induere	(Kleider) anziehen
libenter *(Adv.)*	gern

7 *Zur Wiederholung*
clāmāre, dăre, exspectāre, pārēre
iūcundus
atque, ac, deinde, enim, eī, eīs, itaque, nam, nunc, sed, tamen

1 **līberī**, -ōrum *m. (Pl.)*	Kinder *(eigtl.* „die freien" Untergebenen des pater familias)
magister, *(Akk.)* -trum *m.*	Lehrer
cottīdiē *(Adv.)*	täglich
2 **docēre**	unterrichten, lehren
puerōs linguam Latīnam docēre	Kindern Latein beibringen
lūdus → lūdere	Spiel; Schule, Unterricht
interesse *(mit Dat.)* → esse	dabei sein, an etw. teilnehmen
Lūdō intersum.	Ich nehme am Schulunterricht teil.
vīcīnus	Nachbar
5 **sīcut**	(so) wie
littera	Buchstabe
scrībere	‹schreiben›
mōnstrāre	zeigen
hodiē *(Adv.)*	heute
7 **puer**, -ī *m.*	Kind; Junge
reprehendere	tadeln
laudāre	loben
quīn etiam	ja sogar

5
D regieren, Fraktur, Instrument, ‹Villa›, etc. (etcetera)
E to incite, instrument, to exspect
F inciter, l'instrument, la ville, porter
6
D Datum, Aquarium, parieren, ‹Pein›, Imperativ, Ornat
E to excite, pain
F exciter, lèau, orner
7
D Meister, dozieren, Dozent, Interesse, Lettern
E master, interest, letter
F le maître, quotidien, l'interêt, le voisin, la lettre, écrire, montrer, louer

praemium	Belohnung, Preis
verbum	Wort
legere	lesen
maximē *(Adv.)*	am meisten, besonders
dīligere	lieben, schätzen
10 **liber**, *(Akk.)* librum *m.*	Buch
līber, -a, -um	frei
dōnāre	(be-)schenken
pulcher, -chra, -chrum	schön, hübsch
fābula	Geschichte
gaudium	Freude, Spaß
Lūdere mihī gaudiō est.	Spielen macht mir Spaß.
mihĭ̄ *(Dat.)*	‚mir'
12 **mĭser**, -ra, -rum	unglücklich, elend
saepe *(Adv.)*	oft, häufig
vīta	Leben

8 *Zur Wiederholung*
docēre, venīre, verberāre, vocāre
gaudium, līberī, lūdus, magister, praemium, puer, vīta
contentus
autem, hodiē, id, iterum, quoque, stătim, subitō, tum

1 **timēre**	fürchten, befürchten
discipulus	Schüler
lingua	Sprache, ‚Zunge'
discere → discipulus	lernen
4 **salūtāre**	grüßen
is *(Nom. Sg.)*	er, der
prīmum *(Adv.)*	zuerst
repetere → petere	wiederholen
11 **attentus**, -a, -um	aufmerksam
sīgnum	Zeichen
auxĭlium	Hilfe
Auxiliō tibī veniō.	Ich komme dir zu Hilfe.
comprehendere	(er-)greifen, *(hier:)* erwischen
postrēmō *(Adv.)*	zuletzt
schŏla *(griech.)*	‹Schule›
sīc *(Adv.)*	so
15 **fīnīre**	beenden
ita *(Adv.)*	so
vel	oder
vel ... vel ...	entweder ... oder ...
PE **bonus**, -a, -um	gut
dōnum → dōnāre	Geschenk

Caput quartum

9 *Zur Wiederholung*
ecce
adesse, adiŭvāre, audīre, clāmāre, dīcere, maledīcere, maledīcere, nōmināre, quaerere, quaerere, timēre, velle, venīre, verberāre, vidēre
aqua, auxĭlium, magister, servus
improbus
cūr?, enim, etiam, iam, eum, eās, itaque, mihĭ̄, nam, nōn iam, quid?, quoque, sed, ubī?

1 **amīcus**	Freund; *(als Adj.:)* befreundet mit
Simylī amīcus sum.	Ich bin ein Freund von Simylus.
Simylō amīcus sum.	Ich bin mit Simylus befreundet.
-ne? *(angehängt)*	*(kennzeichnet Frage)*
Venisne?	Kommst du?
nōnne? *(im Fragesatz)*	denn nicht? etwa nicht?
mē *(Akk.)*	‚mich'
tē	‚dich'
hīc *(Adv.)*	hier
3 **rāna**	Frosch
capere	nehmen, fassen, fangen
multus, -a, -um	viel
stāgnum	Teich
inesse *(mit Dat.)* → esse	drinnen sein, in etw. sein
Rāna cistae inest.	Ein Frosch ist in dem Korb.
egŏ̄	‚ich'
tū → te	‚du'
quaesō	bitte! (ich)
Venī, quaesō!	Komm, bitte!
5 **timidus**, -a, -um → timēre	ängstlich
num? *(in der Frage)*	etwa?, vielleicht?
illūdere *(mit Akk. oder Dat.)* → lūdere	verspotten; einen Streich spielen
horrēre *(mit Akk.)* → horridus, -a, -um	Angst haben, schaudern (vor etwas)
Frīgidam horreō.	Ich kann kaltes Wasser nicht ausstehen.
appropinquāre	sich nähern

7
D Prämie, ‹Verb›, Fabel, Gaudi, Vitamin
E verb, fable, joy
F le verbe, lire, le livre, donner, la fable, la joie, moi, la vie
8
D salutieren, repetieren (wiederholen)
E language, to repeat, sign, to comprehend, school, to finish
F la langue, répéter, comprendre, l'école, ainsi; si, finir, le don
9
D kapieren, Egoist
F l'ami, ici, je, tu, timide

	profectō *(Adv.)*	in der Tat, tatsächlich
7	**frīgidus**, -a, -um	kalt, kühl
	licet	es ist erlaubt
	Licetne mihī venīre?	Darf / Kann ich kommen?
	nōbīs *(Dat.)*	uns *(Dat.)*
	vetāre	verbieten
	illīc *(Adv.)*	dort
	ŏdium	Haß
	Iūrgāre mihi odiō est.	Streiten ist mir verhaßt.
	maledīcere *(mit Dat.)*	(be-)schimpfen, lästern
	Tibī maledīcō.	Ich beschimpfe dich.
10	**tibĭ̄** → tū	‚dir'
	nōs *(Nom./Akk.)* → nōbīs	wir, uns
	scīre	wissen, können
	valdē *(Adv.)*	sehr
17	**certē** *(Adv.)*	gewiß,natürlich
	certus, -a, -um	sicher, gewiß
	proinde	also, daher
	Proinde venī!	Also komm!

10 *Zur Wiederholung*
capere, illūdere, inesse, interesse, lūdere, rīdēre, tacēre
amīcus, lūdus, rāna
autem, deinde, hīc, immō (vērō), nōs, sīc

1	**quīntus**, -a, -um	fünfter
	facere	machen, tun, handeln
	tam *(Adv.)*	so
3	**currere**	laufen, eilen
	vōs *(Nom.)*	ihr
	vōs *(Akk.)*	euch *(Akk.)*
	fortasse *(Adv.)*	vielleicht
7	**quōmodo** *(Adv.)*	wie?, auf welche Weise?
	en!	sieh mal!
	intellegere → legere	einsehen, verstehen
10	**intrāre** *(mit Akk.)*	eintreten, betreten
PE	**relinquere**	zurücklassen, verlassen

11 *Zur Wiederholung*
dēbēre, dīligere, discere, docēre, illūdere, nōmināre, pārēre, posse, scrībere
discipulus, dominus, magister, puer
improbus, multus, stultus
atque, ac, id, nōnne?, nōs, num?, prīmum, tibĭ̄, vōs

1	**minimē** *(Adv.)*	am wenigsten; keineswegs
	placēre	gefallen
	Placet mihī cantāre.	Ich singe gern.
	Selēnō placet Dāvum dīmittere.	Selenus beschließt, Davus loszuschicken.
3	**sevērus**, -a, -um	streng, ernst
	doctus, -a, -um → docēre	gelehrt; gescheit
	vir doctus	Gelehrter
7	**studēre** *(mit Dat.)*	sich eifrig befassen, sich bemühen
	Litterīs studeō.	Ich befasse mich mit Wissenschaft.
	Discere studeō.	Ich bemühe mich zu lernen.
	cōnsentīre	zustimmen
10	**vir**, ī	Mann
	quĭdem	zwar, freilich; jedenfalls
13	**philŏsŏphia** *(griech.)*	Philosophie
	alius, alia, aliu**d**	ein anderer (von mehr als zweien)
15	**natāre**	schwimmen
	nec … nec …	weder … noch …
	nec	= neque
18	**ut**	wie
	aut	oder
	cum … tum …	einerseits … andrerseits …, sowohl … als auch …
	humānus, -a, -um	menschlich
	prōpōnere	sich vornehmen, versprechen
PE	**mittere**	schicken, gehen lassen
	vōbīs	euch *(Dat.)*

Caput quintum

12 *Zur Wiederholung*
licet
apportāre, vocāre
amīcus, dominus
stultus
mihĭ̄, quid?

	vīnum	‹Wein›
	meus, -a, -um	‚mein'
	tuus, -a, -um → tū	‚dein'

9
D frigid, Lizenz, Veto
F froid, maudire, toi, nous, certes
10
D Quinte, intelligent, Relikt (Überbleibsel)
E to enter
F faire, courir, vous, comme, entrer
11
D Plazet, studieren, human
E to study, to consent, human
F plaire, sévère, étudier, consentir, nager, ou, humain, mettre
12
E wine
F le vin, mon, ton, ta

	quam *(Adv.)*	wie
	petere	„(nach e. Ort oder nach etw.) streben“: sich begeben, gehen; verlangen
	Dāvus agrōs / Pompōnium petit.	Davus ist auf dem Weg zu den Feldern / zu Pomponius.
	Frūmentum petit.	Er verlangt / bittet um Getreide.

PE	**agere**	führen, treiben; tun, handeln
	equum agere	ein Pferd führen
	Bene agimus.	Es geht uns gut.
	īgnōrāre	nicht wissen
	Id nōn īgnōrō.	Das weiß ich genau.
	vestrum *(Gen.)* → vōs	von euch
	nēmō vestrum	keiner von euch
	aber: plaustrum vestrum	euer Karren
	vītam agere	ein Leben führen

13 *Zur Wiederholung*
en!, inquit
accipere, dăre, dĕesse, labōrāre, petere, placēre, posse, praebēre, spectāre, venīre, vidēre
amīcus, aqua, domina, dominus, iūmentum, serva, verbum, vīlla
frāctus, meus, tuus
autem, cui?, diū, hīc, iam, illīc, itaque, mihĭ, num?, quid?, semper, stătim, vel

1	**litterae**, -ārum *f. (Pl.)*	Brief; Wissenschaft
	trādere → dare	übergeben, weitergeben
	discēdere	weggehen
	colōnus	Bauer, „Kolone“
	rūsticus, -a, -um	ländlich, bäurisch; *(als Subst.)* Bauer
	parvus, -a, -um	klein, gering, wenig
	ager, agrī *m.*	‚Acker‘, Feld
	ergō *(Adv.)*	also
	varius, -a, -um	verschieden, bunt; (ab-)wechselnd
	colere	verehren, pflegen
	agrum; amīcitiam; deōs, mātrem	
3	**exiguus**, -a, -um	gering
	eius *(Gen. Sg. des Personalpronomens zur Besitzangabe)*	von ihm / ihr; sein, ihr; dessen, deren
	amīca → amīcus	Freundin
6	**pecūnia**	Geld
	tēctum	‚Dach‘, Be‚deck‘ung
	quis, quid *(unbetont hinter einem Wort)*	(irgend) einer, etwas
	nihil	nichts
	apparēre	erscheinen
	mihi apparet	mir scheint
	crēscere	wachsen, zunehmen
10	**maestus**, -a, -um	betrübt, traurig

14 *Zur Wiederholung*
adesse, respondēre, trādere
litterae, praemium
atque, ac, is, ea, id, nōnne?, proinde, tam, tum, ubī?

1	**salvē, salvēte** → salvus, -a, -um	sei(d) gegrüßt!
	nūntius	Bote; Botschaft
	habēre	haben, besitzen, halten; halten für
	Tē stultum habeō.	Ich halte dich für dumm.
	vester, -tra, -trum → vōs	euer
3	**ōstiārius** → ōstium	Pförtner, Portier
	noster, -tra, -trum → nōs	unser
	abesse → esse	abwesend sein, nicht dasein
9	**neque … neque …** → nec … nec …	weder … noch …
	aut … aut …	entweder … oder
	tenēre	(fest-)halten

15 *Zur Wiederholung*
salvē, salvēte
adiŭvāre, apparēre, apportāre, audīre, cantāre, cōnsentīre, dĕesse, docēre, exspectāre, increpāre, intrāre, pārēre, posse, tenēre, venīre, vidēre, vocāre
līberī, lingua, magister, vīnum
īrātus, vīcīnus, noster, parvus
diū, egŏ, minimē, nōbīs, num?, quam, quis?, stătim, tandem, tē, tibĭ, tū, vōs

1	**convīva**, -ae *m./f.*	Gast
	hōra	Stunde, ‹Uhr›
	cēna	Essen, Mahlzeit
3	**numerus**	Zahl, Anzahl

13
D tradieren, rustikal, pekuniär, agieren, ignorieren
E letter, clown, to appear, to increase, to act, to ignore
F les lettres, l'amie, le toit, croître, agir, ignorer
14
D Nuntius
E to have
F avoir, votre, notre, tenir
15
D Nummer
E hour, number
F l'heure, le numéro

	ūnus, -a, -um (*s. CG 8.6*)	‚ein' (einziger); (einer) allein
8	**forte** (*Adv.*)	zufällig
	invenīre → venīre	auf etw. stoßen, finden
10	**plēnus**, -a, -um (*mit Gen./Abl.*)	voll
	Amphora plēna vīnī est.	Die Amphore ist voller Wein.
	nostrum (*Gen. zu* → nōs)	von uns
	quis nostrum?	wer von uns?
	optimus, -a, -um	der beste
	nēmō	niemand
	nisī	wenn … nicht
	non (...) nisī, nihil (...) nisī	nur
13	**gaudēre** → gaudium	sich freuen
	cārus, -a, -um	lieb, wertvoll, teuer
	māgnus, -a, -um	groß
	grātia	Beliebtheit; Gefälligkeit, Dank
	grātiās agere	danken
17	**vērē** (*Adv.*)	wirklich, in der Tat
	piger, pigra, pigrum	faul, träge
	o!	o!
	multum (*Adv.*)	viel

Caput sextum

16 *Zur Wiederholung*
exspectāre, incitāre, onerāre, pārēre, posse, verberāre
asinus, hōra, verbum
iūcundus, māgnus, multus
is, ea, id, itaque, nōn iam, nunc, postrēmō

1	**sextus**, -a, -um	‚sechster'
	domum (*Adv.*)	nach Hause
	redīre → īre	zurückkehren
3	**locus**	Ort, Platz, Stelle
	cōnsistere	stehen bleiben
	cēdere	(von der Stelle) gehen, weichen
	Cēde ab ōstiō!	Geh von der Tür weg!
	frūstrā	vergeblich
	bonus, -a, -um	gut
6	**dīligentia** → dīligere	Sorgfalt
	herba	Kraut, Gras
	movēre	bewegen
PE	**prōcōnsul**, -is *m.*	Prokonsul (gewesener Konsul)
	stŭdium → studēre	Eifer, Bemühung

17 *Zur Wiederholung*
abesse, petere, redīre, spectāre, velle, vidēre
amīcus, fābula, vīlicus, vīlla
certē, cūr?, diū, enim, nōndum

1	**in** (*beim Abl.*)	in, auf, bei
	in forō	auf dem Forum
	in optimīs	unter den Besten
	cum (*beim Abl.*)	mit
	cum amīcā	mit der Freundin
	cum labōre	unter Mühen
2	**ad** (*beim Akk.*)	zu … hin, an, bei
	Ad portam currō.	Ich laufe zum Tor.
	Ad portam stō.	Ich stehe am Tor.
	porta	Tor, ‹Pforte›
	prīmus, -a, -um	erster
	vesper, rī	Abend
5	**ā, ab** (*beim Abl.*)	von, von … her
	fŏrum	Markt(-platz)
	stāre	‚stehen'
	dē (*beim Abl.*)	von … her, von … herab; über
	Dē tēctō cadō.	Ich falle vom Dach.
	Dē Athēnīs veniō.	Ich komme aus Athen.
	Fābulam dē rānīs nārrō.	Ich erzähle eine Geschichte über Frösche.
	nārrāre	erzählen, berichten
	mēcum (mē: *Abl.*)	mit mir
	tumulus	Hügel
	īre	gehen
8	**ē, ex** (*beim Abl.*)	aus … heraus; von, seit, von … aus
	Eō ex vīllā.	Ich gehe aus dem Haus.
	ūnus ē multīs	einer von vielen
	exīre → īre	hinausgehen
	prō (*beim Abl.*)	vor, für
	Plaustrum prō mūrō stat.	Ein Karren steht vor der Mauer.
	Prō amīcā labōrō.	Ich arbeite für (anstelle) der Freundin.
	sĭtus, -a, -um	(an einem Ort) gelegen *(oft nicht übersetzt)*
	ascendere	hinaufsteigen

15
D Optimist, Grazie
E one, to invent, grace
F un, inventer, plein, cher, la grâce
16
D Sexte, frustriert, Bonus, Motor, Studium
E diligence, to move, study
F le lieu, céder, bon, la diligence, l'herbe, mouvoir, l'étude
17
D/E/F Situation
D Primus; Prim, Vesper, Forum, narrativ, Tumulus (Grabhügel), Aszendent (Aufgangspunkt eines Gestirns)
E exit
F en, à, la porte, premier, -ère, la foire, de

11	**sine** *(beim Abl.)*	ohne
	Venit sine mē.	Er/sie kommt ohne mich.
	sub *(beim Abl.)*	unter, unterhalb *(wo?)*
	sub aquā vīvere	unter Wasser leben
	sub tumulō	am Fuße des Hügels
	ŭmerus	Schulter
	ferre	tragen, bringen; berichten

18 *Zur Wiederholung*
inquit
cōnsistere, ferre, īre, respondēre
asinus, fŏrum, rūsticus, verbum, vīta
cūnctī, mĭser, stultus, tuus
ā, ab, ad, cum, dē, ē, ex, egŏ, et, in, mē, mihĭ, iam, prō, proinde, sine, tamen

	equus	Pferd
	superbus, -a, -um	hochmütig, stolz
	annus	Jahr
2	**vacāre** *(mit Abl.)*	frei sein (von)
	vacō curīs	ich bin ohne Sorgen
	paulō post *(Adv.)*	bald darauf, wenig später
	via	‚Weg', Straße
5	**līberāre** → līber, -era, -erum	befreien
	molestus, -a, -um	lästig, beschwerlich, aufdringlich
	abīre → īre	weggehen
	Abī in malam crūcem!	Scher dich zum Teufel!
	concĭdere	zusammenfallen
10	**excēdere** → cēdere	herausgehen
	tergum	Rücken
	ā tergō	im Rücken
	tollere	aufheben, emporheben
	pōnere	setzen, stellen, legen
PE	**eō** *(Adv.)*	dorthin

Caput septimum

19 *Zur Wiederholung*
inquit
audīre, crēscere, currere, dăre, dēbēre, dĕesse, dīcere, excitāre, habēre, invenīre, īre, labōrāre, parāre, scīre, tacēre
ager, annus, aqua, colōnus, pecūnia, verbum
maestus, māgnus, meus, mĭser, noster, tuus, ūnus, vīcīnus
ad, aut, autem, cum, cum, cūr?, dē, domum, ē, ex, hodiē, mānĕ, nōs, nunc, semper, sīc, tibĭ

1	**marīta, marītus**	Ehefrau,Ehemann
	surgere → regere	aufstehen, sich erheben
	solvere	(ein-)lösen; zahlen
	rŏgāre → interrogāre	fragen, bitten
	vīvere → vīta	leben
6	**adīre** → īre	herangehen; bitten
	Portam adeō.	Ich gehe zum Tor.
	Simylus patrōnum adit.	Simylus wendet sich mit einer Bitte an den Patron.
	malus, -a, -um	schlecht, schlimm, böse
	malum	Schlechtes, Böses; Leid
8	**fortūna** → ferre	Schicksal, Glück
	imprīmīs *(Adv.)* → in prīmīs	ganz besonders, vor allem
	malĕ *(Adv.)* → malus, -a, -um	schlecht
	vexāre	quälen, peinigen
9	**novus**, -a, -um	‚neu'
	trăhere	ziehen, fortreißen
	et … et …	sowohl … als auch …, einerseits … andrerseits …
	hortus	‚Garten'
10	**rārō** *(Adv.)*	selten
	dūrus, -a, -um	hart
	vix *(Adv.)*	kaum, mit Mühe
	ōmittere → dīmittere	weglassen, unterlassen
	mittere	schicken, gehen lassen
15	**proximus**, -a, -um → prope	nächster; letzter
	proximō annō	*(je nach Kontext:)* im letzten / nächsten Jahr
	cōgitāre	denken (an)

20 *Zur Wiederholung*
abesse, abīre, agere, exspectāre, ferre, interrogāre, intrāre, īre, licet, redīre, rīdēre, salūtāre, spectāre, stāre, velle, vocāre
cēna, līberī, negōtium, nūntius, ōstiārius, porta, vesper, via
laetus, multus, novus

17
F sous

18
D vakant, Abiturient („Abgänger"), Exzeß
E superb, to liberate
F superbe, l'an, les vacances, la voie, libérer

19
D solvent (zahlungsfähig), Fortuna, Novum, Traktor
E to solve, fortune, new, to omit
F le mari, vivre, la fortune, neuf, -ve, dur, omettre, prochain

certē, cūr?, diū, in, nam, nōbīs, nōndum, nōnne?, sub, tandem

	sub *(beim Akk.)*	unter *(wohin?)*; *(zeitl.)* gegen
	Sub tēctum currō.	Ich eile unter das Dach.
	Sub vesperum venītis.	Ihr kommt gegen Abend.
	ante *(beim Akk.)*	vor
	Ante portam stō.	Ich stehe vor dem Tor
	Ante lūcem surgō.	Vor Tagesanbruch stehe ich auf.
	unde?	von wo?
5	**domī** *(Adv.)*	zu Hause
	domō *(Adv.)*	von zu Hause (her)
	in *(beim Akk.)*	in … hinein, auf … hinauf, gegen
	in forum	auf das Forum
	in tumulum	auf den Hügel
8	**dūcere**	führen, begleiten
	vesperī *(Adv.)* → vesper	abends
10	**post** *(beim Akk.)*	hinter, nach
	post mūrum	hinter der Mauer
	post sextam hōram	nach sechs Uhr
	iter, itineris *n.*	Weg, Reise
	necesse est	es ist notwendig
	Labōrāre necesse est.	Es ist nötig zu arbeiten, man muß arbeiten.
	Necesse est tē venīre.	Du mußt kommen.
12	**quō?** *(Adv.)*	wohin?
	rārus, -a, -um	selten
	apud *(beim Akk.)*	bei
	apud vīcīnum	beim Nachbarn
	tēcum *(Abl.)* → tū, tē	mit dir
	māgnificus, -a, -um → māgnus, -a, -um; facere	großartig, prächtig
15	**per** *(beim Akk.)*	durch, über, mit Hilfe von
	per agrōs	durch / über die Felder
	per pedēs	zu Fuß
	săcer, sacra, sacrum	heilig, geweiht
	taberna	Kneipe, Bude, Laden
	circus *(griech.)*	Kreis; Rennbahn
PE	**passus,** -ūs, *m.*	Doppelschritt (ca. 1,5m)

21 *Zur Wiederholung*
agere, apparēre, audīre, clāmāre, cōnsistere, dīcere, discēdere, excitāre, mōnstrāre, nārrāre, parāre, relinquere, rīdēre, surgere, velle
annus, hōra, hortus
cūnctī, dēfessus, doctus, obscūrus, parvus, plēnus, prīmus, sĭtus
apud, paulō post, profectō, tam, valdē, vel, vesperī

1	**dolēre**	Schmerz empfinden, bedauern
	Doleō.	Es tut mir leid.
	Absentiam *(Abwesenheit)* tuam doleō.	Es tut mir weh, daß du nicht da bist.
	bĕnĕ *(Adv.)* → bonus, -a, -um	gut
	somnus	Schlaf
	post *(Adv.)*	danach
	duābus hōrīs post	zwei Stunden später
5	**pūblicus,** -a, -um	öffentlich; Staats-
	prōcēdere → cēdere	vor(an)gehen
	adhūc *(Adv.)*	bis jetzt, (immer) noch
	latēre	verborgen sein
	ventus	‚Wind'
	mox *(Adv.)*	bald
8	**longus,** -a, -um	‚lang'
	advenīre → venīre	ankommen
	ibĭ *(Adv.)*	dort
	causā *(beim Gen.)*	wegen
	Lūdōrum causā veniō.	Der Spiele wegen komme ich.
11	**nōnnūllī,** -ae, -a	einige
	iŏcōsus, -a, -um	witzig

22 *Zur Wiederholung*
accipere, appropinquāre, cōnsistere, currere, dēbēre, legere, maledīcere, nārrāre, praebēre, relinquere, vīvere
fābula, hōra, ŏdium, rāna, rūsticus, stāgnum
īrātus, mĭser, parvus
ā, ab, causā, cūr?, egŏ, , eō, ibĭ, mānĕ, per, proinde, quĭdem, semper, stătim, sub, subitō

2	**cēnāre**	essen
	beātus, -a, -um	glücklich
	dea	Göttin

20
D rar, per Bote, ‹Taverne›, ‹Zirkus›
E circus
F devant; avant, rare, magnifique, par, le cirque, le pas

21
D Publikum, Prozedur, latent (verborgen), Advent („Ankunft")
E public, to proceed, because
F bien, publique, procéder, le vent, long, y, à cause de

22
D Beate, Beat

	vōbīs *(Dat. und Abl.)* → vōs	euch *(Dat.)*
	sine vōbīs *(Abl.)*	ohne euch
5	**parātus**, -a, -um	bereit, fertig
	aliquandō *(Adv.)*	einst, irgendwann einmal
	suus, -a, -um → sē	‚sein', ihr
	errāre	‚irren', (umher-)irren
	fŭgere *(mit Akk.)*	fliehen, meiden
	Negōtium fugitis!	Ihr scheut die Arbeit!
8	**egēre** *(mit Abl.)*	nicht haben, brauchen
	aquā egeō	ich brauche Wasser
	sĭtīre	Durst haben
	animus	Geist, Seele, Mut
	bĭbere	trinken
10	**vīcus**	Gehöft, Dorf; Gasse
	propinquus, -a, -um → prope	benachbart; Nachbar
	prohibēre *(mit Abl.)* → habēre	fernhalten; hindern
	Oppidō tē prohibeō.	Ich halte dich von der Stadt fern.
	Ā cantandō eum prohibeō.	Ich halte ihn vom Singen ab.
12	**misericordia** → miser, -ra, -rum	Mitleid
	adhibēre → habēre	anwenden, hinzuziehen
	Misericordiam adhibē!	Hab Mitleid!
	impius, -a, -um	pflichtvergessen
15	**salīre**	springen
	vae!	‚wehe'!
	Vae mihī!	Wehe mir!
	mūtāre	verwandeln
	fŏrma	Gestalt
20	**praeclārus**, -a, -um → clārus	hochberühmt
	poēta, -ae *m. (griech.)*	Dichter
	quamquam	obwohl, obgleich
	temptāre	versuchen, auf die Probe stellen

Caput octavum

23 *Zur Wiederholung*

abīre, accipere, audīre, complēre, dīcere, habēre, stāre, venīre
fŏrum, verbum
attentus, bonus, cūnctī, māgnus, noster
apud, deinde, mē, mēcum, mihĭ, nōbīs, nōs, prīmum

Stammformen

relinquere, -līquī, -lictum

1	**rōstra**, -ōrum *n. (Pl.)*	Rednertribüne (auf dem Forum in Rom)
	ōrātor, -ris *m.*	Redner
	toga	die Toga (offizielles Obergewand der Römer, etwa unserem „dunklen Anzug" entsprechend)
	ōrātiō, -nis *f.*	Rede
	vōx, vōcis *f.* → vocāre	Stimme; Wort
2	**multitūdō**, tūdinis *f.* → multus, -a, -um	Menge
	mŭlier, -ris *f.*	Frau
	homō, hominis *m.* → humānus, -a, -um	Mensch, Mann
	laus, laudis *f.* → laudāre	Lob(-spruch); lobenswerte Tat
	summus, -a, -um	der höchste; der oberste
	summō in tumulō	ganz oben auf dem Hügel
	tempus, temporis *n.*	Zeit
5	**antīquus**, -a, -um	alt
	virtūs, -tūtis *f.* → vir	Tüchtigkeit; Tapferkeit
	mōs, mōris *m.*	Sitte, Brauch; *(Pl.)* Charakter
	senātor, -ris *m.*	Senator (Rats-, Regierungsmitglied)
	mortuus, -a, -um	tot
	honor / honōs, -ōris *m.*	Ehre, Ehrenamt; Ehrung
	factum → facere	Tat(-sache), Geschehen
7	**memŏria**	Erinnerung, Gedächtnis; Zeit
	memoriā maiōrum	zur Zeit der Vorfahren
	memoriā teneō	ich behalte in Erinnerung
	dīgnus, -a, -um	würdig, wert
	laude dīgnus/ -a	des Lobes wert
	cīvis, cīvis *m./f.*	Bürger

22
D parat, mutieren, Form, Poet
E prohibit, form, poet
F son, sa, fuir, boire, prohiber, la forme

23
D l'orateur, Vokal, Tempus, antik, Senator
E orator, voice, past tense, memory
F la voix, l'homme, on, le sommet, le temps, antique, les moeurs, mort, mort, la mémoire, digne

	gēns, gentis *f.*	Stamm, Geschlecht, Volk
	impĕrium → imperāre	Befehl, Herrschaft, Reich
	maximus, -a, -um → māgnus, -a, -um; maxime	der größte, sehr groß
	pars, partis *f.*	Teil; Gegend; Richtung
	Pars mīlitum iam adest.	Ein Teil der Soldaten ist schon da.
	Aliam partem ostendit.	Er zeigt (in) eine andere Richtung.
10	**ignōtus**, -a, -um	unbekannt
PE	**genus**, genĕris *n.*	Geschlecht, Art

24 *Zur Wiederholung*

inquit
discēdere, mittere, posse, quaerere, respondēre, velle
aqua, homō, iter, lingua, marīta, marītus, mŭlier, multitūdō, rāna, rōstra, vōx
cūnctī, māgnus, mĭser, parvus, ūnus, vester
imprīmīs, semper, vōs

1	**angustus**, -a, -um	‚eng'
	aspicere	erblicken, anschauen
	clāmor, -ris *m.* → clāmāre	(Ge-)Schrei, Lärm
	advŏcāre → vocāre	herbeirufen, zu Hilfe rufen
3	**offerre** → ferre	„entgegenbringen", anbieten
	emere	nehmen, kaufen
5	**appellāre**	anreden, nennen
	cōgnōscere	erkennen, kennenlernen, erfahren
	Cōgnōvī vīllam.	Ich kenne ein Landhaus.
	ostendere	zeigen
	vīvus, -a, -um	lebend(ig)
8	**efficere** → facere	bewirken
	impōnere *(mit Dat.)* → pōnere	auf-, darauflegen
	Librum mēnsae impōnō.	Ich lege das Buch auf den Tisch.
10	**pectus**, pectoris *n.*	Brust, Herz
	uxor, -ris *f.*	Ehefrau, Gattin
	quaerere	suchen; fragen
	viam ex eo quaerit.	Sie fragt ihn nach dem Weg.
	crēdere	glauben
	prōdere	preisgeben, verraten; überliefern
	interrumpere	unterbrechen
	rumpere	(zer-)brechen
13	**vērus**, -a, -um → vērē	‚wahr', wirklich, echt
	vērum	die Wahrheit
	resistere	sich widersetzen
	nūllus, -a, -um *(s. CG 8.6)*	kein
	mŏdus	Art und Weise; ‚Maß'
16	**pater**, patris *m.*	‚Vater'
	māter, -tris *f.*	‚Mutter'

25 *Zur Wiederholung*

ecce, grātia
apparēre, appropinquāre, exspectāre, illūdere, laudāre, prōcēdere, salūtāre, spectāre, stāre, tenēre, vocāre
cīvis, clāmor, dea, equus, fŏrum, homō, laus, plaustrum, senātor, tempus, via
iŏcōsus, longus, māgnus, onustus, plēnus, pūblicus, sĭtus
ibĭ, illīc, iterum, maximē, per, post, post, prō, quoque, tandem

1	**tōtus**, -a, -um *(s. CG 8.6)*	ganz
	urbs, urbis *f.*	Stadt *(oft:* Rom)
	urbī et orbī	(päpstlicher Segen) „für die Stadt (Rom) und den Erdkreis"
	dīvĕs, dīvitis	reich
	pauper, -ris	arm; Armer (materiell)
2	**imperātor**, -ris *m.* → imperāre	Befehlshaber; Kaiser
	victor, -ris *m.*	Sieger; siegreich
	mēns, mentis *f.*	Geist, Verstand
	fingere	erdichten, (sich) ausdenken
5	**agmen**, agminis *n.* → agere	Zug, Heereszug
	sacerdōs, -dōtis *m./f.* → sacer, sacra, sacrum	Priester, Priesterin
	praeda	Beute
	spectātor, -ris *m.* → spectāre	Zuschauer
7	**mīles**, -mīlitis *m.*	Soldat

23
D Imperium, Maximum, Part, Genus
E maximum, part
F les gens, le maximum, la part(ie), genre

24
D Advokat, offerieren, appellieren, ostentativ, Effekt, imponieren, in petto haben (ital.), Kredit, resistent (widerstandsfähig), Null, Modus, Pater
E to offer, to impose, to interrupt, mode
F offrir, appeler, connaître, vif, vive, imposer, croire, interrompre, vrai, -e, nul, le mode, le père, la mère

25
D total, Imperator, Viktor, mental, fingieren
E total, emperor, mind
F tout, pauvre, l'emperateur, le spectateur

10	**nōmen**, minis *n.* → nōmināre	‚Name'
	vir nōmine Dēmētrius	ein Mann mit Namen Demetrius
	nōmen Āfrī	der Name „Afer"
	pŏpulus	Volk
	suprā *(beim Akk.)*	über, oberhalb *(wo? und wohin?)*
	suprā caput	über dem Kopf, auf den Kopf
	căput, capitis *n.*	Kopf, ‚Haupt'; Hauptsache
	Rōma, caput rērum	Rom, die Hauptstadt der Welt
13	**carmen**, -minis *n.*	Lied, Gedicht
17	**septem**	‚sieben'
	mōns, montis *m.*	Berg
	victōria → victor	Sieg

Caput nonum

26 *Zur Wiederholung*
inquit, vae!
adhibēre, dīcere, intellegere, mittere, pārēre, petere, relinquere, respondēre, solvere
aqua, fŏrum
māgnus, timidus, vester
atque, ac, itaque, nōn iam, nunc, paulō post, proinde

1	**oppūgnāre**	angreifen, bestürmen
	lĕgiō, -nis *f.* → legere	Legion (3000-6000 Soldaten)
	vincere, vīcī → victor, victōria	(be-)siegen
	incŏla, -ae *m./f.*	Bewohner(in), Einwohner(in)
3	**sē** *(Akk./Abl.; Sg./Pl.)*	‚sich'
	Puer sē occultat.	Der Junge versteckt sich.
	Puer dīcit sē errāvisse.	Der Junge sagt, er habe sich geirrt.
	cĭbus	Speise, Nahrung
	dēficere, -iō, -fēcī *(mit Akk.)* → facere	ausgehen, fehlen
	Aqua mē dēficit.	Das Wasser geht mir aus.
5	**sălūs**, salūtis *f.* → salūtāre	Rettung, Heil
	Id tibī salūtī est!	Das ist die Rettung für dich!
	salūtem dīcere	grüßen
	rătiō, -nis *f.*	Vernunft; Erklärung; Methode, Art und Weise
	lēgātus	Gesandter; Offizier
	rēx rēgis *m.* → regere	König
8	**flūmen**, -minis *n.*	Fluß
	pāx, pācis *f.*	Friede
10	**aurum**	Gold
	argentum	Silber
	templum	‹Tempel›
	mīlle, *Pl.* mīlia	tausend
	mīlle pondō aurī	tausend Pfund Gold
	mīlia passuum	‚Meile' *(tausend Doppelschritte = ca. 1,5 km)*
12	**pendere**, pendō, pependī	aufhängen, wiegen
	părum *(Adv.)*	zu wenig
	pondus, -deris *n.*	Gewicht, Last
	probāre	‹prüfen›, billigen
15	**fraus**, fraudis *f.*	Betrug
	inīquus, -a, -um	ungleich, ungerecht
	glădius	Schwert
	adicere	hinzufügen
	iacĕre, iaciō, iēcī	werfen
PE	**auferre**, auferō, abstulī → ferre	wegtragen
	dīripere, -ripuī	plündern
	invādere, -vāsī, -vāsum	eindringen, überfallen
	pōns, pontis *m.*	Brücke
	potestās, -tātis *f.* → posse	Möglichkeit, Gelegenheit
	potestās natandī	Gelegenheit zum Schwimmen
	terrēre	(jdn) erschrecken

27 *Zur Wiederholung*
dĕcet, ecce, salvē, salvēte
apportāre, aspicere, capere, complēre, concĭdere, crēdere, currere, dăre, dīcere, discere, gaudēre, illūdere, intellegere, iūrgāre, legere, nārrāre, salūtāre, scīre, spectāre, tacēre, velle, venīre, vidēre, vincere
caelum, clāmor, convīva, discipulus, fābula, flūmen, fŏrum, hortus, līberī, mēns, pater,

25
D Nomen, Viktoria
E noun, people, mount, victory
F le nome, le peuple, sur, sept, le mont, la victoire
26
D Legion, Defizit, Salutschüsse, Legat, Pazifist, Meile, Invasion, Invasion, Pensum, Pfund; Pond (phys. Maß), probieren, Gladiole, Adjektiv
E legion, reason, peace, mile, pound, to prove, to invade
F la légion, se, la raison, le roi, la paix, l'or, l'argent, mille, le poids, envaher, le pont

praemium, rāna, spectātor, taberna, urbs, verbum, victor
alius, bonus, iūcundus, māgnifícus, molestus, mortuus, ūnus, varius
certē, dē, deinde, diū, domī, enim, fortasse, minimē, neque ... neque ..., nōnne?, num?, părum, postrēmō, prīmum, quam, rārō, semper, vērē

3	**sōlus**, -a, -um (*s. CG 8.6*)	allein
	turba	Menge, Haufen
	merx, mercis *f.*	Ware
	vendere, vēndidī → dare	verkaufen
	mīrus, -a, -um	verwunderlich, erstaunlich, wunderbar
6	**nūdus**, -a, -um	nackt, bloß
	pūgnāre	kämpfen
	hŭmī *(Adv.)*	am Boden
9	**cădere**	fallen
	iacēre	liegen
	aedēs, aedis *(Sg.)*, aedium *(Pl.) f.*	*(Sg.)* Tempel; *(Pl.)* Haus
15	**aedifícium** → aedēs, facere	Gebäude
	altus, -a, -um	hoch, tief
	Mūrus duōs pĕdēs altus est.	Die Mauer ist zwei Fuß hoch.
	nōnnumquam *(Adv.)*	manchmal
	ne ... quidem	nicht einmal
21	**mĕdicus**	Arzt
	vīsitāre → vidēre, vīsere	aufsuchen, besuchen
25	**at**	aber, jedoch
	nōn modo ... sed etiam ...	nicht nur ... sondern auch
	corpus, corpŏris *n.*	Leib, ‚Körper'
	valēre	gesund, stark sein; Einfluß haben, wert sein
	Ut valēs? Egō bene valeō.	Wie geht es dir? Mir geht es gut.
29	**nescīre** → scīre	nicht verstehen, nicht können
	nesciō quā arte	durch irgendeinen („ich weiß nicht welchen") Trick
	avunculus	Onkel

Caput decimum

28 *Zur Wiederholung*
inquit, licet
cēnāre, exspectāre, facere, habēre, mittere, posse, timēre, vīvere
annus, dōnum, lēgātus, mīles, ŏdium, pars, pater, pŏpulus, rēx, senātor, tempus
cūnctī, maximus, meus, multus, nūllus, parātus, plēnus, praeclārus, varius
apud, autem, diū, et ... et ..., forte, iam, ibĭ, mox, post, sīc, sine, tamen, vōbīs

Stammformen
cōnsistere, -stitī

1	**quondam** *(Adv.)*	einstmals
	cum *(Konjunktion)*	als, wenn
	rēgnum → regere, rēx	(König-)Reich, Herrschaft
	postrīdiē *(Adv.)*	am nächsten Tag
	dum *(immer mit Präsens)*	solange, während
	Dāvus vēnit, dum *dormiō.*	Davus kam, während ich *schlief.*
5	**numquam** *(Adv.)* → nōnnumquam	nie(mals)
	īnsĭdiae, -ārum *f. (Pl.)*	Hinterhalt
	hostis, -is *m.*	Feind, Staatsfeind
	poscere, poposcī	verlangen, fordern
8	**quod**	weil, da
	equidem	ich freilich; ich für meine Person
10	**hospĕs**, hospitis *m.*	Fremder; Gast, Gastfreund
	iūs, iūris *n.*	Recht
	nĕgāre	nein sagen, sich weigern
	indicāre	anzeigen
14	**effŭgere** *(mit Akk.)* → fugere	entkommen, fliehen
	Perīculum effugiō.	Ich entkomme der Gefahr.
17	**obsidēre**, -sēdī	belagern
	fīdus, -a, -um	treu
	nūntiāre → nūntius	melden, mitteilen,
	nĭmis *(Adv.)*	allzu, zu
	mors, mortis *f.* → mortuus, -a, -um	Tod
21	**venēnum**	Gift; Heilmittel
	sēcum *(Abl. Sg./Pl.)* → sē	mit, bei sich
	sūmere, sūmpsī	nehmen
24	**labor**, -ris *m.* → labōrāre	Anstrengung, Mühe; Leid
	obīre *(mit Akk.)* → īre	entgegengehen
	mortem obīre	sterben
PE	**colligere**, collēgī → legere	„auflesen", sammeln

27
D Solo, visitieren, Korpus
E nude, to visit, corpse, uncle
F seul, vendre, nu, l'édifice, haut, visiter, le corps, l'oncle

28
D Iura, negieren, Indikativ, Labor
E to deny, to indicate, labour
F nier, indiquer, la mort

	lŭpus	Wolf
	recēdere → cēdere	zurückgehen

29 *Zur Wiederholung*
appellāre, appropinquāre, aspicere, capere, crēscere, dolēre, ferre, fingere, fŭgere, interrogāre, lūdere, nārrāre, natāre, nōmināre, obsidēre, placēre, relinquere, salīre, scīre, venīre
avunculus, carmen, equus, factum, homō, hostis, locus, poēta, tergum, virtūs
alius, cēterī, proximus, sĭtus, suus, vester
aliquandō, causā, cottīdiē, cum, imprīmīs, itaque, iterum, mox, nisī, postrēmō, postrīdiē, prīmum, sīcut, ut, valdē

	nātus/-a sum	ich bin geboren
	oppidum	Stadt
3	**ōlim** *(Adv.)*	einst, früher, dereinst
	īdem, ĕădem, ĭdem	der-, die-, dasselbe
11	**lĭtus**, litoris *n.*	Strand, Küste
	nunc ... nunc ...	bald ... bald ...
	succēdere → cēdere	folgen
15	**dēpōnere** → pōnere	abstellen, ablegen
	flectere, flexī	biegen, beugen, *hier:* abbiegen
	reddere, reddidī → dare	zurückgeben; machen (zu etw.)
	pecūniam reddere	Geld zurückgeben
	Magister mē īrātum reddidit.	Der Lehrer hat mich wütend gemacht.
	terra	Erde, Land
	cŏmĕs, comitis *m.* → cum, īre	Begleiter, Kamerad
18	**fāma**	Gerücht, Kunde
	tamquam	wie, gleichsam als
	inter *(beim Akk.)*	zwischen, unter
	inter montem et flūmen	zwischen Berg und Fluß
	inter hominēs	unter Menschen
22	**rūrsus** *(Adv.)*	wiederum
	unda	Welle, Woge
	orbis, orbis *m.*	Kreis
	orbis terrārum	Erdkreis
	explicāre	(„entfalten"), erörtern, erkären
	Delphinus orbes explicat.	Der Delphin beschreibt Kreise.
25	**accĭdere**	passieren, geschehen
	timor, -ris *m.* → timēre; timidus, -a, -um	Angst
	tangere, tetigī	berühren, anfassen
	magis *(Adv.)*	mehr
30	**referre**, referō, rettulī → ferre	zurückbringen; berichten
	Dē factīs referō.	Ich berichte über Tatsachen.
	invicem *(Adv.)*	gegenseitig, abwechselnd; hingegen
	amāre	lieben
32	**fīnis**, -is *m.* → fīnīre	Grenze, Ende, Ziel
	expōnere → pōnere	ausstellen, aussetzen; *hier:* darstellen
	perdere, perdidī	(„vertun":) verlieren; vernichten
	occultus, -a, -um	verborgen, heimlich
	interficere, -iō, -fēcī → facere	„niedermachen", töten
PE	**bēstia**	Tier, Raubtier
	duo, duae, duo	‚zwei'
	omnis, -e	*(Sg.)* jeder, ganz; *(Pl.)* alle
	perīculum	Gefahr
	servāre	retten, bewahren vor
	Rōmam ē clāde servāmus.	Wir retten Rom vor der Katastrophe.

Caput undecimum

30 *Zur Wiederholung*
abīre, abesse, interesse, interrumpere, redīre
avunculus, equus, poena, urbs, vīlla
alius, cūnctī, māgnifĭcus, prīmus
numquam, quī, quae, quod, quod, tam, tum, valdē, vōbīs

Stammformen
abesse, absum, āfuī
interesse, -sum ,-fuī
interrumpere, -rūpī

1	**sērō** *(Adv.)*	(zu) spät
	lūx, lūcis *f.* → lūcēre	Licht, Helligkeit; Tagesanbruch
	prīmā lūce	im Morgengrauen
	contendere, -ndī	sich anstrengen, eilen
	merēre	verdienen

28
D Rezession
F le loup
29
D Identität, deponieren, flektieren flechten, Rendite (Ertrag), Fama, tangieren, referieren (über etw. berichten), exponieren, okkult, Duo
E identity, to succeed, to depose, count, to refer, finish, to expose, two
F l'identité, déposer, fléchir, rendre, la terre, le comte, entre, l'onde, l'accident (Unfall), aimer, le fin, exposer, perdre, deux
30
E to contend

5	**facinus**, -nŏris *n.* → facere	„Tat", (positiv und negativ:) Großtat, Vergehen
	qui? quae? quod? *(Fragepronomen)*	welcher? welche? welches?; was für ein?
	postquam → post	nachdem
	frāter, -tris *m.*	‚Bruder'

31 *Zur Wiederholung*

accipere, agere, appropinquāre, cădere, currere, dīcere, esse, exspectāre, facere, habēre, iacēre, incitāre, indicāre, inquit, redīre, stāre, surgere, tacēre, tangere, tenēre, vincere
circus, clāmor, equus, numerus, praemium, rŏta, spectātor
cēterī, cūnctī, laetus, māgnifĭcus, multus, prīmus, proximus, salvus, septem, summus, vester
atque, ac, dē, dum, nēmō, nĭmis, nunc, post, prīmum, quĭdem, quoque, sēcum, stătim, subitō, ut

Stammformen
tangere, tetigī, tāctum

3	**quī, quae, quod** *(Relativpronomen)*	der, die, das (was); welcher, welche, welches
	inĭtium → inīre	Anfang, Beginn, Start
	favēre, fāvī *(mit Dat.)*	begünstigen *hier:* setzen auf
	Faveō russātīs.	Ich setze auf die Roten.
7	**sŭper** *(beim Akk. oder Abl.)* → suprā	oberhalb, über (wohin? und wo?)
	spătium	Strecke, Raum
	iácere, iaciō, iēcī, iactum	werfen
	ubī *(Konjunktion)*	sobald
	undique *(Adv.)*	von allen Seiten
15	**praeter** *(beim Akk.)*	entlang, an … vorbei
	Praeter mūrum currunt.	Sie rasen an der Mauer entlang.
	volāre	„fliegen": eilen, rennen
17	**paene** *(Adv.)*	fast, beinahe
21	**secundus**, -a, -um	der zweite, folgende; günstig
	inīre → īre; inĭtium	hineingehen, beginnen
25	**ultimus**, -a, -um	letzter, entlegenster
	spectāculum → spectāre	Schauspiel
31	**cēnsēre**	meinen, glauben

32 *Zur Wiederholung*

capere, dăre, dūcere, oppūgnāre, respondēre, trādere, verberāre
fortūna, homō, hostis, iūs, līberī, magister, pater, pāx, pŏpulus, puer, urbs, verbum
cūnctī, humānus, nōnnūllī, varius
aliquandō, apud, cottīdiē, diū, dum, inter, postquam, quamquam, quī, quae, quod, sīcut, tamen, ubī (2), ut

Stammformen
trādere, trādidī, trāditum

1	**bellum**	Krieg
	prīnceps, -cipis *m.* → prīmus, capere	Anführer, Fürst; Princeps (Titel des röm. Kaisers)
3	**campus**	Feld, freier Platz
8	**dŭx**, dŭcis *m.* → dūcere	(An-)Führer, Heerführer
	mūnus, mūneris *n.*	Geschenk
10	**nātūra**	‹Natur›
	sŏcietās, -tātis *f.* → socius	Gemeinschaft, Gesellschaft
	iungere, iūnxī	verbinden
	contrā *(beim Akk.)*	gegen
13	**armātus**, -a, -um → armāre, arma	bewaffnet; Bewaffneter
	scelus, sceleris *n.* → scelestus, -a, -um	Verbrechen
	cupere, -iō, cupīvī	wünschen, wollen
	ars, artis *f.*	Kunst, Fertigkeit
18	**redūcere** → dūcere	zurückführen

Caput duodecimum

33 *Zur Wiederholung*

en!
accurrere, cōnsistere, dēbēre, inesse, labōrāre, movēre, nescīre
homō, labor, nōmen, rŏta, vōx
mĭser
certē, cūr?, nōnne?, numquam, profectō, quam

āit, āiunt	sagt er, sie, sagen sie

30
E brother
F le frère
31
D Initiale; initiieren, Favorit, super, Sekunde, Ultimatum, Spektakel, zensieren
E favourite, space, second
F qui, sur, l'espace, voler, seconde, le spectacle
32
D Prinz, ‚Kampf', Campus (Universitätsgelände), Sozietät (Versicherungsgesellschaft), contra, Artist, reduzieren
E camp, duke, nature, society, army, art
F le champ, le duc, la nature, la société, contre, l'art

	tantus, -a, -um	so groß
	pēs, pĕdis *m.*	‚Fuß' (auch als Maßeinheit: ca. 30 cm)
PE	**neglegere**, -lēxī → legere	nicht beachten, mißachten, übersehen

34 *Zur Wiederholung*

advenīre, currere, illūdere, incitāre, inesse, interrogāre, legere, movēre, nărrāre, posse, quaerere, redīre, respondēre, rīdēre, scīre, spectāre, studēre, tacēre, tollere, velle, venīre, vidēre, vocāre
aedifĭcium, avunculus, liber, līber, pars, pēs, pondus, rŏta, taberna
doctus, īgnōtus, pulcher, sōlus, tantus, vester
certē, enim, imprīmīs, mēcum, nēmō, numquam, postquam, proinde, sīc, valdē

	is, ea, id	1. er, sie, es 2. dieser, diese, dieses; derjenige (der) 3. (*Gen.* eius; eōrum, eārum) sein, ihr; dessen, deren
2	**extrēmus**, -a, -um	äußerster
	in extrēmā parte	an der entferntesten Seite, im äußersten Winkel
	sermō, -nis *m.*	Gespräch
	Sermōnem habeō cum aliquō virō.	Ich unterhalte mich mit einem Mann.
	aliquī, -qua, -quod	(irgend-)ein, (-)eine
9	**perītus**, -a, -um *(mit Gen.)*	kundig, erfahren
	Perītus sum eius māchinae.	Ich kenne mich mit diesem Apparat aus.
21	**opus est** *(mit Abl.)*	brauchen, nötig haben
	Mihi auxiliō opus est.	Ich brauche Hilfe.
	sī → nisi	wenn, falls
	aedificāre → aedifĭcium	bauen
26	**praeferre**, -ferō, -tulī → ferre	vorziehen
	Ambulāre praeferō.	Ich gehe lieber spazieren.
PE	**putāre**	glauben, meinen, halten für
	Tē certum putō.	Ich halte dich für zuverlässig.
	quĭdam, quaedam, quoddam	ein, eine, ein (bekannt, aber nicht genauer benannt)

35 *Zur Wiederholung*

ascendere, capere, dīripere, errāre, fŭgere, interficere, iŭvāre, nūntiāre, petere, prohibēre, vīvere
aedēs, aedifĭcium, campus, circus, incŏla, inĭtium, iter, loca, merx, mŏdus, mōns, mors, mŭlier, numerus, pars, sălūs, spătium, taberna, templum, tempus, urbs, uxor, ventus, via, vīcus
alius, altus, longus, măgnus, mortuus, multus, nōnnūllī, suus
aliquī, -qua, -quod, atque, ac, deinde, immō (vērō), nec ... nec ..., nōn modo ... sed etiam ..., nōndum, paene, postquam, postrēmō, prīmum, quamquam, quĭdem, sīc, stătim, tamen, tandem, ubī, valdē

1	**mēnsis**, -is *m.*	‚Monat'
	incendium	Feuer, Brand
	regiō, -nis *f.*	Richtung, Gebiet
4	**incipere**, -iō, coepī → capere	etw. beginnen; anfangen (den Anfang nehmen)
	Fābulam incipimus.	Wir beginnen das Stück.
	Fābula incipit.	Das Stück fängt an.
	īgnis, -is *m.*	Feuer, Brand
	flamma	‹Flamme›, Feuer
6	**lătus**, lateris *n.*	Seite, Flanke
	ā dextrō latere	an der rechten Seite
	loca, -ōrum *n. (Pl. zu → locus)*	Gegend locī: Orte, Stellen
	ūsque ad	bis zu
8	**quia**	weil , da
	mūrus	‹Mauer›
	impedīre → pes	(be-)hindern
	exstinguere, -stīnxī	löschen
13	**ubīque** *(Adv.)* → ubī	überall
	sĕnex, sĕnis *m./f.*	alt; alte(r) Mann (Frau); Alte(r)
	sibĭ *(Dat. Sg./Pl.)* → sē	sich
	comparāre → parāre	ver-, beschaffen
19	**āmittere** → mittere	loslassen, wegschicken, verlieren
	parentēs, um	Eltern
	ēripere, -iō, -uī	entreißen, herausreißen
	rapere, -iō, -uī, raptum	raffen, rauben
	ipse, ipsa, ipsum	selbst *(siehe CG 20.2)*
	incendere, -ndī → incendium	anzünden, in Brand stecken
27	**văcuus**, -a, -um *(mit Abl.)* → vacāre	leer, frei
	sum culpā vacuus	ich bin frei von Schuld

33
D Pedal
E to neglect
F tant, le pied, négliger
34
D Sermon (Geschwätz)
E to prefer
F si, préférer
35
D Region, lateral, Vakuum
E flame, to extinguish
F le mois, l'incendie, la région, la flamme, jusqu'à, que, le mur, empêcher, éteindre, les parents, incendier

	īnsula	‹Insel›; Häuserblock, Mietwohnung
29	**dēlēre**, -ēvī	zerstören, vernichten
	praefectus → praeficere	Vorsteher, Kommandant
PE	**cōnsul**, -is *m.*	Konsul (höchster röm. Staatsbeamter, immer zwei)
PE	**exīstimāre**	halten für; schätzen
	Id bonum auspicium exīstimō.	Das halte ich für ein gutes Vorzeichen.
	Id parvī exīstimō.	Dies achte ich für gering.
	nĭger, -gra, -grum	schwarz
	occīdere	niederhauen, töten
	respicere, -iō, -spexī	zurückblicken, beachten
	sapientia	Weisheit, Wissen
	sĕdēre, sēdī → sēdēs	‚sitzen'

Caput tertium decimum

36 *Zur Wiederholung*
en!, quaesō
audīre, bĭbere, cantāre, clāmāre, dēbēre, dīcere, discēdere, dūcere, exspectāre, incipere, indicāre, induere, intrāre, mōnstrāre, nārrāre, ōmittere, ostendere, pōnere, portāre, probāre, prōcēdere, sūmere
clāmor, fīnis, homō, līberī, memŏria, mīles, nōmen, pars, spectāculum, turba, via
sĭtus, suus, tōtus
ante, ante, dum, hic, haec, hoc, hīc, iam, paene, post, postquam, profectō, quī, quae, quod, sē, sēcum, sibĭ, stătim, tandem, ubī, ūsque ad

1	**theātrum** *(griech.)*	‹Theater›
	ōstium → ōstiārius	Eingang, Tür
	hic, haec, hoc	dieser, diese, dieses; der, die, das (hier)
	ubī *(relativisch)*	wo
4	**ille, illa, illud**	der, die, das (dort), jener, jene, jenes
	mĕdius, -a, -um	mittlerer, in der Mitte
	aperīre, -ruī	öffnen
7	**sēdēs**, sēdis *f.*	‚Sitz', Sitzplatz
	īgnōscere, -scō, -nōvī	verzeihen
	nōlle, nōlō, nōluī → velle	nicht wollen
	Nōlō tē venīre.	Ich will nicht, daß du kommst.
	Nōlī(te) venīre!	Komm(t) nicht!
9	**ferē** *(Adv.)*	fast, etwa, ungefähr
	hinc *(Adv.)*	von hier
11	**quantus**, -a, -um → tantus	wie groß, wieviel
	ĕdere, ēdī	‚essen'
15	**fēmina**	Frau
	iste, ista, istud	der, die, das dort

37 *Zur Wiederholung*
advenīre, cēnāre, complēre, dăre, excitāre, ferre, illūdere, impōnere, induere, interrogāre, intrāre, iungere, ōrnāre, praebēre, probāre, relinquere, rŏgāre, stāre, surgere, trādere, velle, vīvere
aedēs, annus, căput, carmen, dea, dōnum, grātia, īgnis, lūx, marīta, marītus, māter, mēns, mēnsis, mōs, mŭlier, nōmen, ōstium, parentēs, pars, pater, pĕs, somnus, tempus, turba, uxor, via, vīlla
cūnctī, maestus, māgnus, multus, nātus, novus, parātus, prīmus, propinquus, secundus, suus, ūnus
ante, bĕnĕ, cum, cum ... tum ..., deinde, diū, dum, hīc, ibĭ, ille, illa, illud, iste, ista, istud, nēmō, prō, quam, quī, quae, quod, quod, sē, sēcum, suprā, tum, ubī, ūsque ad, vix

1	**fīlia**	Tochter
	observāre	beoabachten
	invitāre	einladen
6	**nox**, noctis *f.*	‚Nacht'
	dormīre	schlafen
	nātus, -a, -um	alt (bei Altersangabe)
	Duodecim annōs nāta est.	Sie ist zwölf Jahre alt.
8	**gerere**, gessī	(bei sich) tragen; tun
	tūnicam, barbam gerere	eine Tunika, einen Bart tragen
	omnia per servōs gerere	alles durch Sklaven tun lassen
12	**lavāre**, lāvī	waschen, baden

2	**cūra** → cūrāre	Sorge
	Frāter mihi cūrae est.	Ich kümmere mich um den Bruder.

35
D Insel
E isle, to delete
F l'île
36
D Medium, Aperitif, respektieren
E theater
F le théatre, où, ouvrir, la femme
37
D Filiale, observieren
E to observe, to invite
F la fille, observer, inviter, la nuit, dormir, né, gérer, laver

11 **rapere**, -iō, rapuī → corripere	rauben, entreißen; entführen
spargere, sparsī	betreuen, (be-)spritzen
17 **futūrus**, -a, -um	(zu)künftig
PE **metuere**, -uī	fürchten
tendere, tetendī, tentum	(aus-)strecken
vulnerāre	verwunden

Caput quartum decimum

38 *Zur Wiederholung*
currere, gaudēre, movēre, observāre, referre, scīre, scrībere, tollere, vidēre
annus, asinus, circus, homō, hōra, lātus, lătus, locus, mīles, nōmen, nūntius, pĕs, rēx, ŭmerus, vīta
alius, altus, cūnctī, doctus, equidem, longus, maximus, nātus, onustus, tōtus, ūnus
hodiē, ille, illa, illud, numquam, ōlim, quī, quae, quod, quoque, stătim

Stammformen
tenēre, tenuī, tentum

1 **minimus**, -a, -um → minimē	der kleinste, geringste
octō	‚acht'
centum	‚hund'ert
11 **nauta**, -ae *m.* *(griech.)*	Matrose, Seemann
lātus, -a, -um	breit
iubēre, iussī	befehlen, (etw. tun) lassen
PE **quīnque**	fünf
sex	‚sechs'

39 *Zur Wiederholung*
accipere, legere, lūdere, neglegere, nōlle, praeferre, reprehendere, velle
carmen, fābula, pater, vōx
attentus, doctus, iūcundus
certē, hic, haec, hoc, iste, ista, istud

1 **soror**, -is *f.*	‚Schwester'
sent ntia	Äußerung, Satz; Spruch
5 **nōtus**, -a, -um → īgnōtus	bekannt
PE **cōnstat**, cōnstitit	es steht fest, es ist bekannt
Inter omnēs cōnstat alterum vīcisse.	Es ist allgemein bekannt, daß der andere gesiegt hat.
famēs, famis *f.*	Hunger
herī *(Adv.)*	gestern

40 *Zur Wiederholung*
mīlle
audīre, crēdere, invenīre, mittere, obīre, scrībere, vīvere
factum, litterae, spătium, terra
mīrus, suus
adhūc, modo, nōbīs, num?, quī, quae, quod, quis, quid, quis?, sē, stătim, valdē

1 **properāre** → prope	eilen
modo *(Adv.)*	gerade, eben
nūper *(Adv.)*	neulich, vor kurzem
9 **pervenīre** → venīre	(wohin) gelangen
PE **certus**, -a, -um → certē	sicher, gewiß, zuverlässig
tum *(Adv.)*	da, dann; damals

41 *Zur Wiederholung*
advenīre, advŏcāre, aperīre, cēnsēre, cōgnōscere, comparāre, dĕesse, dūcere, esse, gaudēre, inquit, invitāre, iubēre, legere, mittere, necesse est, nūntiāre, opus est, pārēre, posse, quaesō, respondēre, salvē, salvēte, scrībere, valēre, velle, venīre
fīlia, litterae, mēnsis, ōstiārius, vesper, vīlla
angustus, parvus, tuus
ante, ante, bĕnĕ, nĭmis, sī, sub, sub, unde?, valdē

1 **mercātor**, -ris *m.*	Kaufmann, Händler
6 **laetitia** → laetus, -a, -um	Freude

37
D Futur, tendieren
E future
F futur, tendre
38
D minimal, Prozent, Nautik
E minimum, eight, century, six
F le minimum, huit, cent, cinq, six
39
D Sentenz
E sentence
F la sour, la faim, hier
40
E certain
F certain
41
E merchant
F le marchand

	spērāre	erwarten, (er-)hoffen
	Spērō tē bene valēre.	Ich hoffe, daß es dir gut geht.
9	**paucī,** -ae, -a	wenige, ein paar
	ante *(Adv.)*	vorher, zuvor
	→ ante *(Präp.)*	
	paulō ante	wenig, kurz vorher
13	**nāvis,** -is *f.* → nauta	Schiff
	nāvis longa	Kriegsschiff
	nāvis onerāria	Frachter
18	**fīlius** → fīlia	Sohn
	-ve *(angehängt)* → aut, vel	oder
	duo trēsve	zwei oder drei
PE	**aequus,** -a, -um	gleich
	gignere, genuī	(er-)zeugen, *Passiv:* entstehen
13	**haud**	nicht
21	**lībertās,** -ātis *f.* → līber, -a, -um	Freiheit
	asper, -ra, -rum	rauh
27	**satis** *(Adv.)*	genug; recht, sehr
	tum cum ...	dann wenn ...; damals, als ...
PE	**exercēre**	ausbilden, trainieren
	frangere, frēgī, frāctum → frāctus, -a, -um	‚brechen', zerbrechen
	monēre	mahnen, ermahnen

Caput quintum decimum

42 *Zur Wiederholung*
agere, appellāre, audīre, bĭbere, cantāre, dīcere, docēre, dolēre, ĕdere, emere, esse, lavāre, licet, lūdere, mittere, mūtāre, nārrāre, quaerere, quaerere, referre, scrībere, velle, vexāre, vidēre, vīsitāre
aqua, caelum, flūmen, gēns, homō, īnsula, litterae, loca, lūx, magister, mēnsis, mercātor, merx, mōs, oppidum, pater, puella, puer, soror, stāgnum, uxor, ventus, verbum, vīcus, vīta
alius, beātus, frīgidus, malus, multus, noster, nūdus, prīmus, severus, sĭtus
bĕnĕ, certē, cottīdiē, nec ... nec ..., nōnne?, nōnnumquam, paene, quamquam, quĭdem, rūrsus, saepe, sī, sīc, stătim, valdē, -ve

1	**retinēre** → tenēre	zurückhalten
	morbus	Krankheit
6	**fātum**	Schicksal
	cūrāre *(mit Akk.)*	sich kümmern um, sich sorgen um; pflegen
	Tertia frātrem cūrat.	Tertia kümmert sich um den Bruder.
11	**sōl,** sōlis *m.*	Sonne
5	**nōn sōlum ... sed etiam ...**	nicht nur ... sondern auch
	robustus, -a, -um	kräftig

43 *Zur Wiederholung*
advenīre, aperīre, apparēre, aspicere, cēdere, cēnsēre, cōgnōscere, dēlēre, īgnōscere, increpāre, intrāre, inquit, invenīre, iubēre, nūntiāre, parāre, pendere, putāre, quaesō, relinquere, salvē, salvēte, tenēre, terrēre, verberāre, volāre
aedifĭcium, animus, clāmor, gēns, hōra, impĕrium, incendium, iter, lingua, mercātor, merx, mūrus, ōstiārius, ōstium, pars, pater, porta, rūsticus, taberna, theātrum
dēfessus, duo, māgnus, onustus, perītus, sĭtus, tōtus, ultimus
ante, aut ... aut ..., mānĕ, modo, nēmō, nisī, tandem, ubīque, vae!

2	**vehere**, vēxī	(jd. / etw.) fahren, bringen, befördern; *(Passiv)* sich fortbewegen
	vehor nāve	ich fahre zu Schiff
	camēlō vehor	ich reite auf einem Kamel
11	**dexter,** -t(e)ra, -t(e)rum → dextra	rechter
	dextrā parte	rechts, auf der rechten Seite
	vestis, -is *f.* → vestīmentum	Kleidung, Kleidungsstück
19	**quattuor**	vier
	rūs, rūris *n.* → rūsticus	Land, Landgut, Feld (Gegensatz zur Stadt)
	an ...?	oder ...?
PE	**īnstitūtum**	Einrichtung
	lēx, lēgis *f.*	Gesetz

41
D der Filius
F espérer, peu, la nef (Kirchenschiff); le navire, le fils
42
D Fatum, kurieren, robust, exerzieren, Fraktur, monieren
E fate, to cure, liberty
F retenir, le soleil, la liberté
43
D Institut
E l'institut, institute
F droit, quatre, la loi

Caput sextum decimum

44 *Zur Wiederholung*
appellāre, capere, cēnsēre, dăre, dīcere, dūcere, emere, intellegere, interrogāre, iubēre, nūntiāre, parāre, praebēre, prōpōnere, quaerere, respondēre, rīdēre, trādere, vendere
aedēs, annus, hortus, hospĕs, lingua, mercātor, nōmen
māgnificus, māgnus, malus, nōtus, novus, perītus, proximus, rārus, robustus
diū, dum, ecce, nunc, nūper, ōlim, quĭdem, stătim, ubīque

Stammformen
trăhere, trāxī, trāctum

1	**dēlectāre**	erfreuen, amüsieren
	validus, -a, -um → valēre	kräftig
	valētūdō, -tūdinis *f.* → valēre	Gesundheit
9	**rēctus**, -a, -um → regere	‚richt'ig; aufrecht, gerade
	Rēctē dīxistī.	Du hast Recht.
15	**quandō?**	wann?
	patria → pater	Vaterland, Heimat
	socius	Gefährte, Kamerad; Verbündeter
	silva	Wald
18	**hūc** *(Adv.)*	hierher
	hūc illūc	hierhin dorthin, nach allen Seiten
PE	**alter**, altera, alterum	der andere (von zweien); *(als Zahlwort:)* der zweite

45 *Zur Wiederholung*
apparēre, appropinquāre, capere, cōgnōscere, crēscere, cupere, gerere, invenīre, iubēre, nārrāre, neglegere, pōnere, poscere, putāre, relinquere, stāre, succēdere, vexāre
animus, căput, cŏmĕs, herba, hortus, locus, memŏria, morbus, mors, nox, sĕnex, sīgnum, timor
longus, māgnifĭcus, mĕdius, parvus, pūblicus
causa, causā, deinde, enim, forte, mox, nam, paulō post, postquam, postrēmō, postrīdiē, quamquam, quīn etiam, quō?, suprā, tandem, tum, ubī, ubī?

Stammformen
cupere, -iō, cupīvī, cupītum

2	**ferrum** → ferreus, -a, -um	Eisen
	habitāre	bewohnen
5	**vigilāre**	wachen, wach sein
	imāgō, -ginis *f.*	Bild, Trugbild
10	**philŏsŏphus** *(griech.)*	Gelehrter, Philosoph
	causa	Grund, Ursache
	causa pretiī parvī	der Grund für den niedrigen Preis
	lectus	Bett, Liege
	lūmen, lūminis *n.* → lūx	Licht, Leuchte
	afferre, afferō, attulī, allātum → ferre	herbeibringen
15	**pellere**, pepulī, pulsum	vertreiben
25	**vincīre**, -nxī, -nctum	fesseln
	carēre *(mit Abl.)*	nicht haben, frei sein von
	Pecūniā careō.	Ich habe kein Geld.

Caput septimum decimum

46 *Zur Wiederholung*
ecce
accipere, exercēre, expōnere, facere, mōnstrāre, probāre, prohibēre, servāre, tendere, tenēre, venīre, vidēre
annus, căput, fīlia, fīlius, hōra, litterae, mercātor, mīles, praefectus, sententia, terra, turba, virtūs
bonus, dexter, īgnōtus, multus, nūllus, tōtus, tuus, ultimus
bĕnĕ, hīc, iam, ōlim

1	**dĕcimus**, -a, -um	zehnter
	diēs diēī *m./f.*	Tag
	diēs fēstus	Festtag
	portus, -ūs *m.*	Hafen
4	**accēdere** → cēdere	herantreten, hinzukommen
	impetus, -ūs *m.* → petere	Ansturm, Angriff; Leidenschaft

44
D sich delektieren
F quand, la patrie, autre
45
D kausal
E to inhabit, image, cause
F le fer, habiter, l'image, la chose, le lit, la lumière
46
D Dezimal-, Impetus
E port, impetus
F dixième, le port

	sustinēre, -tinuī, -tentum → tenēre	aushalten, standhalten
	rēs adversae *(Pl.)*	Unglück; Widrigkeit
	rēs pūblica, reī pūblicae *f.*	Gemeinwesen, Staat
7	**fidēs** fideī *f.* → fīdus, -a, -um	Treue; Zuverlässigkeit, Glaubwürdigkeit (z.B. einer Äußerung)
	bonā fidē	guten Glaubens; mit Gewißheit
	Illīus reī fidem habeō.	Da glaube ich fest daran.
	ob *(beim Akk.)*	wegen
	quam ob rem	deswegen
	rēs, reī, *f.*	Sache, Angelegenheit, Ding, Handlung
	nūlla rēs	nichts
	Rōma est caput rērum.	Rom ist die Hauptstadt der Welt.
	mănus, -ūs *f.*	Hand; Schar („Handvoll")
	frūctus, -ūs *m.*	Ertrag, Gewinn
	praeesse *(mit Dat.)*	anführen
	Equitatuī praeest.	Er kommandiert die Reiterei.
	prōdesse, prōsum, prōfuī *(mit Dat.)*	nützlich sein, nützen
	Haec res mihī prōdest.	Das nützt mir.
15	**spēs**, speī *f.* → spērāre	Erwartung; Hoffnung
	spēs salūtis	Hoffnung auf Rettung
	pernĭciēs, -iēī, *f.*	Unglück, Vernichtung
PE	**amor**, -ris *m.* → amāre	Liebe, Leidenschaft
	honestus, -a, -um → honor	ehrenvoll
	īnferre, inferō, intulī, illātum → ferre	hineintragen
	invidēre *(mit Dat.)* → vidēre	neidisch sein
	Selēnō vīlicō invideō.	Ich bin neidisch auf den Verwalter Selenus.
	prōmittere → mittere	versprechen
	superāre → super	übertreffen

47 *Zur Wiederholung*

afferre, audīre, capere, cōgnōscere, comparāre, cupere, dīmittere, discēdere, dūcere, expōnere, facere, habēre, illūdere, imperāre, iubēre, mănēre, metuere, numerāre, ōrnāre, properāre, putāre, rapere, regere, vacāre
diēs, dŭx, famēs, fidēs, frūctus, īnsula, laetitia, lĭtus, mănus, memŏria, mercātor, merx, numerus, pecūnia, perīculum, rēs, sălūs, scelus, spēs
alius, cēterī, duo, iŏcōsus, māgnus, optimus, quīdam, summus, suus, ūnus
aliquandō, apud, ibĭ, illīc, ne ... quidem, nōnne?, num?, prope, prope, quia, quĭdem, saepe, semper, sine, tamquam

Stammformen

cōgnōscere, -scō, cōgnovī, -cōgnĭtum
mănēre, mānsī, mānsum
rapere, -iō, rapuī, raptum

4	**metus**, -ūs *m.*	Furcht
	metus pīrātārum	die Furcht *der* Piraten; die Furcht *vor den* Piraten
	māiōrēs, -rum	Vorfahren (die „Älteren", zu *magnus*)
5	**parcere**, pepercī *(mit Dat.)*	schonen, verschonen
	Caesar pīrātīs nōn pepercit.	Caesar verschonte die Seeräuber nicht.
8	**clārus**, -a, -um → praeclārus, -a, -um	berühmt, hell
11	**afficere**, -iō, -fēcī, -fectum → facere	mit etwas versehen
	Laetitiā afficior.	Ich freue mich.
	Tē laude afficiō.	Ich lobe dich.
	vīgintī	‚zwanzig'
	aestimāre	einschätzen
	Perīculum parvī aestimō.	Ich schätze die Gefahr gering ein.
15	**senātus**, -ūs *m.* → senex, senātor	Senat (Versammlung der Senatoren; Regierung Roms)
	mănēre, mānsī, mānsum	bleiben
21	**arbor**, arbŏris *f.*	Baum
	postulāre → postulātum; poscere	fordern, verlangen
	modo ... modo ...	bald ... bald ...
	ōtium → negōtium „*Nicht-Freizeit" = Arbeit*	(sinnvoll genutzte) Freizeit, Privatleben
	versus, -ūs *m.*	‹Vers›
23	**argŭĕre**, -uī, -ūtum	beschuldigen
30	**iussū** *(Abl.)* → iubēre	auf Befehl, auf Anordnung

46
D Republik, Manual, Amor
E republic, faith, fruit, honest, to promise
F soutenir, la république, la foi, ne ... rien, la main, le fruit, l'amour, honnête, promettre

47
D klar, Affekt, postulieren
E clear
F clair, vingt, l'arbre, le vers

Caput duodevicesimum

48 *Zur Wiederholung*
adesse, aspicere, audīre, clāmāre, comprehendere, contendere, interrogāre, resistere, rīdēre, vidēre, vincīre
clāmor, homō, littera, turba, vōx
laetus, māgnus, pūblicus, ūnus, văcuus
atque, autem, cūr?, quis?, subitō, tum

6	**trēs**, tria *(dekliniert)* → tertius	‚drei'
8	**pergere**, perrēxī, perrēctum → regere	(mit einer Tätigkeit) fortfahren
	perrēxit clāmāre	er/sie schrie weiter
10	**cūstōs**, -ōdis *m.*	Wächter, Aufseher

49 *Zur Wiederholung*
advŏcāre, comprehendere, currere, discēdere, effŭgere, emere, fŭgere, horrēre, iacēre, iăcere, increpāre, intrāre, invādere, īre, lavāre, lūdere, mănēre, natāre, offerre, petere, salīre, salūtāre, spargere
vestis, vīnum
cēterī, frīgidus, iŏcōsus, nūdus, plēnus, sĭtus, ūnus
causā, frūstrā, postquam, postrēmō, prīmum, prope, quĭdem, sub, sub, tandem, ubīque, undique, vel

Stammformen
īre, eō, iī, ĭtum

1	**officium** → facere	Dienst, Pflicht
PE	**ingĕnium**	Begabung, Talent

50 *Zur Wiederholung*
accurrere, adiŭvāre, capere, cōnsistere, dēlectāre, dīmittere, favēre, fīnīre, incipere, indicāre, induere, inīre, interficere, pārēre, pellere, petere, pūgnāre, putāre, studēre, succēdere, trăhere, verberāre, vincere
agmen, asinus, bēstia, căput, corpus, glădius, hŭmī, impetus, inĭtium, mūnus, pars, pŏpulus, sēdēs, spectāculum, spectātor, timor, vestis, victor, vīta, vōx
alius, alter, armātus, cēterī, duo, longus, mortuus, plēnus, trēs, vīvus
ante, deinde, dum, frūstrā, nunc, profectō, stătim, suprā

12	**opprimere**, -pressī, -pressum	niederdrücken
	premere, pressī, pressum	drücken
19	**dēns**, dentis *m.*	‚Zahn'
25	**āvertere**, -rtī, -rsum	abwenden, abwehren
29	**ērigere**, -rēxī, -rectum → regere	aufrichten, errichten

Caput undevicesimum

51 *Zur Wiederholung*
duo, equidem
aspicere, cōgnōscere, frangere, habēre, inesse, natāre, posse, velle, vendere
caelum, hortus, lătus, littera, mōns, ōrātor, rēs, silva, sōl, tergum, unda, ventus, verbum
alter, multus, omnis, propinquus, rēctus, sĭtus, trēs
an ...?, dum, etiam, forte, iam, nōnne?, satis, semper, undique, valdē, vel

2	**măre**, maris *n.*	‚Meer'
	gravis, -e	schwer, gewichtig: bedeutend
	loquī, loquor, locūtus / -a sum	sprechen, reden
6	**rērī**, reor, ratus / -a sum	glauben, meinen
	ūtilis, -e	nützlich
	ūsus, -ūs *m.* → ūtilis	Gebrauch, Umgang, Nutzen
	ille liber mihi ūsuī est	das Buch ist mir nützlich
	grandis, -e	groß; großartig
9	**imitārī**	nachahmen; darstellen
	admīrārī → mīrus, -a, -um	bewundern
	domus, -ūs *f.*	Haus

48
D Trio
E three
F trois
49
E office, engineer
F l'office, l'ingenieur
50
D Dentist, erigieren
E to erect
F le dent, ériger
51
D Usus, grandios, imitieren, Dom
E grave, grand, to imitate, to admire
F la mer, grave, utile, grand, imiter, admirer

12	**frōns,** frontis *m.*	Stirn, Stirnseite
	ā fronte	an der Vorderseite
	arbitrārī	glauben, meinen
	quasi *(Adv.)*	gleichsam
	tuērī	schauen
15	**inde** *(Adv.)*	von dort
19	**turris,** -is, *f.*	‹Turm›
	vidērī, videor, vīsus / -a sum *(Pass. zu vidēre)*	scheinen (den Anschein erwecken)
	Mē irrīdēre vidēris.	Du scheinst dich über mich lustig zu machen.
23	**prūdēns,** -ntis → prūdenter	klug, schlau
	animal, -mālis *n.* → animus	Tier

52 *Zur Wiederholung*
duo
admīrārī, ascendere, cădere, dĕesse, ĕdere, effŭgere, egēre, latēre, mittere, natāre, perdere, placēre, pōnere, quaerere, rapere, sĕdēre, trăhere, vehere, vidēre, volāre
ager, animal, arbor, caelum, cĭbus, corpus, domus, flūmen, genus, herba, lĭtus, lŭpus, măre, mōns, mors, pĕs, silva, tēctum, tempus, terra, tumulus, turris, unda, uxor, via, vīcus, vīs
alius, altus, dēfessus, gravis, impius, omnis, summus, ūtilis
frūstrā, hīc, ibĭ, illīc, modo, nisī, nōn iam, post, postquam, sīc, tum

1	**īrāscī** → īrātus, -a, -um; īra	zürnen, zornig werden
	mortālis, -e → mors	sterblich; Sterblicher (der Mensch)
	audāx, -cis → audācia	kühn, verwegen, frech
	ingēns, -ntis	gewaltig, riesig
3	**fĭĕrī**, fīō, factus / -a sum	werden; entstehen, gemacht werden
	Terra mare facta est.	Die Erde wurde Meer.
	Clāmor fit.	Lärm kommt auf.
	vīs, *Pl.* vīrēs, vīrium *f.*	Gewalt, Kraft
11	**vehemēns,** -ntis *(Adv. vehementer)*	heftig
	fortis, -e	kräftig, stark, tapfer
	ūtī, ūtor, ūsus / -a sum *(mit Abl.)* → ūtilis; ūsus	gebrauchen, sich bedienen, umgehen mit
	hāc vōce est ūsus	folgendes sprach er
	castrīs ūtitur	er hält sich im Lager auf
16	**nāvĭgium**	Schiff
	neque vērō	aber nicht
	mŏrī, morior, mortuus / -a est → mors	sterben
20	**opus,** operis *n.*	Werk, Bauwerk, Kunstwerk
	opus tessellātum	Mosaik
	patī, patior, passus / -a sum	(„von etw. betroffen werden":) leiden, hinnehmen, ertragen
	perīre → īre	zugrunde gehen
	pius, -a, -um → impius	pflichtgetreu, fromm
	ac → atque	und
PE	**iniūria** → iūs	Unrecht
	nāscī, nāscor, nātus / -a sum → nātus, -a, -um	geboren werden; entstehen

Caput vicesimum

53 *Zur Wiederholung*
admīrārī, agere, āit, āiunt, audīre, cantāre, cōgnōscere, dīcere, expōnere, fĭĕrī, fīnīre, imitārī, labōrāre, lavāre, mūtāre, nescīre, praebēre, putāre, rērī, sĭtīre, spargere, spectāre, tangere, tollere, vidēre
amīcus, aqua, ars, aurum, cĭbus, dōnum, fābula, famēs, mūnus, pars, pater, rēs, rēx, spectāculum, spectātor, vīnum
alter, duo, ingēns, māgnifĭcus, māgnus, molestus, omnis, pūblicus, stultus, tōtus, varius
atque, ac, bĕnĕ, hīc, modo, nōnnumquam, numquam, nunc, proinde, quis?, sed, subitō, tamen, ut, vel, vērē

	meminisse *(mit Gen.)* → memoria	sich erinnern, an jd. / etw. denken
	Illīus ēventūs meminī.	Ich erinnere mich jenes Ereignisses, an jenes Ereignis.
14	**exemplum**	Beispiel
	hŭmus *f.* → humī	(Erd-) Boden
	optāre	wünschen
22	**auris,** auris *f.*	‚Ohr'
PE	**auctor,** -ris *m.*	Urheber

51
D frontal, quasi
E front, tower, animal
F le front, la tour, prudent, l'animal
52
D vehement, forte, Opus, Patient, Passiv
E mortal, to use, injury
F mortel, fort, user, mourir, l'oeuvre, l'injure
53
D Exempel, optieren, Autor
E example, author
F l'exemple, l'auteur

54 *Zur Wiederholung*

afferre, agere, aspicere, audīre, cōgnōscere, contendere, cūrāre, dăre, dēlectāre, dolēre, emere, ēripere, facere, fīnīre, imminēre, incitāre, interesse, intrāre, iubēre, necesse est, parāre, pūgnāre, saevīre, scīre, sĕdēre, stāre, tollere, tuērī, valēre, vidērī, volāre

aedēs, animus, arbor, bēstia, caelum, cēna, convīva, domus, exemplum, fābula, glădius, imāgō, loca, mănus, mŏdus, opus, ōs, pars, rēx, spectāculum, tempus, tergum, terra, urbs, valētūdō

alius, alter, armātus, dexter, ingēns, māgnus, mĕdius, mīrus, novus, omnis, plēnus, socius, sōlus, tōtus, trēs, ūnus, vehemēns, vester

adhūc, aliquī, -qua, -quod, autem, bĕnĕ, certē, cum ... tum ..., dum, enim, ferē, fortasse, hīc, ibī̆, īdem, ēădem, ĭdem, imprīmīs, invicem, itaque, nēmō, nōn modo ... sed etiam ..., nunc, nūper, quam, quasi, sī, suprā, tandem, ut, ut?, vel, vērē

5	**vetus,** veteris → vetustus, -a, -um; veterānus	alt
	praesēns, -ntis → praeesse	gegenwärtig, aktuell
	canis, canis *m./f.*	‚Hund'
8	**ingredī**, -dior, -gressus / -a sum	hineingehen
	audēre, ausus sum	wagen
	ōs, ōris *n.*	Mund, Gesicht
21	**sinister,** -stra, -strum	linke(r)
	sinistrā parte	links
	arcēre	abwehren
27	**mēnsa**	Tisch; Gericht (Speise)
	proficīscī, proficīscor, profectus / -a sum	aufbrechen
37	**dīligenter** *(Adv.)*	aufmerksam
PE	**alius ... alius ...** → alius	der eine ... der andere ...
	alter ... alter ...	der eine ... der andere ... (von zweien)
	trānsīre, -eō, -iī, ĭtum → īre	hinübergehen, überschreiten

54
D präsent; Präsens, Ingredienz (Zutat), Mensa
E present
F présent, le chien

Dieses **alphabetische Wörterverzeichnis** enthält alle Wörter, die in den Texten und Übungen von OSTIA altera vorkommen. Die Lernwörter sind **fett** gedruckt. Die Zahl bezeichnet das Lesestück bzw. die Übung (mit Sternchen *), in der die Wörter zum ersten Mal vorkommen.

A

ā, ab	von, von … her 17
abdūcere	ab-, fortführen 47
abecedārius	Elementarschüler, ABC-Schütze 7
abesse	abwesend sein, nicht dasein 14
abicere	wegwerfen 29*
abīre	weggehen 18
abscēdere	weggehen 45
absolūtus	vollkommen 41*
ac	und 52
accēdere	herantreten, hinzukommen 46
accĭdere	passieren, geschehen 29
accipere	annehmen, erhalten, (z.B. Stimme) vernehmen 3
acclāmāre	(zu-)rufen, schreien 23
accommodāre	angleichen, anpassen 54
accurrere	herbeilaufen, -eilen 4
aciēs	Schlacht, -ordnung 46
ācta	*(hier:)* Nachrichten 31*
āctor	Schauspieler 53
aculeus	Stachel 37*
ad	zu … hin, an, bei 17
addere	hinzutun 43
addūcere	heranführen 26*
adeps	Fett 37
adesse	dasein 2, helfen 6
adhaerēre	angrenzen 51
adhibēre	anwenden, hinzuziehen 22
adhūc	bis jetzt, (immer) noch 21
adicere	hinzufügen 26
adīre	herangehen; bitten 19
adiŭvāre	helfen, unterstützen 3
adluere	bespülen, anspülen 51
admīrābilis	bewundernswert, wunderbar 54
admīrārī	bewundern 51
admīrātiō	Bewunderung 47
adnatāre	auf jdn/etw. zuschwimmen 29
advenīre	ankommen 21
adventus	Ankunft 46*
adverbium	Adverb 51*
adversārius	Gegner 50
adversus	entgegengesetzt; widrig 46*
advŏcāre	herbeirufen 24
advocātus	(Rechts-) Anwalt 53*
advolāre	herbeieilen 49
aedēs	*(Sg.)* Tempel; *(Pl.)* Haus 27
aedificāre	bauen 34
aedificium	Gebäude 27
aegrōtāre	krank sein 42
aequiperāre	gleichstellen 43*
aequus	gleich 41*
aestimāre	einschätzen 47
aeternus	ewig 23
afferre	herbeibringen 45
afficere	mit etwas versehen 47
affīgere	anheften 47
afflīgere	erschüttern 35
ager	Acker, Feld 13
agere	führen, treiben; tun, handeln 13*
agitāre	(be)treiben, vorantreiben 31
agitātor	Wagenlenker 31
agmen	Zug, Heereszug 25
agricola	Bauer 22
āit, āiunt	sagt er, sie, sagen sie 33
āla	Flügel 52
alapam dūcere	Ohrfeige geben 24
alauda	Lerche 43*
albātus	weiß 31
albus	weiß 25
alea	Würfel 42
aliquamdiū	eine Zeitlang, eine Weile 28*
aliquandō	einst, irgendwann einmal 22
aliquī, -qua, -quod	(irgend-)ein, (-)eine 34
aliquis, aliquid	irgendwer, irgendwas 49
aliter	andernfalls 6
alius	ein anderer (von mehr als zweien) 11
alius … alius …	der eine … der andere … 54*
alloquī	ansprechen 51
alter	der andere (von zweien); der zweite 44*
alter … alter …	der eine … der andere … 54*
altissimus	sehr hoch 27
altum	(tiefes) Meer 29
altus	hoch, tief 27
amāre	lieben 29
ambō	beide 26*
ambulāre	spazieren(-gehen) 20
amīca	Freundin 13
amīcĭtia	Freundschaft 46*
amīcus	Freund; (als Adj.:) befreundet mit 9
āmittere	loslassen, wegschicken, verlieren 35
amoenus	idyllisch 54
amor	Liebe, Leidenschaft 46*
amphitheātrum	Amphitheater 50
amphŏra	(Vorrats-)Krug 15
amplificāre	erweitern, vergrößern 41
amplus	weit, bedeutend; reichlich 47
ampulla	Flasche 21
an …?	oder …? 43
angusta	Enge, enger Raum 35
angustiae	Enge, Engpaß, Schwierigkeit 26
angustus	eng 24
animadvertere	bemerken 34*
animal	Tier 51
animum attendere	die Aufmerksamkeit auf etw. richten 36
animus	Geist, Seele, Mut 22
annus	Jahr 18
ānser	Gans 44*
ante	vorher, zuvor 50
ante	vor 20
anteā	vorher, zuvor 33
antecēdere	voran-, vorausgehen 45
antīquitus	seit altersher 11
antīquus	alt 23
antrum	Höhle, Grotte 21
ānulus	Ring 37
anxius	ängstlich 19
ápage!	Hau ab! 36*
ăper	Wildschwein, Eber 52
aperīre	öffnen 36
apertus	offen 45
apium	Sellerie 13
apodȳtērium	Auskleideraum 49
apŏthēca	Vorratsraum 15
apparēre	erscheinen 13
appellāre	anreden, nennen 24
applaudere	Beifall klatschen, applaudieren 50
applausus	Beifall, Applaus 53
appōnere	dazustellen, -legen 43*
apportāre	herbeitragen, mitbringen 3
appropinquāre	sich nähern 9
apud	bei 20
aqua	Wasser 6
arbitrārī	glauben, meinen 51
arbor	Baum 47
arcānus	geheimnisvoll 24
arcēre	abwehren 54
architectūra	Baukunst 34
architectus	Baumeister 51
ārdenter	„glühend", begeistert 46
ārdēre	brennen 49*
ārdor	Hitze, Eifer 31
arduus	steil 25
argentum	Silber 26
argŭēre	beschuldigen 47
āridus	trocken 13
arithmētica	Mathematik 11
arma	Waffen 32

armāre	bewaffnen 44*
armātus	bewaffnet; Bewaffneter 32
ars	Kunst, Fertigkeit 32
ars ōrātōria	Redekunst, Rhetorik 47
ascendere	hinaufsteigen 17
asellus	Esel(-chen) 16
asinus	Esel 5
aspectus	Anblick 46
asper	rauh 42
aspicere	erblicken, anschauen 24
assēnsiō	Zustimmung 37
assiduus	dauernd, beständig 19
at	aber, jedoch 27
āthlēta	Wettkämpfer 27
atque, ac	und, sowie 1
ātrium	Empfangshalle, Atrium 17*
attentus	aufmerksam 8
attingere	berühren 44*
auctor	Urheber 53*
audācia	Kühnheit 29
audāx	kühn, verwegen, frech 52
audēre	wagen 54
audīre	hören 3
audītor	Zuhörer 24
auferre	wegtragen 26*
aureus	golden 53
auris	Ohr 53
aurum	Gold 26
auspicium	Vorzeichen 37
aut	oder 11
aut...aut...	entweder ... oder 14
autem	aber, jedoch 1
auxĭlium	Hilfe 8
avārus	habgierig 14
avē, avēte!	sei(d) gegrüßt! 26*
āvertere	abwenden, abwehren 50
avis	Vogel 52
āvocāre	(wohin) rufen, wegrufen 10
āvolāre	davoneilen 5
avunculus	Onkel 27
B	
băculum	Knüppel 50
bāiulus	Lastträger 52*
balneae	Badeanstalt, Thermen 48
balneāmen	Badetuch 36*
balneātor	Bademeister 49
balneum	Bad 6*
barba	Bart 45
barbăricus	ausländisch, fremd, unzivilisiert 42
barbărus	(unzivilisierter) Fremder, Ausländer 42
basĭlica	Gerichtshalle 27
beātus	glücklich 22
bellum	Krieg 32
bĕnĕ	gut 21
benīgnus	gnädig 50
bēstia	Tier, Raubtier 29*
bēstiārius	Tierkämpfer 50
bēta	rote Beete 13
bĭbere	trinken 22
bibliopōla	Buchhändler 33*
bĭbulus	Säufer 13*
bis	zweimal 31*
bona	Hab und Gut 35
bonum	Vorteil, Nutzen 7*
bonus	gut 16
bōs	Rind 46*
brevī	in kurzer Zeit; bald 52
brevis	kurz 51*
breviter	kurz 49*
C	
cadāver	Leiche 54*
cădere	fallen 27
caelum	Himmel 2
caeremōnia	Zeremonie 37
calcāre	treten 34
calciāre	Schuhe anziehen 26*
călĭda *(aqua)*	warmes Wasser 6
calidus	warm, heiß 21*
călĭga	Stiefel 26*
callidus	schlau 13
călor	Wärme 42
camēlus	Kamel 52*
campus	Feld, freier Platz 32
candidus	weiß 26*
canere	singen, (Instrument) spielen (Abl.) 43*
canis	Hund 54
cantāre	singen 1
capāx	geräumig 51
capere	nehmen, fassen, fangen 9
capillī	Haare 6
captīvus	(Kriegs-)Gefangener 25
căput	Kopf, Haupt; Hauptsache 25
carcerēs	Startschranken (im Circus) 31
carēre	nicht haben, frei sein von 45
carmen	Lied, Gedicht 25
carō	Fleisch 44*
carpere	pflücken 16
cārus	lieb, wertvoll, teuer 15
căsa	Hütte 13*
cāseus	Käse 26*
castellum	Festung 28
castra	Lager 28*
catasta	Schaugerüst 44
catēna	Kette 45
cătulus	(Tier-)Junges 9*
causa	Grund, Ursache 45
causā	wegen 10
cavea	Zuschauerränge 31
cavēre	sich hüten vor 9
cēdere	weggehen, weichen 16
cĕlĕber	berühmt; häufig besucht 52
celebrāre	preisen, feiern 31
cĕler	schnell 52
celeritās	Schnelligkeit 52*
cēna	Essen, Mahlzeit 15
cēnāre	essen 22
cēnsēre	meinen, glauben 31
centō	Lappen, Löschkissen 35
centum	hundert 38
cēpa	Zwiebel 13
certāmen	Wettkampf 29
certāre	sich streiten 26*
certē	gewiß,natürlich 9
certus	sicher, gewiß, zuverlässig 40*
cervus, cerva	Hirsch(kuh) 46*
cēterī	die übrigen 5
cĭbus	Speise, Nahrung 26
cingere	umgürten 35
circā	um ... herum 47
circum	um ... herum 31
circumdăre	umgeben, umzingeln 28
circumīre	um etw. herumgehen, Runden ziehen 29
circumscrīptiō	Umfang 40
circumsilīre	umherspringen 22
circumspicere	umherblicken 9
circumstāre	ringsum stehen 23
circumvenīre	einzingeln 42*
circus	Kreis; Rennbahn 20
cista	Korb 10
citō	schnell, rasch 13
cīvis	Bürger 23
clādēs	Katastrophe, Niederlage 35
clam	heimlich 15
clāmāre	rufen, schreien 1
clāmor	(Ge-)Schrei, Lärm 24
clārus	berühmt, hell 47
classis	Flotte(-nverband) 26*
claudere	schließen 37
clipĕŏlus	Rundschild 54
clīvus	Anhöhe; (steile) Straße, Weg 33
clūnis	Hinterbacke, -keule 54
cōgere	zusammentreiben, zwingen 24
cōgitāre	denken (an) 19
cōgnōscere	erkennen, kennenlernen, erfahren 24
colere	verehren, pflegen 13
colligere	„auflesen", sammeln 28*
collocāre	aufstellen; (Geld) anlegen 51
collūdere	zusammen spielen 29
colōnia	Kolonie, Niederlassung 29
colōnus	Bauer, „Kolone" 13
color	Farbe 47*
coma	Haar 47*
cŏmĕs	Begleiter, Kamerad 29
comitātus	Begleitung 47
cōmiter	freundlich 51
commeātus	Verkehrsweg 47
commentārium	Kommentar, Texterläuterung 26*
commīlitō	Kriegskamerad, Mitkämpfer 46

committere	(eine Tat) begehen 30
commodus	bequem 21
commŏvēre	aufregen, bewegen 31
commūtāre	vertauschen 53
cōmoedia	Komödie, Lustspiel 36
comparāre	ver-, beschaffen 35
complēre	(an-)füllen 3
compōnere	zusammenstellen, (Text, Lied) verfassen 53
comprehendere	(er-)greifen, erwischen 8
computāre	berechnen 40
concamerāre	überwölben 54
concĭdere	zusammenfallen 18
concĭlium	Versammlung 39*
conclāmāre	(auf-)schreien, ausrufen 31
concordia	Eintracht, Einmütigkeit 52*
concurrere	zusammenlaufen, -strömen 29
condere	gründen 43*
condūcere	zusammenführen; mieten 45
cōnfectus	geschwächt 18
cōnferre	zusammentragen, bringen 26
cōnfertus	dicht gedrängt 35
cōnficere	vollenden 28*
cōnfinium	Grenzgebiet 42
cōnfirmāre	bekräftigen; stärken 19
cōnfluere	zusammenströmen 28*
conicere	niederwerfen 50
coniunx	Gatte, Gattin 31*
coniūrāre	sich verschwören 36*
coniūratiō	Verschwörung 36*
coniūrātor	Verschwörer 36*
cōnscius	selbstbewußt 49*
cōnsentīre	zustimmen 11
cōnsīdere	sich hinsetzen 36
cōnsistere	stehen bleiben 16
cōnspicere	erblicken 17*
cōnstāre	kosten 38
cōnstat	es steht fest, es ist bekannt 39*
cōnstituere	beschließen 36*
cōnsul	Konsul 35*
cōnsūmere (sē)	sich erschöpfen 36
contegere	bedecken 51
contemnere	verachten 9
contemplārī	betrachten 51
contendere	sich anstrengen, eilen 30
contentus	zufrieden 3
continentia	Genügsamkeit 52*
continēre	enthalten 7
contrā	gegen 32
cōnūbium	Ehe 37
convenīre	zusammenkommen 29
convenit	es schickt sich, es ist angemessen 36
convincere	überführen (*Gen.:* einer Sache) 48
convīva	Gast 15
convocāre	zusammenrufen 37*
cōpia	Menge 28*
coquus	Koch 53*
cōram	in Gegenwart von, vor 53
cornū	Horn 50
corōna	Krone, Kranz 25
corpus	Leib, Körper 27
corripere	ergreifen 35
cottīdiē	täglich 7
crassus	dick 33*
crēdere	glauben 24
crepāre	lärmen 31
crēscere	wachsen, zunehmen 13
crocĕus	safrangelb 37
crocodīlus	Krokodil 54
crūdēlis	blutig, grausam 51*
crūstulum	(Zucker-)Plätzchen 8
crux	Kreuz 37*
cubiculārius	Kammerdiener 47
cubiculum	Schlafzimmer 10
cui?	wem? 6
culpa	Schuld 48
cum	als, wenn 28
cum	mit 17
cum ... tum ...	einerseits ... andrerseits ..., sowohl ... als auch ... 11
cūnctī	alle 2
cupere	wünschen, wollen 32
cūr?	warum? 2
cūra	Sorge 37
cūrāre	sich kümmern um, sich sorgen um; pflegen 42
cūrātor	Verwalter, Leiter 43
cūriōsus	aufmerksam, neugierig 36
currere	laufen, eilen 10
curriculum	Rennen 27*
cūstōdia	Gefängnis 53*
cūstōdīre	bewachen 44*
cūstōs	Wächter, Aufseher 48

D

daemōn	böser Geist; (Mittelalter:) Teufel 37*
damnum	Schaden 5
dăre	geben 6
dē	von ... her, von ... herab; über 17
dea	Göttin 22
dēbēre	müssen 4
dĕcet	es gehört sich, ist in Ordnung 1
dĕcimus	zehnter 46
dēclāmāre	aufsagen, vortragen 8
dēclīnāre	beugen, deklinieren 26*
decorāre	verschönern 43*
dĕcŭma	Pachtzins 19
decumānus maximus	„Decumanus maximus", Hauptstraße 43
decūriō	Stadtrat, Gemeinderat (Person) 29
decus	Schmuck, Zierde 54
dēdere	ausliefern, übergeben 28
dēditiō	Übergabe, Unterwerfung 28
dēdūcere	geleiten, begleiten 54*
dĕesse	abwesend sein; fehlen 3
dēfendere	verteidigen 46*
dēferre	hinterbringen, berichten 28
dēfessus	erschöpft, müde 2
dēficere	ausgehen, fehlen 26
dēflectere	dē + flectere 45
dehinc	von nun an 29
deinde	darauf 1
dēlectāre	erfreuen, amüsieren 44
dēlēre	zerstören 35
dēlīrāre	spinnen, verrückt sein 12
delphīnus	Delphin 29
dēmōnstrāre	beweisen, zeigen 29*
dēmum	endlich 45
dēnĕgāre	dē + nĕgāre 54*
dēnique	schließlich, zuletzt 29
dēns	Zahn 50
dēnūntiāre	ankündigen 47
dēnuō	von neuem 44*
dēpōnere	abstellen, ablegen 29
dēscendere	hinabsteigen 26*
dēscrīptiō	Beschreibung 34
dēserere	verlassen 45
dēsinere	aufhören, aufgeben 39
dēspērāre	die Hoffnung verlieren, verzweifeln 35
dēstināre	bestimmen 37
dēstruere	niederreißen 43
dētegere	aufdecken 36*
deus	Gott 36*
dēvorāre	verschlingen 26*
dexter	rechter 43
dextra	rechte Hand 8*
diabŏlus	Teufel 37*
dīcere	sagen, sprechen, meinen, bezeichnen 1
dictāre	diktieren 8
dictātum	Diktat 26*
dictum	Spruch 8
diēs	Tag 46
differre	unterscheiden 52*
digitus	Finger 34*
dīgnus	würdig, wert 23
dīlabī	zerfallen 52*
dīligenter	aufmerksam 54
dīligentia	Sorgfalt 16
dīligere	lieben, schätzen 7
dīmidium	Hälfte 18
dīmittere	losschicken 4
dīripere	plündern 26*
discēdere	weggehen 13
discere	lernen 8
disciplīna	Unterricht, Belehrung 11
discipulus	Schüler 8
discordia	Zwietracht 52*
displicēre	mißfallen, nicht gefallen 42
dissīgnātor	Platzanweiser 36

dissilīre dis + salīre 46*
dissimilis unähnlich 51
distribuere verteilen 43
diū lange 5
dīvēs reich 25
dīvīnus göttlich 36
dīvitiae Reichtum 47
docēre unterrichten, lehren 7
doctrīna Unterricht; Wissenschaft 11
doctus gelehrt; gescheit 11
documentum Schriftstück 36*
dolābra Brechaxt 35
dolēre Schmerz empfinden, bedauern 21
dolus List 44*
domāre zähmen, bändigen 54
domī zu Hause 20
domina Herrin, Dame 2
dominus Herr, Hausherr 2
domō von zu Hause (her) 20
domum nach Hause 16
domus Haus 51
dōnāre (be-)schenken 7
dōnum Geschenk 8*
dormīre schlafen 37
dūcere führen, begleiten 20
dulcis süß; entzückend 51
dum solange, während 28
duo zwei 29*
duodecim zwölf 37
dūrus hart 19
dūx (An-)Führer, Heerführer 32

E

ē, ex aus … heraus; von, seit, von … aus 17
ēbrius betrunken 37
ecce (sieh) da! 2
ecclēsia Kirche 37*
ecquid …? etwa? 3
ědere essen 36
ēditiō Ausgabe 34
ēditor („Herausgeber"), Veranstalter 50
ēducāre erziehen 42
efferre heraustragen, emporheben 23
efficere bewirken 24
effingere darstellen 54
effluere herausfließen 49
effodere ausgraben 34*
effŭgere entkommen, fliehen 28
effundere ausgießen, 52
egēre nicht haben, brauchen 22
egŏ ich 9
ēgregius herausragend, ausgezeichnet 23
eheu! ach! 31
eius von ihm / ihr; sein, ihr; dessen, deren 13
ēlegāns geschmackvoll, fein 51
elementa Alphabet 8
elephantus Elefant 42*
emere nehmen, kaufen 24
ēmittere hinaus-, herauslassen, -schicken 10
en! sieh mal! 10
enim denn, nämlich 2
eō dorthin 18*
ephippium Sattel 18
epistula Brief 38
equidem ich freilich 28
equitātus Reiterei, Kavallerie 46
equus Pferd 18
ergā gegenüber 22*
ergō also 13
ērigere aufrichten, errichten 50
ēripere entreißen, herausreißen 35
errāre (umher-)irren 22
esse sein 3
et und, auch, und tatsächlich 1
et … et … sowohl … als auch …, einerseits … andrerseits … 19
etiam auch, sogar 2
euge! bravo! prima! 27
ēvānēscere sich auflösen, verschwinden 45
ēvehere (wohin) transportieren 41
ēventus Ereignis, Vorfall 47
ēvolāre herausfliegen, „herausschießen" 31
exanimātus entseelt; entsetzt 34*
excēdere herausgehen 18
excelsitās Höhe 41*
excipere aus-, aufnehmen; vernehmen 26*
excitāre antreiben,(auf-)wecken 6
exclāmāre (laut) ausrufen 7
excōgitāre sich ausdenken 30
excurrere hinauslaufen 51
exemplum Beispiel 53
exercēre ausbilden, trainieren 42*
exercitus Heer 46
exiguus gering 13
eximius ausnehmend, außerordentlich 35*
exīre hinausgehen 17
existimāre halten für; schätzen 37
exōrnāre ausstatten, -schmücken 54
expavēscere erblassen 36*
expedīre freigeben 29
experīmentum Versuch, Erfahrung 29
explicāre erörtern, erkären 29
explicātiō Erklärung 34*
expōnere ausstellen; aussetzen 29
exportāre hinaustragen, exportieren 43
exprimere ausdrücken, äußern 53*
exspectāre warten auf, erwarten 5
exstinguere löschen 35
exstruere errichten, erbauen 51
extergere abtrocknen 26*
extrahere herausziehen 24
extrēmus äußerster 34
exuere (Kleider) ablegen, ausziehen 49

F

faba Bohne 13
fābula Geschichte 7
facere machen, tun, handeln 10
faciēs Gesicht; (An-)Schein 26*
facinus „Tat", Großtat, Vergehen 30
factiō Partei, Anhängerschaft 31
factum Tat(-sache), Geschehen 23
fallere täuschen 43
falsus falsch, unwahr 39*
fāma Gerücht, Kunde 29
famēs Hunger 39*
familia Familie 2
farcīmina fūmantia heiße Würstchen 49
fās est es ist (sittlich) erlaubt 52*
fātum Schicksal 42
faucēs Rachen 37*
favēre begünstigen 31
fax Fackel 35
fēlīciter glücklich; (als Wunsch:) Viel Glück! 25
fēlis Kater, Katze 26*
fēmina Frau 36
fenestra Fenster 26*
ferculum Gang (Mahlzeit) 54
ferē fast, ungefähr 36
fēriae Feier-, Festtage 42
ferīre schlagen, stoßen 50
ferre tragen, bringen; berichten 17
ferreus eisern, Eisen- 37
ferrum Eisen 45
ferŭla Rute 8*
fēstum Fest 37
fīdēlis treu, ergeben 52
fidēs Treue; Zuverlässigkeit, Glaubwürdigkeit 43*
fīdus treu 28
fĭĕrī werden; entstehen, gemacht werden 52
figūra Gestalt 41*
fīlia Tochter 37
fīlius Sohn 41
fingere erdichten, (sich) ausdenken 25
fīnīre beenden 8
fīnis Grenze, Ende, Ziel 29
fīnitimus angrenzend, benachbart 35
firmus sicher, stark 43*
flamma Flamme, Feuer 35

flammeum	Brautschleier 37
flectere	biegen, beugen 29
flēre	weinen 38
flūctus	Flut, Woge 51
flūmen	Fluß 26
fluvius	Fluß 44*
fodere	bohren 49*
fŏlium	Blatt 13
fōns	Quelle 29*
forās	nach draußen 10
forēs	Tür 28
fōrma	Gestalt 22
fortasse	vielleicht 10
forte	zufällig 15
fortis	stark, tapfer 52
fortitūdō	Tapferkeit 35
fortūna	Schicksal, Glück 19
fortūnae	Vermögen 35
fŏrum	Markt(-platz) 17
fossa	Graben 43*
frāctus	zerbrochen, kaputt 5
frangere	brechen, zerbrechen 42*
frāter	Bruder 30
fraus	Betrug 26
fricāre	(trocken) reiben 49
frīgidus	kalt, kühl 9
frōns	Stirn, Stirnseite 51
frūctus	Ertrag, Gewinn 46
fruī	genießen 52*
frūmentum	Getreide 2
frūstrā	vergeblich 16
fugāre	verjagen 21
fugāx	flüchtig 52
fŭgere	fliehen, meiden 22
fulget	es blitzt 2
fūnis	Tau, Strick 33*
fūr	Dieb 34*
furcifer	Lump, Schurke 5
furēns	wütend 54*
furiōsus	leidenschaftlich; begeisternd 30
furor	Wut, Kampfeswut; Begeisterung 26*
fūrtum	Diebstahl 48
futūrus	(zu)künftig 37

G

galea	(Leder-)Helm 50
garrīre	schwatzen 27
garrulus	geschwätzig 46
gărum	Würzsoße 53*
gaudēre	sich freuen 15
gaudium	Freude, Spaß 7
gĕna	Wange 47*
generāre	hervorbringen 52*
gēns	Stamm, Geschlecht, Volk 23
genus	Geschlecht, Art 23*
geranon	Kranich, Kran 34
gerere	(bei sich) tragen; tun 37
gignere	(er-)zeugen, *Passiv:* entstehen 42
gladiātor	Gladiator 50
glădius	Schwert 26
globōsus	kugelrund 41*
glŏbus	Kugel 41*
glōria	Ruhm 29
glōriōsus	ruhmvoll; prahlerisch *46
gracilis	schlank 52
grandis	groß; großartig 51
grātia	Beliebtheit; Gefälligkeit, Dank 15
grātus	dankbar; willkommen 19*
gravis	schwer, gewichtig: bedeutend 51
grĕmium	Schoß 37
grūs	Kranich 54
gutta	Tropfen 19

H

habēre	haben, besitzen, halten; halten für 14
habitāculum	Wohnung 21
habitāre	bewohnen 45
haerēre	stecken bleiben 4
hama	Eimer 35
harēna (arēna)	Sand; Arena 31
hasta	Lanze 50
haud	nicht 42
haurīre	schöpfen 29*
herba	Kraut, Gras 16
Hercle!	Beim Herkules! 43
herī	gestern 39*
heu!	oh weh! 12
heus!	hallo!, heda!, he! 10*
hīc	hier 9
hic, haec, hoc	dieser, diese, dieses; der, die, das (hier) 36
hinc	von hier 36
hippŏpŏtămus	Flußpferd 54
histriō	Schauspieler 36
hodiē	heute 7
homō	Mensch, Mann 23
honestus	ehrenvoll 46*
honor / honōs	Ehre, Ehrenamt; Ehrung 23
hōra	Stunde, Uhr 15
horrēre	Angst haben, schaudern 9; capilli: struppig abstehen 45
horreum	Speicher, Silo 43
horridus	schreckerregend 42
hortus	Garten 19
hospĕs	Fremder; Gast 28
hospĭtium	Gastfreundschaft 28
hostis	Feind, Staatsfeind 28
hūc	hierher 44
hūmānus	menschlich 11
humāre	beerdigen 54*
hŭmī	am Boden 27
hŭmus	(Erd-) Boden 53
hydraulus	Wasserorgel 50
hymenaeus	Hochzeitslied 37

I

iacēre	liegen 27
iácere	werfen 49
iam	schon, gleich 1
iamiam	sofort, im nächsten Augenblick 49*
ianua	Tür, Tor 20
ibĭ	dort 21
ictus	Stoß, Schlag 50
īdem, ĕădem, ĭdem	der-, die-, dasselbe 29 (atque: wie)
īdōlum	Erscheinung, Gespenst 45
īgnārus	unkundig, ahnungslos 29
īgnis	Feuer, Brand 35
īgnōrāre	nicht wissen 13*
īgnōscere	verzeihen 36
īgnōtus	unbekannt 23
ille, illa, illud	der, die, das (dort), jener, jene, jenes 36
illīc	dort 9
illinc	von dort 37*
illūc	dorthin 50
illūdere	verspotten; einen Streich spielen 9
illūmināre	erleuchten 37
imāgō	Bild, Trugbild 45
imber	Regen 42
imitārī	nachahmen; darstellen 51
immānis	riesig groß 54
imminēre	drohen 6
immittere	hereinlassen 50
immolāre	opfern 25
immō (vērō)	im Gegenteil, vielmehr 2
impatientia	Ungeduld 17
impedīre	(be-)hindern 35
imperāre	befehlen, herrschen 6
imperātor	Befehlshaber; Kaiser 25
imperātum	Befehl, Auftrag 10*
impĕrium	Befehl, Herrschaft, Reich 23
impetus	Ansturm, Angriff; Leidenschaft 46
impius	pflichtvergessen 22
implōrāre	anflehen, erflehen 22
impōnere	auf-, darauflegen 24
importāre	„hineintragen", einführen 43
imprīmīs	ganz besonders, vor allem 19
improbus	schlecht, unredlich 5
in	in, auf, bei 20
in	in ... hinein, auf ... hinauf, gegen 17
inaudītus	noch nicht gehört, noch nicht dagewesen 35
incēdere	einhergehen 47*
incendere	anzünden, in Brand stecken 35
incendium	Feuer, Brand 35
incertus	unsicher, unzuverlässig 37
incīdere	auf etw. stoßen 54*
incipere	etw. beginnen; anfangen (den Anfang nehmen) 35

incitāre	antreiben, in Bewegung setzen 5
incŏla	Bewohner(in), Einwohner(in) 26
increpāre	beschimpfen, anfahren 5
incultus	ungebildet 47
incumbere	sich legen 49*
inde	von dort 51
indicāre	anzeigen 28
indĭgĕna	Einheimische(r) 21
indignātiō	Entrüstung, Empörung 47
indoctus	ungebildet 11
induere	(Kleider) anziehen 6
indūtus	bekleidet 23
ineptus	töricht, albern 46
inermus	unbewaffnet, wehrlos 32
inesse	drinnen sein, in etw. sein 9
īnfāns	Kleinkind 35
īnfēlīx	unglücklich 53
īnferre	hineintragen 46*
īnfimus	der innerste 40
īnflāre	aufblasen, -blähen 46*
ingemīscere	aufstöhnen 33
ingĕnium	Begabung, Talent 49*
ingēns	gewaltig, riesig 52
ingredī	hineingehen 54
inhumānus	unmenschlich 11
inimīcus	Feind 54
inīquus	ungleich, ungerecht 26
inīre	hineingehen, beginnen 31
inĭtium	Anfang, Start 31
iniūria	Unrecht 52*
innocēns	unschädlich, unschuldig 52
innuere	(zu-)winken; ein Zeichen geben 45
innumerus	zahllos 43*
inopia	Mangel 52*
inquiētus	unruhig, beunruhigt 2
inquit	sagt(e) er, sie 3
īnscrīptiō	Inschrift 27
īnsectum	Insekt 52*
īnsĭdiae	Hinterhalt 28
īnsilīre	in / auf etw. springen 29
īnspicere	anschauen, begutachten 41
īnstitūtum	Einrichtung 43*
īnstrūmentum	Werkzeug 5
īnsula	Insel; Häuserblock, Mietwohnung 35
īnsuper	obendrauf, zusätzlich 26
intellegere	einsehen, verstehen 10
intendere	richten auf, konzentrieren 45
inter	zwischen, unter 29
interdiū	tagsüber; bei Tag 45
interesse	dabei sein, an etw. teilnehmen 7
interficere	„niedermachen", töten 29
interiacēre	dazwischenliegen 35
interpōnere (sē)	„sich dazwischen stellen": sich einmischen 34
interrogāre	fragen 2
interrumpere	unterbrechen 24
intrāre	eintreten, betreten 10
intrōdūcere	hineinführen 50
inungere	bestreichen 37
inūtilis	unbrauchbar 53
invādere	eindringen, überfallen 26*
invalidus	schwach, krank 35
invenīre	auf etw. stoßen, finden 15
invicem	gegenseitig, abwechselnd; hingegen 29
invidēre	neidisch sein 46*
invitāre	einladen 37
invocāre	(an-)rufen 37*
involvere	einwickeln, umstricken 50
iō!	hurra! juchhe! 25
iŏcārī	scherzen 51
iŏcōsus	witzig 21
iŏcus	Scherz, Witz 29
ipse, ipsa, ipsum	selbst (siehe CG 20.2) 35
īra	Zorn 52
īrāscī	zürnen, zornig werden 52
īrātus	erzürnt, zornig 5
īre	gehen 17
irrīdēre	verspotten 51
irritus	erfolglos, vergeblich 19
is, ea, id	1. er, sie, es 2. dieser, diese, dieses; derjenige (der) 3. (Gen. eius; eōrum, eārum) 34
iste, ista, istud	der, die, das dort 36
ita	so 8
itaque	und so, daher, deshalb 4
item	ebenso, desgleichen 38
iter	Weg, Reise 24
iterum	wiederum, zum zweiten Mal 2
iubēre	befehlen, (etw. tun) lassen 38
iūcundus	angenehm; interessant 6
iūdicāre	urteilen 41*
iūdicium	Prozeß, Gerichtsverhandlung 54*
iugulāre	erdrosseln 47
iūmentum	Zugtier, Ochse 5
iungere	verbinden 32
iūrgāre	zanken, streiten 1
iūrgium	Streit 43
iūs	Recht 28
iussū	auf Befehl 47
iussum	Befehl 28*
iūvāre	unterstützen, helfen 5
iuvat	es macht Spaß 1
iuvenis	junger Mann 37*
iuxtā	direkt an, bei 51

L

labor	Anstrengung, Mühe, Arbeit; Leid 28
labōrāre	arbeiten, sich anstrengen, leiden 2
labrum	Lippe 47*
lacerāre	zerreißen, -fleischen 50
lacessere	reizen 50
laetitia	Freude 41
laetus	fröhlich 2
lāneus	aus Wolle 37
lapideus	aus Stein, Stein- 36
lapis	Stein, Steinquader 34
lascīvus	anzüglich 37
latebrae	Versteck 29*
latēre	verborgen sein 21
lātrāre	bellen 54
latrō	Räuber 26*
lātus	breit 35
lătus	Seite, Flanke 51
laudāre	loben 7
laus	Lob(-spruch); lobenswerte Tat 23
lautissimus	delikat, üppig 54
lavāre	waschen, baden 37
leaena	Löwin 9*
lecticārius	Sänftenträger 44
lectus	Bett, Liege 45
lēgātus	Gesandter; Offizier 26
legere	lesen 7
lēgiō	Legion 26
lēnis	sanft, mild 51
lentus	langsam 19
leō	Löwe 9*
lēx	Gesetz 43*
libenter	gern 6
liber	Buch 7
līber	frei 7
līberālitās	Freigebigkeit 31*
līberāre	befreien 18
līberātor	Befreier 45*
līberī	Kinder 7
lībertās	Freiheit 42
lībertus	Freigelassener 2
licet	es ist erlaubt 9
līmen	(Tür-)Schwelle 37
līneamenta	Zeichnung(en) 34
lingua	Sprache, Zunge 8
littera	Buchstabe 7
litterae	Brief; Wissenschaft 7*
lītus	Strand, Küste 29
loca	Gegend 16
locus	Ort, Platz, Stelle 16
longinquus	weit entfernt 51
longissimē	sehr weit 29
longus	lang 21
loquī	sprechen, reden 51
lōrum	Peitsche, Riemen 50
lūbricus	schlüpfrig 9
lūdere	spielen 1
lūdus	Spiel; Schule, Unterricht 7
lūmen	Licht, Leuchte 45

lŭpus	Wolf 28*
lūstrātiō	Musterung 54*
lūx	Licht, Helligkeit; Tagesanbruch 30
lympha	Wasser 44*

M

māchĭna	Maschine 33
māchinātiō	Maschine, Konstruktion 34
māchina tractōria	Zug-, Hebekran 34
macte!	Bravo!, Hurra! 46
madidus	naß 3*
maerēre	betrübt sein 43*
maestissimus	todtraurig 29
maestus	betrübt, traurig 13
magis	mehr 29
magister	Lehrer 7
māgnārius	Großhändler 43
māgnificus	großartig, prächtig 20
māgnitūdō	Größe 46*
māgnus	groß 15
māiōrēs	Vorfahren 47
malĕ	schlecht 19
maledīcere	(be-)schimpfen, lästern 1
malus	schlecht, schlimm, böse 19
malva	Malve 13
mandāre	übergeben, anvertrauen 49
mānĕ	früh, in der Frühe 6
mănēre	bleiben 45
mānēs	Manen 45
mangō	Sklavenhändler 44
mănus	Hand; Schar 46
mappa	Serviette 3*; Flagge 31
marca	Mark 36*
marcēscere	verwelken 22*
măre	Meer 51
marīnus	Meeres- 38
marīta, marītus	Ehefrau,Ehemann 19
maritimus	Meeres- 47
marmor	Marmor 41
māter	Mutter 24
mathēmăticus	Mathematiker, Astronom 50*
mātrōna	(verheiratete) Frau 37
mātūrus	reif 2
maximē	am meisten, besonders 7
maximus	der größte, sehr groß 23
mē	mich 9
mēcum	mit mir 17
medicāmen	Medizin, Medikament 24
medicīna	Medizin, Heilkunst 11
mĕdicus	Arzt 27
mĕdius	mittlerer 36
mehercule(s)!	bei Herkules!, wahrhaftig! 31
mementō!	denke daran! 25
meminisse	sich erinnern, an jd. / etw. denken 53
mē miseret	ich habe Mitleid 33
memŏria	Erinnerung, Gedächtnis; Zeit 23
mēns	Geist, Verstand 25
mēnsa	Tisch; Gericht (Speise) 54
mēnsālia	Tafelgeschirr 36*
mēnsis	Monat 35
mēnsis november	November 54
mēnsis octōber	Oktober 54
mentiō	Erwähnung 28
mercātor	Kaufmann, Händler 41
mercēdula	geringer Lohn 53
merēre	verdienen 30
merērī	sich verdient machen 46
merīdiēs	Mittag 53*
merx	Ware 27
mēta	Spitzsäule (im röm. Circus) 31
metuere	fürchten 37*
metus	Furcht 47
meus	mein 12
mihĭ	mir 7
mīles	Soldat 25
mīlle	tausend 26
minimē	am wenigsten; keineswegs 11
minimus	der kleinste, geringste 38
minister	Diener 15
mīrābilis	bewundernswert 51
mīrāculum	Wunder 29
mīrus	erstaunlich, wunderbar 27
mĭser	unglücklich, elend 7
mĭserābilis	elend, beklagenswert 52
miserandus	beklagenswert 40*
miserērī	sich erbarmen, mit jd. / etw. Mitleid haben 53
mĭsĕria	Elend, Not 13*
misericordia	Mitleid 22
mittere	schicken, gehen lassen 11*
modo	gerade, eben 35
modo ... modo ...	bald ... bald ... 47
mŏdus	Art und Weise; Maß 24
moenia	Stadtmauer(n) 43*
mŏlestia	Verdruß 47
molestus	lästig, beschwerlich, aufdringlich 18
mōmentum tempŏris	Augenblick *
monēre	(er-)mahnen 42*
mōns	Berg 25
mōnstrāre	zeigen 7
mōnstrum	Monstrum, Gespenst 38
morbus	Krankheit 42
mordāx	bissig 54
mordēre	beißen 37*
mŏrī	sterben 52
mors	Tod 28
mortālis	sterblich; Sterblicher (der Mensch) 52
mortuus	tot 23
mōs	Sitte, Brauch; (Pl.) Charakter 23
movēre	bewegen 16
mox	bald 21
mūgīre	muhen, brüllen 5
mulcāre	schlagen, prügeln 31*
mŭlier	Frau 23
multitūdō	Menge 23
multum (Adv.)	viel 15
multus	viel 9
mundus	Welt 31*
mūnus	Geschenk 32
mūnus gladiātōrium	Gladiatorenspiel 27*
murmurāre	(murmeln), maulen 15
mūrus	Mauer *35
mūs	Maus 39*
mūtāre	verwandeln 22
myrteus	Myrten- 37

N

nam	denn 5
nānus	Zwerg 54
nāris	Nase 47*
nărrāre	erzählen, berichten 17
nāscī	geboren werden; entstehen 52*
nāsus	Nase 49*
natāre	schwimmen 11
nātūra	Natur 32
nātus	alt (Altersangabe) 29
nauta	Matrose, Seemann 38
nāviculārius	Reeder 43
nāviculum	kleines Schiff, Boot 54
nāvigāre	segeln 29
nāvĭgium	Schiff 52
nāvis	Schiff 41
-ne?	(kennzeichnet Frage) 9
nĕbula	Nebel, Wolke 21
nec	= neque 44*
necāre	töten 37*
necessārius	notwendig 11
necesse est	es ist notwendig 20
nec ... nec ...	weder ... noch ... 32
nefārius	gottlos, verbrecherisch 43*
nĕgāre	nein sagen, sich weigern 28
neglegere	mißachten, übersehen 33*
negōtium	Tätigkeit, Arbeit 6
nēmō	niemand 15
nēquam	nichtsnutzig 43
neque	und (auch) nicht, aber nicht 3
neque ... neque ...	weder ... noch ... 14
neque vērō	aber nicht 52
ne ... quidem	nicht einmal 27

nequīre	nicht können 29
nescīre	nicht verstehen, nicht können 27
nĭger	schwarz 36*
nihil	nichts 13
nihilōminus	„nichtsdestoweniger", trotzdem 53
nīmīrum	natürlich; ohne Zweifel 42
nĭmis	allzu, zu 28
nisī	wenn ... nicht 15
nĭtidus	nett 37
niveus	(schnee-)weiß 36*
nōbīs	uns (Dat.) 9
noctū	nachts 24
nōlle	nicht wollen 36
nōmen	Name 25
nōmināre	nennen, bezeichnen 4
nōn	nicht 1
nōndum	noch nicht 4
nōn iam	nicht mehr, noch nicht 1
nōn modo ... sed etiam ...	nicht nur ... sondern auch 27
nōnne?	denn nicht? etwa nicht? 9
nōnnūllī	einige 21
nōnnumquam	manchmal 27
nōn sōlum ... sed etiam ...	nicht nur ... sondern auch 42
nōs	wir; uns (Akk.) 9
noster	unser 14
nostrum	von uns 15
nōtus	bekannt 39
novem	neun 38
novus	neu 19
nox	Nacht 37
nūbere	heiraten (Frau) 37
nūdus	nackt, bloß 27
nūllus	kein 24
num?	etwa?, vielleicht? 9
numerāre	zählen; auszahlen 4*
numerus	Zahl, Anzahl 15
numquam	nie(mals) 28
nunc	jetzt, nun 2
nunc ... nunc ...	bald ... bald ... 29
nūntiāre	melden, mitteilen, 28
nūntius	Bote; Botschaft 14
nūper	neulich, vor kurzem 40
nūpta	Braut 37
nūptiae	Hochzeit 37
nux	Nuß 26*
nympha	Nymphe, Braut; Puppe (biol.) 52*

O

ob	wegen 46
obdūrāre	aushalten, ausharren 18
obīre	entgegengehen 28
obscūrus	dunkel; unverständlich 2
observāre	beoabachten 37
obsidēre	belagern 28
obstāre	entgegenstehen, hindern 35
occāsus	Untergang (der Gestirne) 51
occīdere	niederhauen, töten 36*
occultus	verborgen, heimlich 29
occupāre	einnehmen, besetzen 44*
occurrere	begegnen 29
ōcĕănus	Meer 42
octō	acht 38
ŏculus	Auge 36*
ŏdium	Haß 9
offerre	„entgegenbringen", anbieten 24
officīna	Atelier, Werkstätte 43
officium	Dienst, Pflicht 49
ohe!	halt! 42
ōlim	einst, früher, dereinst 29
olīva	Olive 26*
ōmittere	weg-, unterlassen 19
omnis	*(Sg.)* jeder, ganz; *(Pl.)* alle 29*
onerāre	be-, aufladen 3
onustus	beladen, belastet 2
ŏpera	Mühe 49*
ŏperārius	Arbeiter 33*
operīre	bedecken 47*
oppidum	Stadt 29
opprimere	niederdrücken 50
oppūgnāre	angreifen, bestürmen 26
ops	Mittel, Vermögen 29*
optāre	wünschen 53
optimus	der beste 15
opulentia	Reichtum 37
opus	Werk, Bauwerk, Kunstwerk 52
opus est	brauchen, nötig haben 34
ōrāre	bitten, beten 39*
ōrātiō	Rede 23
ōrātor	Redner 23
orbis	Kreis 29
ōrdō	Reihe; Rang 52*
ŏriēns	Osten 52*
origō	Herkunft, Ursprung 52*
ōrnāre	schmücken 6
ŏs	Knochen; *(Pl.)* Gebeine 26*
ōs	Mund, Gesicht 54
ōsculum	Kuß 26*
ostendere	zeigen 24
ostentātor	Marktschreier 24
ōstiārius	Pförtner, Portier 14
ōstium	Eingang, Tür 36
ōtium	Freizeit, Privatleben 47
ŏvis	Schaf 28*

P

paedagōgus	Erzieher 26*
paene	fast, beinahe 31
paenula	Nachthemd 26*
palaestra	Sportplatz 27
palla	Obergewand, Mantel 37
pallidus	blaß, bleich 37*
pānis	Brot 26*
panthēra	Panther 50
pantomīmus	Pantomime 53
pāpiliō	Schmetterling 52*
parāre	(vor-, zu-)bereiten, sich bereitmachen 6
parasītus	Schmarotzer, Schnorrer 36
parātus	bereit, fertig 22
parcere	schonen, verschonen 47
parcus	sparsam, spärlich 19
parentēs	Eltern 35
pārēre	gehorchen 6
parere	gebären 9*
pars	Teil; Gegend; Richtung 23
părum	zu wenig 26
parvus	klein, gering, wenig 13
pāscere	*(Akt.)* weiden (lassen), *(Pass.)* weiden 44*
passus	Doppelschritt (ca. 1,5 m) 20*
pater	Vater 24
paterculus	Väterchen 11
patēre	offenstehen, sich erstrecken 8*
patī	leiden, hinnehmen, ertragen 52
patria	Vaterland, Heimat 44
patrōnus	Patron 22*
paucī	wenige, ein paar 41
paulātim	allmählich 29
paulō post	bald darauf, wenig später 18
paululum	ein wenig 23
pauper	arm; Armer 25
pavidus	ängstlich 29
pāx	Friede 26
pectināre	kämmen 26*
pectus	Brust, Herz 24
pecūnia	Geld 13
peditātus	Fußheer, Infanterie 46
pellere	vertreiben 45
pellis	Haut, Fell 44*
pendēre	hängen 43*
pendere	aufhängen, wiegen 26
per	durch, über, mit Hilfe von 20
perantīquus	sehr alt 29
percurrere	durchlaufen 29
percutere	durchstoßen, verwunden 54
perdere	(„vertun":) verlieren; vernichten 29
peregrīnus	Fremder, Ausländer 25
perferre	ertragen 18
perfĭdia	Treulosigkeit 28
perfidus	treulos 32
perforāre	durchbohren *
perfundere	begießen 49
pergere	(mit einer Tätigkeit) fortfahren 48
pergula	Laden, Bude 43
perīculum	Gefahr 29*

perīre	zugrunde gehen 52
peristȳlium	Peristyl 41
perītus	kundig, erfahren 34
permāgnus	sehr groß, riesig 28
permultus	sehr viel 46*
perniciēs	Unglück, Vernichtung 46
pernoctāre	übernachten 21
perparvulus	winzig 21
perparvus	sehr klein 22
persaepe	sehr oft 44
persōna	Maske 36
pertinēre	sich erstrecken; angehen 34
pertrāctāre	betasten 29
pertrānsīre	durchgehen, -nehmen 26*
perturbāre	verwirren 31
pervenīre	(wohin) gelangen 40
pĕs	Fuß (auch als Maßeinheit: ca. 30 cm) 33
pestis	Seuche, Pest 34
petere	„(nach e. Ort oder nach etw.) streben": sich begeben, gehen; verlangen, (jd.) bitten 4
phalerae	Orden (Auszeichnung) 46
philŏsŏphia	Philosophie 11
philŏsŏphus	Gelehrter, Philosoph 45
phōca	Seehund 52
phȳsica	Naturkunde 11
pictor	Maler 54
pictūra	Gemälde 54
piger	faul, träge 15
pignus pōnere	eine Wette eingehen 31*
pila	Ball 49
pīrāta	Pirat, Seeräuber 26*
piscātor	Fischer 29
piscīna	Schwimmbecken; Fischbecken 49
piscīnārius	(„Fischteischbesitzer":) Neureicher 51
piscis	Fisch 29
pisum	Erbse 13
pius	pflichtgetreu, fromm 52
plācāre	besänftigen 46*
placenta	Kuchen 36
placēre	gefallen 11
placidus	sanft, friedlich 10*
plāgae	Prügel, Schläge 10*
plānitiēs	Fläche, Ebene 41*
planta	Pflanze 13
plānus	flach, eben 35
plaudere	(Beifall) klatschen 36
plaustrum	Karren, Wagen 2
plēbs	die Menge, Plebs 46*
plēnus	voll 15
plērumque	meistens 42
pōculum	Becher 28
poena	Strafe, Buße 6
poēta	Dichter 22
poētica	Dichtkunst, Poesie 11
polīticus	Staats- 43*
pollex	Daumen 50
pōma	Obst 49
pōmum	Obstfrucht 43*
pondō	(röm.) Pfund 26
pondus	Gewicht, Last 26
pōnere	setzen, stellen, legen 18
pōns	Brücke 26*
pŏpulus	Volk 25
porrus	Lauch, Porree 13
porta	Tor, Pforte 17
portāre	tragen 5*
porticus	Portikus (Säulengang, Säulenhalle) 51
portus	Hafen 46
poscere	verlangen, fordern 28
posse	können 4
post	danach 18
post	hinter, nach 20
posteā	später, hinterher 53
postis	Pfosten 37
postquam	nachdem 30
postrēmō	zuletzt 8
postrīdiē	am nächsten Tag 28
postulāre	fordern, verlangen 47
postulātum	Forderung 28
pōtāre	saufen 34*
potestās	Möglichkeit, Gelegenheit 26*
potius	lieber, eher 54
prae	vor 21
praebēre	gewähren, (an-)bieten 6
praecēdere	vorangehen 29
praeceptor	Lehrer, Professor 36*
praecingere	sich den Gürtel umlegen 26*
praeclārus	hochberühmt 22
praeda	Beute 25
praedō	Räuber 47
praeesse	anführen 46
praefectus	Vorsteher, Kommandant 35
praeferre	vorziehen 34
praemium	Belohnung, Preis 7
praesēns	gegenwärtig, aktuell 54
praeter	entlang, an … vorbei 31
praetereā	außerdem, zudem 10*
prandium	zweites Frühstück, Mittagessen 26*
prasinus	grün 31
pretium	Preis, Wert 19
prīdiē	am Vortag 29
prīmō	zuerst 26*
prīmum	zuerst 8
prīmus	erster 17
prīnceps	Anführer, Fürst; Princeps 32
priusquam	bevor 34
prō	vor, für 17
probāre	prüfen, billigen 26
prōcēdere	vor(an)gehen 21
prōcōnsul	Prokonsul 16*
procul	von weitem 4
prōcūrātor	Verwalter, Geschäftsführer 44
prōcurrere	nach vorne rennen 54*
prōdere	preisgeben, verraten; überliefern 24
prōdesse	nützen 46
prōdīre	vor(wärts-)gehen, hervorgehen 47*
prōditor	Verräter 46*
prōdūcere	vorführen, auftreten lassen 54
proelium	Gefecht 52*
profectō	in der Tat 9
prōferre	herausstrecken, vorstrecken 37
proficīscī	aufbrechen 54
prohibēre	fernhalten; hindern 22
proinde	also, daher 9
prō Iupiter!	bei Jupiter! 34
prōmittere	versprechen 46*
prōnūntiāre	vorsprechen, aussprechen 8
prope	(nahe) bei 47
prope	in der Nähe 5
properāre	eilen 40
propinquus	benachbart; Nachbar 22
prōpōnere	sich vornehmen, versprechen 11; (öffentlich) ausstellen 44
prōruere	ein-, niederreißen 35
prōscrībere	(öffentlich) ausschreiben, (zum Kauf) anbieten 45
prōspectāre	Ausschau halten 17
prōspicere	besorgen 36
prōvincia	Provinz 20*
proximus	nächster; letzter 19
prūdēns	klug, schlau 51
prūdenter	klug 36*
pūblicum	Öffentlichkeit 45
pūblicus	öffentlich; auf Staatskosten 21
puella	Mädchen 2
puer	Kind; Junge 7
pūgiō	Dolch 50
pūgnāre	kämpfen 27
pūgnus	Faust 27
pulcher	schön, hübsch 7
pulchritūdō	Schönheit 35*
pulsāre	klopfen, schlagen 20
pulvīnus	Kissen 36
pulvis	Staub 53
pūnīre	bestrafen 42*
pūrgāre	reinigen 6
pusillus	winzig 54
putāre	glauben, meinen, halten für 34*
pŭteus	Brunnen 19

Q

quadrāgintā	vierzig 47
quadrātus	untersetzt 47*
quadrīgae	Viergespann 25
quaerere	suchen, aufsuchen 3; fragen 37
quaesō	bitte! (ich) 9
quaestiō	Frage 31
quam	wie 12
quamquam	obwohl, obgleich 22

quandō? wann? 44
quantus wie groß, wieviel 36
quasi gleichsam 51
quattuor vier 43
-que und 2
quem? wen? 3
querēla Klage, Jammern 19
quī, quae, quod der, die, das (was); welcher, welche, welches 31
quī? quae? quod? welcher? welche? welches?; was für ein? 30
quī? wie?, wie denn? 13
quia weil , da 35
quid? was? 3
quīdam, quaedam, quoddam ein, eine, ein (bekannt, aber nicht genauer benannt) 34*
quīdem zwar, freilich; jedenfalls 11
quiēs Ruhe 29
quiētus ruhig 54*
quīndecim fünfzehn 37
quīn etiam ja sogar 7
quīnque fünf 38*
quīntus fünfter 10
quis, quid (irgend) ein 13
quis? wer? 1
quisnam? wer denn? 37
quisquis, quidquid wer auch immer, was auch immer 36*
quō? wohin? 20
quod weil, da 28
quōmodo wie?, auf welche Weise? 10
quondam einstmals 28
quoque auch 2

R

raeda Kutsche 21
raedārius Kutscher 43
rāna Frosch 9
rānuncula Fröschlein 9
rapāx räuberisch, reißend 52
rapere rauben, entreißen; entführen 37
raptus Raub 47
rārō selten 19
rārus selten 20
rătiō Vernunft; Erklärung; Methode, Art und Weise 26
ratis Floß 52*
recēdere zurückgehen 28*
receptāculum Zufluchtsort, Schlupfwinkel 28
recipere zurücknehmen, aufnehmen 26
recitāre aufsagen, vortragen 36
recreāre wieder herstellen 42
rēctus richtig; aufrecht, gerade 44
recuperāre wiedererlangen 47
recūsāre verweigern, abschlagen 28
reddere zurückgeben; machen (zu etw.) 29
redīre zurückkehren 16
redūcere zurückführen 32
referre zurückbringen; berichten 29
refugere sich flüchten 26*
regere lenken, leiten 5
regiō Richtung, Gebiet 35
rēgnāre herrschen 34*
rēgnum (König-)Reich, Herrschaft 28
religiō Religion 31*
relinquere zurücklassen, verlassen 10*
remedium Heilmittel 46*
removēre entfernen 36*
reparāre wiederherstellen 5*
repellere zurückweisen 47
reperīre *(Akt.)* (vor-)finden; *(Pass.)* sich finden, vorkommen 52*
repetere wiederholen 8
repōnere zurücklegen 43
reprehendere tadeln 7
requiēscere sich ausruhen, sich erholen 10*
rērī glauben, meinen 51
rēs Sache, Angelegenheit, Ding, Handlung 46
rēs adversae Unglück; Widrigkeit 46
resalūtāre den Gruß erwidern 26*
reservātiōnem exprimere einen Vorbehalt machen 54*
resilīre zurückspringen 29
resistere sich widersetzen 24
rēs novae Umsturz 46*
resolvere rückgängig machen, zurücknehmen 53
resŏnāre widerhallen 49
respicere zurückblicken, beachten 36*
respondēre antworten 3
respōnsum Antwort 3
rēs pūblica Gemeinwesen, Staat 46
resūmere wiedererlangen 34*
rētiārius Netzkämpfer 50
rēticulum Wurfnetz 50
retinēre zurückhalten 42
retrō rückwärts 8
reus Angeklagter 53*
revalēscere wieder genesen 46*
revenīre zurückkehren 53*
rēvērā wirklich 37
rēx König 26
rhētŏrica Redekunst, Rhetorik 11
rīdēre lachen 1
rīsus das Lachen 47
rītĕ vorschriftsmäßig 45
rīvus Bach 13
robustus kräftig 42
rŏgāre fragen, bitten 19
rōs Tau, Feuchtigkeit 52*
rŏsa Rose 39*
rōstra Rednertribüne (in Rom) 23
rŏta Rad 4
rubefacere röten, rotfärben 50
rūber rot, rötlich 20*
rubīdō Röte 47*
rūgōsus runzlig 46*
ruīnae Ruinen 52
rūrī auf dem Land 43
rūrsus wiederum 29
rūs aufs Land 18*
rūs Land, Landgut, Feld 43
russātus rot 31
rūsticus ländlich, bäurisch; (als Subst.) Bauer 13

S

saccus Sack 3
săcer heilig, geweiht 20
sacerdōs Priester, Priesterin 25
sacrificāre opfern, ein Opfer darbringen 37
saeculum Jahrhundert 21
saepe oft, häufig 7
saeptum Zaun, Einfriedung 6
saevīre wütend sein 1
saevus wütend 26
salamandra Salamander 52*
salīre springen 22
saltāre tanzen 37
saltem wenigstens 47
sălūs Rettung, Heil 26
salūtāre grüßen 8
salvē, salvēte sei(d) gegrüßt! 14
salvus gesund, heil, unbeschädigt 2
sanctus heilig 38*
sanguis Blut 50
sapiēns der Weise, Philosoph 29*
sapientia Weisheit, Wissen 36*
sarcŏphăgus Sarkophag 34*
satanās Widersacher, Teufel 37*
satis genug; recht, sehr 42
saxum Fels(-block), Stein 53
scaena Bühne 36
scelestus verbrecherisch 32
scelus Verbrechen 32
schŏla Schule 8
scīlicet natürlich, freilich 47
scīre wissen, können 9
scorpiō Skorpion 37*
scrībere schreiben 7
scurra Witzbold 47
scūtum (der) Schild 50
sē sich 26
sēcrētum Geheimnis 24
sēcum mit, bei sich 28
secundum gemäß, entsprechend 31
secundus der zweite, folgende; günstig 31
sēcūrus sorglos 46*
secūtor Verfolger 50
sed aber; sondern 1
sĕdēre sitzen 36*
sēdēs Sitz, Sitzplatz 36
sēdulō (Adv.) fleißig 53*

sēdulus	fleißig 21*
semper	immer 1
senātor	Senator 23
senātus	Senat 47
sĕnex	alt; alte(r) Mann (Frau); Alte(r) 35
sententia	Äußerung, Satz; Spruch 39
sepelīre	bestatten, begraben 34*
septem	sieben 25
septuāgēsimus	der siebzigste 28
sepulcrum	Grab 38*
serēnus	klar, heiter 51
sermō	Gespräch 34
sērō	(zu) spät 30
serpēns	Schlange 29*
serva	Sklavin, Dienerin 2
servāre	retten, bewahren vor 29*
servīre	dienen; Sklave sein 6
servus	Sklave, Diener 2
sescentī	sechshundert 38
sevērus	streng, ernst 11
sex	sechs 38*
sexāgintā	sechzig 38
sextus	sechster 16
sī	wenn, falls 34
sibĭ	sich 35
sīc	so 8
sīcut	(so) wie 7
sīgnificāre	bedeuten, bezeichnen 29
sīgnum	Zeichen 8
silva	Wald 44
similis	ähnlich 51*
simul	zugleich, gleichzeitig 38
simulācrum	(Ab-) Bild 44*
sine	ohne 17
singulāris	einzig(artig) 51
singulī	einzeln, je ein 54*
sinister	linke(r) 54
sĭnus	Bogen; (an der Toga) Tasche 49*
sīphō	Feuerspritze 35
sĭtīre	Durst haben 22
sĭtus	(Ort) gelegen 17
sŏcietās	Gemeinschaft, Gesellschaft 32
socius	Gefährte, Kamerad; Verbündeter 44
sōl	Sonne 42
sōlāciŏlum	kleiner Trost 44
sōlārium	Sonnenterrasse 51
sŏlea	Sandale 37
solidus	fest, ganz; unbeschädigt 13
sōlitūdō	Einsamkeit 23*
sŏlium	Thron 54*
sollers	geschickt 51
sollicitāre	beunruhigen 42
sōlus	allein 27
solvere	(ein-)lösen; zahlen 19
somniāre	träumen 8
somnium	Traum 37*
somnus	Schlaf 21
sŏnus	Geräusch, Klang 45
sordidus	schmutzig; gemein 44
soror	Schwester 39
sors	Schicksal 31*
spargere	betreuen, (be-)spritzen 37
spătium	Strecke, Raum 31
speciēs	(An-)Schein 47
spectābilis	sehenswert, ansehnlich 51
spectāculum	Schauspiel 31
spectāre	betrachten, (an)schauen 5
spectātiō	Besichtigung 54
spectātor	Zuschauer 25
speculum	Spiegel 44*
spērāre	erwarten, (er-)hoffen 41
spēs	Erwartung; Hoffnung 46
spīna	(„Gräte":) Spina *(Trennmauer in der Mitte der Circusbahn)* 31
spīritum trahere	Atem holen 34*
splendēre	glänzen 42*
splendidus	glänzend 23
spōnsiō	Wette 31
spōnsus, -a	Verlobte(r), Braut/Bräutigam 37
stăbulum	Stall 6
stădium	Stadion (Längenmaß : ca. 190 m) 38
stāgnum	Teich 9
stāre	stehen 17
stătim	sofort 4
stătiō	(„Standort"), Niederlassung 43
stătua	Standbild, Statue 36
sternere	ausstreuen, bedecken, (Bett) zurechtmachen 45
stĭlus	Schreibstift 45
stipendium	Sold, Kriegsdienst 46
strepitus	Lärm 49
strūctor	Bauarbeiter 43
studēre	sich eifrig befassen, sich bemühen 11
stŭdium	Eifer, Bemühung 16*
stultitia	Dummheit 50*
stultus	dumm 4
stupēre	staunen, verdutzt sein 26*
suādēre	(jmdm zu-)raten 10*
sub	unter, unterhalb *(wo?)* 17
sub	unter *(wohin?)*; *(zeitl.)* gegen 20
subdūcere	wegziehen 8*
subīre	unter etw. gehen 29
subitō	plötzlich 2
subrutor	Abbrucharbeiter 43
subvenīre	zu Hilfe kommen 35
succēdere	folgen 29
sucinum	Bernstein 42
sudāre	schwitzen 21*
suillus	Schweine- 37
sulcāre	(um-)pflügen 31*
sūmere	nehmen 28
summus	der höchste; oberste 23
sūmptuōsus	kostspielig 51
sunt	sind 2
sŭper	oberhalb, über (wohin? und wo?) 31
superāre	übertreffen 46*
superbus	hochmütig, stolz 18
superior	der obere 52*
supervăcuus	überflüssig 29*
supplĭcium	Todesstrafe, Hinrichtung 47
suprā	über, oberhalb (wo? und wohin?) 25
surdus	taub 14
surgere	aufstehen, sich erheben 19
sursum	in die Höhe, empor 29
suscēnsēre	zürnen 30
suspicārī	vermuten; Verdacht schöpfen 51
sustinēre	aushalten, standhalten 46
suus	sein, ihr 22

T

taberna	Kneipe, Bude, Laden 20
tăbula	Brett; (Wachs-)Tafel 27
tabulātum	Stockwerk 43
tacēre	schweigen 1
tăcitus	schweigsam, still 54*
taeter	abscheulich 43*
talentum	Talent *(Münze)* 47
tālis	derartig, so beschaffen 53
tam	so 10
tamen	trotzdem, dennoch 6
tametsī	auch wenn 41*
tamquam	wie , gleichsam als 29
tandem	endlich 1
tangere	berühren, anfassen 29
tantum	nur 53
tantus	so groß 33
taurus	Stier 25
tē	dich 9
tēctum	Dach, Bedeckung 13
tēcum	mit dir 20
tegere	(be-)decken 52
tĕgula	Ziegel 13
tellūs	Land, Erde 52
tempestās	Sturm, Unwetter 47
templum	Tempel 26
temptāre	versuchen, auf die Probe stellen 22
tempus	Zeit 23
tendere	(aus-)strecken 37*
tenēre	(fest-)halten 14
tepidārium	Warmbad 49*
tergum	Rücken 18
terra	Erde, Land 29
terrēre	(jdn) erschrecken 26*
terrestris	Erd-, irdisch 51*
tessera	Eintrittsmarke 36
theātrum	Theater 36

thermae	warme Bäder, Thermen 47*
thermopōlium	Garküche (Schnellrestaurant) 43
tibī	dir 9
tigris	Tiger 50
timēre	fürchten, befürchten 8
timidus	ängstlich 9
timor	Angst 29
titubāre	schwanken 15
toga	die Toga 23
togātus	Zivilist 46
tollere	aufheben, emporheben 18
tondēre	Haare, Bart scheren 36*
tōnsor	Friseur, Barbier 36*
torquēre	verdrehen, foltern 53*
tortūra	Folter 53*
tŏt	so viele 21
tōtus	ganz 25
trādere	übergeben, weitergeben 13
trăhere	ziehen, fortreißen 19
trāns	über (… hinweg) 52*
trānsfīgere	durchbohren 50
trānsīre	hinübergehen, überschreiten 54*
trēcentī	dreihundert 38
tremere	zittern, beben 36*
trepidāre	unruhig hin und her gehen 17
trepidus	verwirrt, ratlos 26*
trēs	drei 48
tribūnus	Tribun 26
triclīnium	Speisezimmer, Triklinium 53*
tridēns	Dreizack 50
triumphātor	Triumphator 25
triumphus	Triumph, Triumphzug 25
tū	du 9
tūber	Höcker 52*
tubicĕn	Trompeter 25
tŭbus	Leitungsrohr 49
tuērī	schauen 51
tum	damals 26
tum	da, dann 2
tumultus	Lärm, Tumult 49
tumulus	Hügel 17
tŭnica	Tunika 26*
turba	Menge, Haufen 27
turbāre	verwirren, trüben 22
turris	Turm 51
tuus	dein 12
tympanum	Pauke, Tambourin 31; Tretrad 34

U

ubī	sobald 11
ubī	wo 36
ubī?	wo? 2
ubīque	überall 35
ulcīscī	rächen 54*
ūllus	(irgend-)ein 47
ultimus	letzter, entlegenster 31
ululāre	jaulen, heulen 1
ŭmerus	Schulter 17
ūnā cum	zusammen mit 32
unda	Welle, Woge 29
unde	von wo (her) 35
unde?	von wo? 20
undique	von allen Seiten 31
ung(u)ere	einsalben 26*
ūnicornis	einhörnig 51*
ūnus	ein (einziger); (einer) allein 15
urbs	Stadt (oft: Rom) 25
ursus	Bär 50
ūsque ad	bis zu 35
ūsus	Gebrauch, Umgang, Nutzen 51
ut	wie, als, sobald 11
ut?	wie? 41
uter?	welcher (von zweien)? 44*
ūtī	gebrauchen, sich bedienen, umgehen mit 52
ūtilis	nützlich 51
uxor	Ehefrau, Gattin 24

V

vacāre	frei sein (von) 18
văcuus	leer, frei 35
vādere	gehen 47*
vae!	wehe! 22
vagārī	umherschweifen 54
vāgītus	Wimmern 36
valdē	sehr 9
valēre	gesund, stark sein; Einfluß haben, wert sein 27
valētūdō	Gesundheit 44
validus	kräftig 44
vallum	Wall 43*
varietās	Vielfalt, Buntheit 43
varius	verschieden, bunt; (ab-)wechselnd 13
vās	Gefäß 24
vāstāre	verwüsten 35
-ve	oder 41
vector	Passagier 47
vectūra	Frachtkosten 41
vehemēns	heftig 52
vehere	(jd. / etw.) fahren, bringen, befördern; *(Passiv)* sich fortbewegen 43
vel	oder 8
velle	wollen, verlangen 3
vēnālis	käuflich 51
vēnātiō	Jagd; Tierhetze 50
vendere	verkaufen 27
venditor	Verkäufer 49
venēnātus	giftig 37*
venēnum	Gift; Heilmittel 28
vĕnĕtus	blau 31
venīre	kommen 1
venter	Bauch, Leib 47*
ventus	Wind 21
venustus	reizend 37
verberāre	schlagen, verprügeln 5
verbum	Wort 7
vērē	wirklich, in der Tat 15
vermiculus	Raupe 52*
vērō	aber, jedoch 15
versus	Vers 47
vertex	Drehpunkt, Pol 41*
vērus	wahr, wirklich, echt 24
vesper	Abend 17
vesperī	abends 20
vester	euer 14
vestibulum	Vorhalle 54
vestīmentum	Kleidungsstück 6
vestis	Kleidung, Kleidungsstück 43
vestrum	von euch 13*
vetāre	verbieten 9
veterānus	Veteran 46
vetus	alt 54
vetustus	alt 28*
vexāre	quälen, peinigen 19
via	Weg, Straße 18
vibrāre	erzittern lassen 52*
vīcīnus	Nachbar 7
victimārius	Opferdiener 25
victor	Sieger; siegreich 25
victōria	Sieg 25
victus	der Besiegte 26
victus	Lebensunterhalt 47
vīcus	Gehöft, Dorf; Gasse 22
vidēre	sehen 3
vidērī	scheinen (den Anschein erwecken) 51
vigilāre	wachen, wach sein 45
vigilēs	Feuerwehr, -leute 35
vīgintī	zwanzig 47
vīlica	Verwaltersfrau 4*
vīlicus	Verwalter 2
vīlla	Gutshof, Landhaus 5
vincere	(be-)siegen 26
vincīre	fesseln 45
vīnētum	Weinpflanzung 21
vīnum	Wein 12
violāre	Gewalt antun 28
viŏlentia	Heftigkeit, Gewalt 35
vir	Mann 11
virga	Rute 32
virgō	junge Frau 46*
viridis	grün 54
virtūs	Tüchtigkeit; Tapferkeit 23
vīs	Gewalt, Kraft 40
vīsitāre	auf-, besuchen 27
vīta	Leben 7
vitreus	aus Glas 42*
vitta	Kopfbinde 37
vīvere	leben 19
vīvidus	lebendig 54
vīvus	lebend(ig) 24
vix	kaum, mit Mühe 19
vōbīs	euch (Dat.) 11*
vocāre	rufen; bezeichnen 3
volāre	„fliegen“: eilen 31
voluntās	Wille 36*
voluptās	Lust, Begierde 42*
vōs	euch (Akk.) 10; ihr 11
vōx	Stimme; Wort 23
vulnerāre	verwunden 37*
vulpēcula	Füchslein 9*

Die Deklination der Nomina

		a-Dekl.	o-Deklination			e-Deklination		u-Deklination	
Singular	Nom.	vīll-a	serv-us*	puer	tēct-um	fid-ēs	rēs	frūct-us	corn-ū
	Gen.	vīll-ae	serv-ī	puer-ī	tēct-ī	fid-eī	reī	frūct-ūs	corn-ūs
	Dat.	vīll-ae	serv-ō	puer-ō	tēct-ō	fid-eī	reī	frūct-uī	corn-ū (-uī)
	Akk.	vīll-am	serv-um	puer-um	tēct-um	fid-em	rem	frūct-um	corn-ū
	Abl.	vīll-ā	serv-ō	puer-ō	tēct-ō	fid-ē	rē	frūct-ū	corn-ū
Plural	Nom.	vīll-ae	serv-ī	puer-ī	tēct-a	r-ēs		frūct-ūs	corn-ua
	Gen.	vīll-ārum	serv-ōrum	puer-ōrum	tēct-ōrum	r-ērum		frūct-uum	corn-uum
	Dat.	vīll-īs	serv-īs	puer-īs	tēct-īs	r-ēbus		frūct-ibus	corn-ibus
	Akk.	vīll-ās	serv-ōs	puer-ōs	tēct-a	r-ēs		frūct-ūs	corn-ua
	Abl.	vīll-īs	serv-īs	puer-īs	tēct-īs	r-ēbus		frūct-ibus	corn-ibus
Genus		Fem.	Mask.	Mask.	Ntr.	Fem. (Mask.)		Mask. (Fem.)	Ntr.
→ CG		6.1	6.1	3.3	6.1	17.2		17.1	17.1

* Maskulina auf -us haben im Sg. eine eigene Form für die Anrede: serv-e (Vokativ, → CG 4.2).

Adjektive:
laetus, -a, -um
miser, -era, -erum
pulcher, -chra, -chrum
Adverb auf -ē:
laet-ē, pulchr-ē
(oft auf **-ō**: sēdulō)
Partizip der Vorzeitigkeit Passiv:
laudātus, -a, -um

		Gemischte (dritte) Deklination					
						i-Deklination	
Singular	Nom.	ōrātor	vōx (voc-s)	tempus	clād-ēs	turr-is	mar-e*
	Gen.	ōrātōr-is	vōc-is	tempor-is	clād-is	turr-is	mar-is
	Dat.	ōrātōr-ī	vōc-ī	tempor-ī	clād-ī	turr-ī	mar-ī
	Akk.	ōrātōr-em	vōc-em	tempus	clād-em	turr-im	mar-e
	Abl.	ōrātōr-e	vōc-e	tempor-e	clād-e	turr-ī	mar-ī
Plural	Nom.	ōrātōr-ēs	vōc-ēs	tempor-a	clād-ēs	turr-ēs	mar-ia
	Gen.	ōrātōr-um	vōc-um	tempor-um	clād-**ium**	turr-ium	mar-ium
	Dat.	ōrātōr-ibus	vōc-ibus	tempor-ibus	clād-ibus	turr-ibus	mar-ibus
	Akk.	ōrātōr-ēs	vōc-ēs	tempor-a	clād-ēs	turr-īs/-ēs	mar-ia
	Abl.	ōrātōr-ibus	vōc-ibus	tempor-ibus	clād-ibus	turr-ibus	mar-ibus
Genus				Ntr.			Ntr.
→ CG 8.4		CG 8.3	CG 8.3	CG 8.3	CG 8.3	CG 19.1	CG 19.1

* auch Wörter ohne -e (< -i), z. B. animal, exemplar

Nach dem Muster der i-Dekl. flektieren die **Adjektive der gemischten Deklination:**
celeber, celebris, celebre
ūtilis, ūtilis, ūtile (→ CG 19.2)
audāx, audāx, audāx
Adverb auf -ter: ūtiliter, audācter (→ CG 19.2.2)
sowie das **Partizip der Gleichzeitigkeit Aktiv:**
laudāns, terrēns, audiēns, capiēns, agēns
(→ CG 18.1)

Grundsätzliche Genus-Regel:
Das biologische Geschlecht bestimmt das grammatische Geschlecht eines Wortes, unabhängig von seiner Endung (→ CG 1.1.4). Land, Insel, Stadt, Baum auf -us (Gen.-i) sind Feminina, Flüsse meist Maskulina

Pronomina

Das verweisende Pronomen is, ea, id

	Singular			Plural		
	m.	f.	n.	m.	f.	n.
Nom.	is	ea	id	eī/iī	eae	ea
Gen.		eius		eōrum	eārum	eōrum
Dat.		eī			eīs/iīs	
Akk.	eum	eam	id	eōs	eās	ea
Abl.	eō	eā	eō		eīs/iīs	

→ CG 12.1

Demonstrativpronomina

hic, haec, hoc
ille, illa, illud (→ CG 13.1)
iste, ista, istud

ipse; idem

ipse, ipsa, ipsum (→ CG 20.2)
īdem, eadem, īdem (derselbe)
eiusdem
usw.
wird dekliniert wie is, ea, id

Das adjektivische Interrogativpronomen und **das Relativpronomen:**

	Singular			Plural		
	m.	f.	n.	m.	f.	n.
Nom.	quī	quae	quod	quī	quae	quae
Gen.		cuius		quōrum	quārum	quōrum
Dat.		cui			quibus	
Akk.	quem	quam	quod	quōs	quās	quae
Abl.	quō	quā	quō		quibus	

→ CG 11.4.2; 11.5

Das substantivische Interrogativpronomen

Nom.	quis		quid
Gen.		cuius	
Dat.		cui	
Akk.	quem		quid
Abl.		quō	

→ CG 11.4.1

Wie quī, quae, quod/quis, quid **flektieren die unbestimmten Pronomina:**
aliqui(s), Gen. alicuius usw.
quīdam, Gen. cuiusdam usw.

Das Personalpronomen meus, tuus, noster, vester
→ CG 4.5, 5.4, 6.4

Pronominaladjektive

Gen. Sg.	-īus
Dat. Sg.	-ī

ūnus, sōlus, tōtus, nūllus (→ CG 8.6)
alius (Gen. alterīus), **alter** u.a.